1冊でおさえる

英文・和文
契約実務
の基本

English

Japanese

寺村 淳 ［著］

中央経済社

はじめに

1．本書の想定する読者―こんな方におすすめ

本書は，次のような方を読者に想定して作成されたものです。

- 英語ができるからという理由で英文契約業務の担当になったけれど，法学は
  ほとんど知らない，という方。
- いままで営業担当だったが，急きょ，海外現地法人に赴任し総務や法務を担
  当することになった方。
- 総務の担当だったが，契約法務も担当するよう指示された方。
- 貿易実務の担当だったが，英文契約書まで見るように言われた方。

筆者は，これまで企業間の「英文契約書」の作成やリーガルチェックといった
仕事を中心とし，それに関するセミナーなども担当して参りました。

その中で気づいたのは，法学部卒ではない，あるいは国内の契約実務について
は経験がないけれど，その英語力を買われて，企業で英文契約を担当されている
方が結構いらっしゃる，ということでした。

確かに，英文契約実務を担当するためには，一定の英語力があることが必要な
ことに間違いはありません。契約書では通常より長い文章が多く，またその性格
上，読解には「正確さ」が要求されるのでそれなりの英語力が必要となります。

しかし，「日本語のネイティブであれば，日本語の契約書にすぐ対応できる」
わけではないのと同様，「英語力があれば英文の契約書に対応できる」わけでは
ないことはすぐおわかりでしょう。

その意味で，英語力を買われて英文契約を担当することとなった方の多くが，
不安を覚えるのも仕方ないことだと思います。

でも，契約実務すなわち契約書を作成したり相手方から提示された案をチェッ
クし修正したりする仕事で一番必要なのは，実は法律的な知識ではありません。

最も必要なのは，その契約の対象となっている「取引」や「商品」がどのよう
な内容で，どのような性質を持っているのか，また自社の業務の仕方がどのよう
なもので，商品や業務をどのように扱い，どのように進めるのが良いのかといっ

た点についての知識や情報，知見を，きちんと持っていることだと考えています。

　そのような知識や情報をもっているからこそ，その取引の中にはどのような「リスク」が潜んでいるのかを明らかにし，契約書上できちんとその「リスク」に手当てをしていくことが可能になるのだと思います。

　米国の弁護士で現在は弁護士教育を専門としておられるコーネル大学 Law School の Charles M. Fox 氏は，その著書『Working With Contracts: What Law School Doesn't Teach You 』（Charles M. Fox『Working With Contracts: What Law School Doesn't Teach You（第 2 版）』（Practising Law Institute, 2008） 2 頁）（邦訳：道垣内正人監訳『米国人弁護士が教える英文契約書作成の作法』（商事法務，2012）3 頁）で，米国において，ある契約条項の有効性の調査を担当した新人弁護士と，企業買収に関連する契約をいきなり担当させられた新人弁護士との大きな違いを描いています。

　法律の調査といった業務は，ロースクールでの必須科目なので新人弁護士でも十分対応可能ですが，企業間の取引に関する契約実務をロースクールで学ぶことはできず，後者の弁護士は途方に暮れる，という内容です。

　この事例で Fox 氏は，「取引契約」を担当した新人弁護士が苦労している理由として次のように言っています：「ロースクールの教育は，ビジネスロイヤー（中略）に期待される基本的な仕事（注：取引に関する契約実務のこと）をこなすには十分ではない。なぜなら，これらの仕事に伴う多くのケースが「法」に関係しないから」であり，「商取引においては，取引の構成を検討したり，戦略に関してクライアントに助言したり」（前掲道垣内監訳版 3 頁）することが必要となる。

　つまり，取引契約実務において重要なのは，その取引実務自体の内容に対する深い理解だということです。

　取引契約書を作成する最も大切な目的は，自分が負う「リスク」を明確にし，企業活動における予測可能性を高めることです。

　リスクの固定化ともいわれますが，契約書中にさまざまな具体的取引条件（たとえば「注文に対する回答を 5 営業日以内に行わないと注文を受けたとみなされる」）を記載することで，契約の条件や契約違反となる場合を（できるだけ定量

的に）明らかにすることが，契約書を作成する大きな目的です。

　そして，取引に関する知識や情報，知見を持っているからこそ，取引の中で自社が負担するおそれのあるリスクを見極め，可能な限りリスクを小さくするといった作業が可能となるわけです。

　このように，契約実務においては，取引の実態を知っていることが極めて重要ですが，そのことは，「和文契約＝国内契約」および「英文契約＝国際契約」のいずれの場合であっても同様に当てはまるはずです。

　国内契約も国際契約もいずれも「取引」に関するものです。英文であろうと，和文であろうと，取引の実態を把握しその中で生じるリスクを理解し，それを契約交渉の過程で明らかにし，両当事者が合意した内容を書面上に明確に表現していくことが，契約書実務のポイントです。

　ここに，本書の生まれる契機がありました。

　従来の英文契約に関する実務書の多くは，英文契約の「特殊性」を前面に出した構成になっているように思いますが，本書は，むしろこの逆を行きたいと思います。

　つまり，本書は，「和文・国内契約」と「英文・国際契約」に「共通する法的考え方」や「契約の骨格」を「同時」に学習することで，迅速かつ効果的に，契約の基礎を習得することを目指しています。

　もちろん，英文契約（または国際契約）に特有な条項も存在します。

　これまで和文契約実務をこなしてきた方には，その部分だけを集中して学ぶほうが効果的かもしれません。

　しかし，契約法務の知識・経験がなく英語力を買われて英文契約実務を担当される方や，そもそも契約法務を初めて担当する方にとっては，本書の方法により，「取引」に関わる基礎的な法的考え方や法的基本概念，さらには契約としての基本的要素や契約検討時の基本的着眼点を効果的に学ぶことができると考えています（なお，本書でも，英文契約（または国際契約）に特有な条項についても，関連のある部分で適宜説明を加えています）。

2．和文契約も英文契約も，書くべき内容はそれほど変わらない

　本書は，英文契約まで視野に入れ，和文契約と国際英文契約の双方の基礎事項を，まとめて解説しています。

　そんなことができるのだろうか，と疑いの目で見る方もいると思います。

　しかし，どちらも，当事者間（企業間）の取引に関する条件を定めるものです。

　たとえば，売主が買主にある商品を継続的に（繰り返して）販売し，買主がその商品を継続的に購入するという契約（これを「売買基本契約」とか「取引基本契約」といいます）が，多く見られます。

　部品メーカーや原材料メーカーが売主となり，完成品メーカーが買主となることが多いでしょう。

　このような契約に定めるべき条件について，国内取引と国際取引で違いはあるのでしょうか？

　商品を継続して（繰り返して）売買するための契約ですから，「商品の注文の方法」「商品納入の方法」「価格の決め方」「代金の支払期日」「保証」や「不良品があった時の処理方法」などの定めが必要で，法律とは関係がない条項がほとんどです。そして，それは，国内取引であっても国際取引でも変わりはありません。

　これらの定めに加え，秘密保持義務や解除に関する定めなど，ほかの類型の契約とも共通した「法律的な」条項（これらを「一般条項」と言います）を加えていくことになりますが，「企業間でやり取りされる情報の秘密を守らなければならない」という要請は，国内取引と国際取引とであまり変わりませんし，「どのような事態になれば契約を解除できるのか」という点についても同じです。

　つまり，この一般条項も，その多くは，国内契約と国際契約に共通した内容なのです。

　もちろん，国内契約では使われない「仲裁」の条項など，国際契約に特有の定めはいくつかあります。また，「当事者間で誠実に協議して解決する」という国内契約特有の表現もあります。

　さらに，国際的な取引では，商品の出荷や納入に船や飛行機といった長距離輸送手段を用い，輸送に長時間を要することが普通ですし，税関を通過しなければ

ならないという問題もありますので，いくつか特有の定めが必要となります。

本書では，それら国際契約に特有の条項についても，その基礎的な考え方と条項例を掲載しています。

ただ，やはり日本語の契約の意味が理解できていなければ，国際契約の条項を正しく理解することは難しいでしょう。

その意味で，英文契約の理解のためにも，和文契約の条項の説明から始めることが有用だと考えています。

3．本書の構成

本書は，以上のような考え方に基づき，最初に「契約とは何か」を略説した後，第3章以下で，商品の「売買基本契約」（取引基本契約と呼ばれることもあります）と「販売店契約」，さらに「秘密保持契約」という基本的な契約を念頭に置いて，それらの契約に使われる各種条項とそのいくつかのバリエーションについて，和文と英文双方の条項を掲載して説明しています。

具体的には，商品の発注・受注および出荷に関連する条項（第4章），商品の受入検査や不良品の返品・保証などに関連した条項（第5章），価格の設定や代金支払いに関連する条項（第6章），販売権の許諾に関する条項（第7章），秘密保持に関する条項（第8章），知的財産権に関する条項（第9章），契約期間と解除に関する条項（第10章），いわゆる一般条項（第11章）といった内容です。

なお，第2章の2以下においては，秘密保持契約，売買基本契約，販売店契約の標準的な構成条項の一覧を，和文契約（国内契約）と英文契約（国際契約）とに分けて掲載しています。

この一覧により，上記の3つの契約がどのような構成になっているか，国内契約と国際契約では記載される条項にどのような違いがあるのかについての全体像をつかむことができると思います。また，それぞれの条項について本書のどこで扱われているかも記載されており，個々の条項をすぐ調べることもできますので，本書の活用方法も広がるものと思っています。

筆者は，現在の新日鉄住金株式会社等に17年間勤務した後，和文および英文契約の作成・審査・翻訳に特化した事務所を開設し現在に至っています。本書は，筆者が講師を担当させていただいた早稲田大学オープンカレッジおよび一般社団

法人日本経営協会などでの英文および和文の契約実務に関するセミナーの内容を
ベースにしつつ，英文と和文の双方を融合させて説明を加えたもので，その完成
は国内外の諸先輩やこれまでご依頼いただいた契約業務の中から学んだ知識・ノ
ウハウにその多くを負っています。本書により少しでも読者の契約実務のお役に
立つことができれば，望外の喜びと存じます。

　なお，本書の執筆に当たっては，本書の企画段階から原稿案の細部にわたる
チェックに至るまで株式会社中央経済社法律編集部の川副美郷さんに精力的なご
助力を賜り，特に編集者と読者の双方の視点から数多くの有益な助言をいただき
ました。ここに記して深く謝意を表します。

　また怠惰な私を最後まで励ましてくれた家族にも，この場を借りて感謝いたし
ます。

　2018年4月

寺村　淳

　＊本書の中に「改正民法」という表現が使われていますが，これは，2017年（平成
　　29年）春の国会で可決成立し，同年6月2日に公布された民法の一部を改正する
　　法律（平成29年法律第44号）を指しています。同年12月15日の閣議決定で，一部
　　の規定を除き，2020年（平成32年）4月1日から施行されることが定められまし
　　た。

i

CONTENTS

■ **はじめに**

1

1

第1章 そもそも「契約」とは？

1．契約とは？ ････････････････････････････････････ 1

2．契約はいつ成立する？ ････････････････････････ 4

3．契約（書）は，何のために存在するのか？ ･･････ 5

  (1) 契約書作成の目的1：契約の成立およびその内容に関する証拠・5

  (2) 契約書作成の目的2：民法や商法の規定（任意規定）に対する
特約の明確化・7

  (3) 契約書作成の目的3：法の規定とは関係ない当事者間の「ルール」
の明確化・10

**4．条約，国際機関の定める各種規定は，どんなときに適用されるの
か？—条約やインコタームズと「任意規定」の関係** ･････････ 13

  (1) ウィーン売買条約（国際物品売買契約に関する国際連合条約）・13

  (2) インコタームズ（貿易条件の解釈に関する国際規則）・15

5．契約にはどんな種類（類型）があるのか？ ･･････ 17

  (1) 民法上の契約の定め・17

  (2) 移転型の契約（売買契約，贈与契約，交換契約＝物の移転を伴う
契約）・17

  (3) 利用型の契約（賃貸借契約，使用貸借契約，消費貸借契約＝物の
使用や利用の契約）・18

  (4) 役務型の契約（雇用契約，請負契約，委任契約，寄託契約＝他人
の労力の利用の契約）・19

  (5) 和解，組合，終身定期金契約・24

  (6) 非典型契約（無名契約）・25

6．販売店（Distributor）と代理店（Agent）とは何が違うのか？ ･･ 26

7．基本契約と個別契約の関係 ････････････････････ 28

8．収入印紙を貼らないとダメ？ ―――――――――――――――――― 30

(1) 収入印紙は「印紙税」・30

(2) 外国企業と取引する場合に収入印紙を貼る必要は？・32

9．署名（Signature）か，記名（Printed Name）＋押印（Seal）か？

―――――――――――――――――――――――――――――――――――― 33

(1) 署名と記名押印・33

(2) 契約締結者・34

| PICK UP |

- 契約書を公正証書で作成する意味・5
- 「内示」の意味・6
- 強行規定の効力とその役割・9
- 強行規定による契約の無効と「刑罰」・10
- 「準用する」とは？・18
- 労働法や派遣法の規定の性質・20
- システム開発契約は「請負契約」なのか「委任契約」なのか？・21
- 契約の表題と中身が違っている場合の効力・24
- 代理と仲介（媒介）・27
- 個別契約と印紙税（収入印紙の貼付）・29
- 印紙税の納付が必要な主な文書・30
- 契約書のコピーや電子データに収入印紙を貼る必要は？・31
- 国際契約では契印（いわゆる割印）は使えない！・34

第 2 章 契約書作成の基本スタンスおよび 契約類型ごとの主な内容
36

1．契約書のドラフティングにおける基本スタンス ――――――――― 36

(1) リスクの明確化，予測可能性の向上・36

(2) 契約書の基本事項―５Ｗ１Ｈによる契約条項の具体化，明確化・38

(3) 契約しようとしている取引について，実際の仕事の流れがどうなるかをイメージする・38

| CONTENTS | *iii*

(4) 慣習にとらわれず，実質的に必要だと思われるものを「広く」
契約に取り入れる・39

(5) 契約条項間の矛盾や，あいまいな表現，不明確な表現を避ける・41

(6) 項目落ちを防ぎ，業務を効率化するため，ひな形化する・41

(7) 予備的合意の効用と留意点・42

2．秘密保持契約の主な条項 ……………………………………………… 44

3．売買基本契約の主な条項 ……………………………………………… 46

4．販売店契約の主な条項 ………………………………………………… 48

| PICK UP |

• Letter of Intent（LOI），Memorandum of Understanding（MOU）・43

50

第3章 冒頭部分，定義，基本契約と個別契約

1．契約の冒頭部分の書き方 ……………………………………………… 50

(1) 国内契約の冒頭部分・50

(2) 英文契約の冒頭部分・51

(3) 英文契約書の文章構造・52

(4) WHEREAS クローズおよび Recital（リサイタル）条項・54

(5) "Consideration"「約因」の意味は？・56

2．契約の目的，適用範囲，適用順位 …………………………………… 59

(1) 国内契約における「契約の目的」―契約の適用範囲・59

(2) 英文契約例1―個別契約優先・59

(3) 英文契約例2―基本契約優先・60

3．定義を規定する利点とその場所 ……………………………………… 64

(1) 定義および定義条項の意義・64

(2) 英文契約の定義条項例・67

(3) 定義条項を別紙にまとめた例・67

(4) 一般用語に関する解釈のルールを定めた例・68

| PICK UP |

- 日本法における贈与，片務契約の扱い・58
- 秘密保持契約の冒頭部分・63

第4章　商品の発注，受注，出荷（納入）

70

1．商品の特定 70

- (1) 商品を特定する意義・70
- (2) 商品の特定の方法・71
- (3) 英文契約における商品の特定の例・71
- (4) 製品の変更に関する規定・72

2．発注方法，個別契約の成立 74

- (1) 注文書・注文請書の発行または売主の承諾による成立・74
- (2) 請書発行遅延時のみなし契約成立・75
- (3) 英文契約における「注文（書）」を元にした規定・76

3．商品の出荷，梱包・納入 78

- (1) 売主の費用負担による出荷，納入・78
- (2) 梱　包・79
- (3) 国際取引における出荷の特徴・80

4．危険の移転 82

- (1) 危険負担とは？・82
- (2) 危険負担の移転時期に関する特約例―国内取引1・85
- (3) 危険負担の移転時期に関する特約例―国内取引2・85
- (4) 危険負担の移転時期に関する特約例―国際取引・86

5．貿易条件（インコタームズ） 88

- (1) インコタームズとは？・88
- (2) FOB 条件・90
- (3) 所有権の移転時期とインコタームズ・91
- (4) CIF 条件・92
- (5) FCA（運送人渡）条件・93

| CONTENTS | *v*

(6) EXW（工場渡）条件・94

6．所有権はいつ買主に移転するのか？ ……………………………… 98

(1) 所有権の「留保」とは？・98

(2) 所有権移転時期をめぐる買主側のニーズ・100

(3) 所有権移転時期に関する特約例１―納入時・103

(4) 所有権移転時期に関する特約例２―代金支払完了時・104

(5) 所有権移転時期に関する特約例３―国際取引・105

| PICK UP |

- 弁済費用と契約費用・79
- 貿易条件の次に書かれている港などの意味・89
- 「FOB」「CIF」などの４条件の見直しの必要性・89
- 民法の所有権移転時期についての考え方・98
- 所有権留保が抵当権や他の担保権より有利な点・100
- 他人の物は転売・加工できないか？・101

106

第5章
商品の受入検査，不良品，保証と瑕疵担保責任

1．検査，検収 …………………………………………………………… 106

(1) 買主の検査義務・106

(2) 検査の方法および基準，検査不合格時の売主の義務・107

(3) 英文例・109

2．特別採用 ……………………………………………………………… 112

(1) 特別採用とは？・112

(2) 買主と売主の協議による価格決定・113

(3) 売主の特別採用とは？・114

3．保証と瑕疵担保責任 ………………………………………………… 116

(1) 保証および瑕疵担保責任（契約不適合責任）の考え方・116

(2) 売主の故意・過失と瑕疵担保責任（契約不適合責任）の関係・117

(3) 仕様の定め方・119

(4) 保証の内容―性能の保証・120

(5)　英文例—製造基準や製造過程を含む保証の例・121

　　(6)　現状有姿「AS IS」での提供・123

4．保証の否認（Disclaimer） ……………………………………………… 125

　　(1)　保証の否認・125

　　(2)　英米法（UCC）に基づく「黙示的保証」とその否認・125

| PICK UP |

　● 改正民法上の「契約不適合責任」・117

　● 消費者契約法に基づく規制・124

127

第6章　商品の価格の決め方，代金の支払い

1．商品の価格は，毎回，交渉して決めるのか？ ……………………… 127

　　(1)　価格の決定—都度合意・127

　　(2)　価格の決定—契約別紙に添付された価格表による場合・128

　　(3)　国際売買における価格と貿易条件・129

2．価格（価格表）の変更の方法 ……………………………………………… 131

　　(1)　一方的な価格表の変更と，価格変更の効力発生時期・131

　　(2)　一方的価格変更条項に対する考え方・132

　　(3)　価格変更が遡及的に適用される場合（未出荷在庫への適用）・133

3．代金の支払方法にはどのような種類があるのか？ …………………… 135

　　(1)　前払い・135

　　(2)　前払いと後払いの併用・136

　　(3)　銀行振込みによる支払い・137

　　(4)　信用状（L/C）による支払い・138

　　(5)　支払遅延時の遅延損害金の定め・140

　　(6)　不動産売買契約における支払時期—登記との関係・141

4．「支払金から税金を源泉徴収する」とは？ …………………………… 143

　　(1)　源泉徴収税（Withholding Tax）の考え方・143

　　(2)　源泉徴収に関する契約条項例・144

| CONTENTS | *vii*

PICK UP

• 国内源泉所得とは？・143

147

第 **7** 章 **販売権の許諾**

1．販売権の許諾と，販売代理権の許諾の違いとは？ ·················· 147

(1) 販売店契約と代理店契約の違い・147

(2) 販売権の許諾（販売店契約）・149

(3) 販売代理権の許諾（代理店契約）・151

(4) 独占的販売権の内容・154

2．ミニマムパーチャス ··· 155

(1) ミニマムパーチャス（最低購入数量）とは？・155

(2) 努力義務の場合・155

(3) ミニマムパーチャスが達成できないと，契約解除となる場合・157

(4) 非独占的販売権への格下げ後，契約解除となる場合・158

3．その他の販売店契約特有の規定 ···································· 160

(1) 競合品取扱い禁止（Competing Products）・160

(2) 顧客との直接交渉の禁止・160

(3) 広告資材および訓練の提供（Advertising Materials and Training）・161

(4) 供給者の商標の使用許諾・163

PICK UP

• 地域制限に関する独占禁止法の考え方・149

• 代理とは？・151

• Rolling Forecast（ローリング受注見込み）とは？・157

• 商標に関するマーク・163

viii

第8章 秘密保持

165

1．情報開示の背景，目的，定義 ················· 165
 (1) 情報開示の目的を秘密情報の定義に入れる場合・165
 (2) 情報開示の目的を，前文などに記載する場合・166
 (3) 書面開示に限定した秘密情報の定義・167
 (4) 広い範囲を秘密情報とした場合の問題点・167
 (5) 英文例・169

2．秘密情報の「例外」 ················· 170
 (1) 情報の例外1―既知，公知の情報，第三者から取得した情報・170
 (2) 情報の例外2―独自開発した情報・171
 (3) 情報の例外3―官公庁からの開示要求の対象となった情報・172

3．秘密保持義務の内容 ················· 176
 (1) 不正開示の禁止・176
 (2) 従業員の秘密保持の徹底・176
 (3) 第三者への開示の条件・177
 (4) 秘密管理の徹底・178
 (5) 無断複製の禁止・179
 (6) 目的外使用の禁止・180

4．その他秘密保持契約に特有の条項 ················· 181
 (1) 資料の返却・181
 (2) 情報に関する保証の否認・182
 (3) 契約成立に関する保証の否認・183
 (4) 差止請求・184

| PICK UP |

- インカメラ手続・175
- 複製・翻案・翻訳・180
- コモン・ローと衡平法（エクイティ）"Remedies available at Law or in Equity"・185

| CONTENTS | ix

―――――――――――――――――― 186

第9章 知的財産権

1. 知的財産権とは？ ·· 186

(1) 所有権と知的財産権（Intellectual Property Rights）・186

(2) 著作権（Copyrights）と産業財産権（Industrial Property Rights）・187

2. 知的財産権の移転および利用 ································ 189

(1) 知的財産権の移転・189

(2) 知的財産権の無断利用禁止・189

(3) 相手の情報を元に生み出された知的財産1―相手に帰属・190

(4) 相手の情報を元に生み出された知的財産2―共有・191

3. 第三者の知的財産権を侵害した場合の責任 ················ 193

(1) 供給者側が全責任を負担・193

(2) 供給者の責任の例外―購入者の仕様に起因・194

(3) 供給者が責任を負う条件および例外―購入者の協力義務・194

4. 製造物責任とは？ ·· 196

(1) 法的な責任が発生する「2大理由」―不法行為責任と契約責任・196

(2) 不法行為責任と契約責任の重大な相違点・196

(3) 企業間の契約における製造責任条項の意義・198

(4) 供給者と購入者間の協力義務・199

(5) 供給者の賠償義務の例外・200

| PICK UP |

- 知的財産権に含まれる権利とは？・187
- ベルヌ条約による無方式主義と内国民待遇・188
- 産業財産権―各国独立の制度・188
- 部品・原材料製造業者の抗弁および開発危険の抗弁・201

第10章 202

契約期間，解除，期限の利益の喪失

1．契約期間と更新 ………………………………………………… 202

(1) 通常の売買基本契約の場合・202

(2) 製造物供給契約の契約期間・203

(3) 販売店契約，代理店契約の契約期間・204

(4) 秘密保持契約の契約期間・205

2．契約終了後も有効な定め—残存条項 ………………………… 207

(1) 残存条項を定める目的・207

(2) 通常の残存条項・209

(3) 基本契約の場合の残存条項—未履行の個別契約の扱い・210

3．契約の解除 ……………………………………………………… 213

(1) 「催告すればどんな契約違反でも解除できる」とする民法の問題点・213

(2) 重大な違反だけを解除事由とすること・214

(3) 「無催告解除」条項のデメリット・215

(4) 破産したら解除できるという定めは，常に有効か？・216

(5) 差押，仮差押，不渡り，支払停止・218

(6) 期限の利益を喪失するとどうなるのか？—期限喪失条項・220

第11章 222

その他の一般条項

1．地震，材料不足，ストライキで納入が遅れた場合—不可抗力 ⋯⋯ 222

(1) 不可抗力とは？・222

(2) 不可抗力条項の比較・224

(3) 金銭債務と不可抗力・226

(4) 不可抗力発生時の行動義務に関する規定・227

2．契約そのものや権利・義務の譲渡は自由？—債権譲渡禁止条項

………………………………………………………………………… 229

| CONTENTS | *xi*

(1) 債権譲渡・債務引受・契約上の地位の譲渡の違い・229

(2) いろいろな債権譲渡禁止条項・230

3. 紛争解決, 準拠法条項 ———————————————————— 234

(1) 紛争が起きたときのために—協議交渉と裁判管轄・234

(2) 合意管轄とは？—国内における紛争解決・235

(3) 仲裁と裁判のどちらを選択すべきか？—国際契約と紛争解決・236

(4) 準拠法として何を指定するのか？・240

4. 責任の制限・限定, 付随的損害, 派生的損害とは？ ————— 243

5. 「当事者の関係」という条項を置く意味は？ —————————— 249

6. 法令遵守と輸出管理 ———————————————————— 252

7. 相手に契約義務を果たすよう要求しなかったら？
—権利非放棄 ———————————————————————————— 255

8. 契約の一部が無効になってしまった場合はどうなる？
—分離解釈 ———————————————————————————————— 257

9. 完全条項（完全合意） ———————————————————— 258

10. 通知について定めるのはなぜ？ ———————————————— 260

11. 反社会的勢力の排除 ———————————————————— 262

| PICK UP |

- 改正民法415条と不可抗力・223
- 不可抗力事由（Force Majeure events）の例・227
- 仲裁機関・237
- 通常損害, 特別損害, 相当因果関係・243
- 米国「統一商法典（UCC）」・244
- 英文契約で「大文字表記」されている部分があるのはなぜ？・248
- 内容証明郵便制度・261

■契約実務の7つ道具（標準的辞書, 六法を除く）, 参考文献 —————— 265

INDEX —————————————————————————————————— 267

第1章

そもそも「契約」とは？

本書は「はじめに」でも述べたように，法学や契約実務の未経験者が，和文契約と英文契約の共通する要素をまとめて学ぶことで，効率的に契約実務のスキルを身に付けることを目的としています。

この第1章では，そもそも契約とは何か，法律と契約はどう違うのか，民法や商法と契約書の定めが違う場合にはどちらに基づけばいいのかなど，契約と契約書をめぐる基礎的な問題について説明していきます。

1．契約とは？

契約とは，契約を結ぶ（締結する）2名あるいはそれ以上の「当事者」の「ある種の約束（合意）」と言えますが，しかし，それは単なる「約束」ではありません。

友人間で「約束」を破ると，嫌われたり絶交されたりいじめにあったりするかもしれませんね。

また，企業間でも，たとえば「今度いずれ御社に再度ご挨拶にお伺いします」という「約束」をしておきながらそれを破れば，相手方の信頼を失い取引関係を失ってしまうかもしれません。

でも，この「いずれ御社に再度ご挨拶にお伺いします」という約束や合意は，「契約」とは言えません。なぜでしょうか？

それは，これを破ったからと言って，普通の場合，訪問することを相手方に法律上強制することは無理でしょうし，裁判所に訴えて損害賠償を請求できる可能性もほとんどありません。

「契約」とは，当事者の約束（合意）のうち，その約束の内容を法律で強制し，またはその違反について損害賠償を請求できるような強い力を相手方に与える性質を持った「約束（合意）」を言います。

売買契約を締結すると，売主は買主に対して商品を納入するという「義務」を負い，買主は売主に対して代金を支払うという「義務」を負うことになります。これを逆に言うと，買主は，売主に対し，商品を納入してもらうという「権利」を持ち，売主は，買主に対して，商品の代金を支払ってもらうという「権利」を持つことになります。

このような「人」に対して有する権利で法律によって認められたものを「債権」，その権利に対応する義務を「債務」と言いますが，契約とは，まさにこの法律で強制することが認められた「債権」とそれに対する「債務」を，当事者の合意によって作り出すために存在するものと言えます（ちなみに，所有権や抵当権など「物」に関する権利を「物権」と言います）。

これは，国内契約においても国際契約においても変わることはありません。英文契約の検討の際によく用いられる Black's Law Dictionary（本書265頁参照）という英文の法律辞典には，次のように記載されています。

"(Contract means) an agreement between two or more parties creating obligations that are <u>enforceable or otherwise recognizable at law</u>." (Black's Law Dictionary – 10th Edition, p.389) (筆者訳:「契約とは，複数当事者間の合意であって，<u>法に基づき強制可能な義務その他法で承認された義務</u>を創出する合意を意味する。」)

　このように，Black's Law Dictionary では，契約を「強制可能な義務を創出する合意」であるとし，「義務」をベースにして定義していますが，権利と義務は表裏一体の関係にあり，義務が存在すれば権利も存在し，権利が存在すれば必ず義務も存在しなければならないことから，結局，義務をベースにした定義と権利をベースにした定義とは同じものになります。
　整理すると，契約とは，法律上強制可能な権利と義務を生み出す当事者の合意であり，この権利のことを「債権」と呼び，義務のことを「債務」と呼びます。

2．契約はいつ成立する？

　では，法律上強制することが可能な債権や債務を生み出すこととなる当事者の合意（＝契約）は，いつ成立するのでしょうか。

　通常，契約の成立時期は，申込みと承諾という2つの「**意思表示**」が合致した時とされています。

　「**意思表示**」とは，当事者が内心で持っている法律的な意思を，他人に示すことです。「契約の申込みをしよう」という「意思」を相手方に示すことが「申込みの意思表示」であり，「申込みを受けよう」という「意思」を申込者に示すことが「承諾の意思表示」です。

　このように契約は「意思表示」が合致した時点で成立するとされるので，日常のスーパーや八百屋での買い物などのように，「口頭」により申込みと承諾がなされただけでも，契約は有効に成立することとなります。

　では，自動販売機で缶コーヒーを購入する場合，缶コーヒーの売買「契約」は，いつ成立するのでしょうか？

　お金を入れる行為が「申込みの意思表示」で，自販機がお金を認識し缶コーヒーを搬出する動作に入ったことが「承諾の意思表示」と考えた方もいると思います。でも，「買おう」「売ろう」といった「意思」は法律上「人間のみ」が持てるものであり，その「意思表示」は「人間のみ」がなしうることになります。

　したがって，自販機の売買契約は，売主である自販機設置者が「自販機を設置した行為」が道行く人々に対する「買ってください」という「申込みの意思表示」となり，購入者が「代金を自販機に投入する行為」が「買うことを承諾しました」という「承諾の意思表示」と考えられています。代金投入後の自販機内での缶コーヒーの搬出は人ではなく機械によるものですので，意思表示ではありません。

3．契約（書）は，何のために存在するのか？

　上記のとおり契約は口頭でも成立します。消費者がスーパーや魚屋でいちいち書面で契約を結ぶことはまずありません。しかし，企業間の取引では，契約は，詳細な契約条件の記載された契約書面を作成して締結することが必要です。書面が必要となる理由は，いったい何でしょうか。

　その理由として，大きく次の3つが挙げられるでしょう。

① 契約の成立およびその内容に関する証拠とするため
② 民法や商法の規定（任意規定）に対する特約を明確化するため
③ 法の規定とは関係ない当事者間の「ルール」を明確化するため

(1)　契約書作成の目的1：契約の成立およびその内容に関する証拠

　企業取引においては，「契約が成立したこと」「契約の内容」についての証拠が必要になります。書面化は，企業会計上あるいは税務上必要となるだけではなく，取引の内容やそれぞれの権利（債権）と義務（債務）の内容を明らかにし，紛争を未然に防止するために，必要不可欠なものです。

| PICK UP |　契約書を公正証書で作成する意味

　契約書だけでは証拠力としては不十分で，「公正証書」にしておいたほうが良いと言われることがあります。確かに公正証書にすれば，その存在を公証人という役人が立証してくれるため，100％の証拠力を持つことになります。

　ただ，公正証書といえども，その公正証書の内容が真実であることまでをも証明してくれるものではありません。公正証書が証明してくれるのは，「その文書とその内容がその時に存在したこと」だけであって，たとえば，公正証書の内容以外に当事者間に合意があったかどうか，という点を証明（排除）する機能はありません。

　したがって，改ざんさえ防げれば，代表取締役印で正式に押印された契約書は，裁判上証拠力に関して公正証書とはあまり違いはありませんので，通常は，公正証書にする必要性は乏しいものと考えられます。なお，契約書の改ざんの防止のため

に，契印，訂正印等を使ったり，袋とじにしたりすることが必要です（割印については34頁参照）。

契約書を公正証書化しておくことの最大の意味は，「裁判を経ずに強制執行ができるようにしておく」という点にあります。

債務者が債務を履行しなかった場合，通常は，訴訟で勝訴判決を得たうえでしか強制執行をすることはできません。

しかし，公正証書で作られた契約のなかに，一定額の債務に関し「債務者は，履行遅滞等債務不履行をした場合，直ちに強制執行されても文句は言いません」という「強制執行認諾文言」が記載されていれば，勝訴判決を得ずとも，直ちに強制執行をすることができます。したがって，養育費，財産分与や慰謝料などの支払いが規定された「離婚協議書」を，この強制執行認諾文言付きの公正証書で作成すれば，それらの不払い時に直ちに強制執行ができますので，養育費等を受ける側には大きなメリットがあります。

なお，公正証書遺言，事業用定期借地契約等における契約の場合は，公正証書は「効力発生のための要件」ですので，公正証書によって契約書を作成することが必要となります。

| PICK UP | 「内示」の意味

契約書が締結されていない段階で，顧客側から，商品発注や開発委託の「内示」がなされることがあります。

内示は，契約書の締結まで待っていては準備が間に合わないといった理由で，先行的に商品の製造や開発などに着手するためになされることが多いようです。

しかし，内示は，あくまでも契約が締結されていない段階（少なくとも「契約書」は締結されていない状態）でなされるものです。法律上は「製造や開発に着手する」という「先行的な契約」が成立しているという考え方もできるかもしれませんが，それを立証する手段は何もありません。それどころか，内示を出した顧客が「将来，契約を締結しない場合もある」ということが内示の前提となっていると思われますし，顧客側の料金や開発費等の支払義務があるのかどうか，その額はいくらか，といった基本的な要素が確定していませんので，上記のような「先行的な契約」の成立を認めることは難しいでしょう。したがって，売主や開発受託側としては，何らかの方法で内示の事実を書面化するなど，慎重に対処すべきと言えます。

(2) 契約書作成の目的2：民法や商法の規定（任意規定）に対する特約の明確化

　民法や商法のうちの契約や取引に関する規定の多くは，「任意規定」と呼ばれる性質を持つもので，当事者がこの「任意規定」と違う内容に合意しそれを契約で定めた場合，その内容が法律上の定めである任意規定に優先して適用され，法律の定めを排除することができます（ただし，取引契約であっても，「事業譲渡契約」や「ジョイントベンチャー設立契約」などに関する法律の定めの多くは後ほど説明する「強行規定」で，法律と異なる契約条項は無効となる場合が多いのでご注意ください）。

　たとえば，民法では，債務を負っている当事者（＝債務者）がその債務を実行しない（履行しない）場合，債権者が債務者に対して相当の期間を定めて履行するよう要求し（催告し）たにもかかわらず，その期間内に履行されなかった場合，債権者は契約の解除をすることができると規定されています（541条参照）。

　この定めは「任意規定」なので，当事者の特約がない場合（かつ業界慣行などの慣習がない場合）に限って適用されることになります。当事者が契約に「債務者がその義務を履行しない場合，履行の催告（＝履行してくださいと催促すること）をしなくても，債権者は，直ちに契約を解除できる」と定めれば，そちらが優先して適用され，民法の催告に関する定めは排除されます。

　また，購入した商品に不良などがあった場合，民法では，買主がそれを発見してから1年以内に売主に通知することにより，契約の解除や損害の賠償請求ができるとされていますし（570条参照），商人間（企業間）の売買の場合は，直ちに発見できない不良等についてだけ，しかも商品を受領6カ月以内に不良等を発見した場合に限り，売主の責任を追及できるとされています。

　この定めも「任意規定」ですから，企業（商人）である当事者が「受領後3カ月以内に不良等を発見した場合，買主は売主の責任を追及できる」などと特約すれば，「受領後3カ月以内」という特約が優先され，商法の「受領後6カ月」以内という任意規定の適用は排除されることになります。

　このように，契約には，当事者間で民法などの「任意規定」を排除し，契約当事者にとって都合の良い条件，取引によりフィットする条件を定めることができる，という機能があります。これらの任意規定は，法律を作った人がそれなりに

「合理的」だと考えた内容になっているはずです。

　上で述べた商人間で商品に不良があった場合の例であれば，売主は，直ちには発見できない不良について納入から6カ月間だけ，責任を負うことになります。また「履行が遅延した場合，催告しないで解除できる」と特約しなければ，通常の遅延であれば相当期間（1週間，10日間など）を定めて履行を催促したうえで，さらに履行がなされない場合にだけ解除できるということになります。

　これだけを見ると，これらの法律上の任意規定は，それ自体，不合理なものとは言えません。

　しかし，法律の条文は，各種の事例を包含させるためどうしても「抽象的」になってしまいますので，期間や条件が具体的でない場合があります。また，今締結しようとしている契約取引が，法律の想定している通常の取引とは異質なものである場合，任意規定の定めでは不適切な場合もあります。さらに，これまでなされてきた裁判所の判決（これを「**判例**」と言います）によって，法律の内容に肉付けされたり，条文自体とはかけ離れた解釈がなされたりすることも多く，法律条項を読んだだけでその内容が直ちに明らかになるわけではありません。

　したがって，取引の条件を任意規定に委ねてしまうことは，**取引の条件を不明確化・あいまい化するおそれが高くなり**，それだけ紛争を招く可能性が高くなりますので，可能な限り，契約書中に「明確に」「具体的に」条件を書くことが重要となります。

　取引契約書を作成する最も大切な目的は，「はじめに」でも書いたとおり，自分が負う「リスク」を明確にし，企業活動における予測可能性を高めることです。「**リスクの固定化**」とも言われますが，契約書中にさまざまな具体的取引条件を記載することで，契約の条件や契約違反となる場合をできるだけ定量的に明らかにすることが，契約書を作成する大きな（あるいは「最終的な」）目的と言えます。

　そのためには，上記(2)のとおり，取引の条件を任意規定に委ねるのではなく，契約書中に「明確に」「具体的に」取引条件を書いていくこと，また次の(3)のとおり任意規定とは関係のない当事者間のルールについても明確に具体的に記載していくことが必要となります。

　本書では，このような任意規定が存在する事項に関して当事者がどのように契約条項を作っていくべきかについて，次の(3)の任意規定以外の当事者のルール作

りと併せて，その主要な点につき**第3章**以下で説明をしています。

　なお，**国際契約**の場合，各国の法律のほか，条約（**国際物品売買契約に関する国際連合条約（ウィーン売買条約）**など），国際機関の定める規則（国際商業会議所制定の「**インコタームズ＝貿易条件の解釈に関する国際規則**」など）が，契約に定められた特約とどのような優先関係になるかも重要になります。基本的には，国内の場合と同様，（次に説明のある「強行規定」に反しない限り）特約が優先しますが，これについては，本章4.で再度取り上げたいと思います。

｜ PICK UP ｜　強行規定の効力とその役割

　法律の規定は，上記のような「任意規定」ばかりではありません。契約でいかなる特約をしようとも，法律の規定が優先して適用されるという定めも存在します。このような条項を「**強行規定**」「**強行法規**」などと呼びます。

　強行規定と異なった特約をした場合，その特約は「無効」となります。無効となれば存在しないことと同じですので，当事者がその特約に違反しても，契約違反にはならないこととなります。

　民法の取引に関する定めがなされている「債権編」では，ほとんどすべてが任意規定なのですが，たとえば「保証契約は，書面でしなければ，その効力を生じない」（民法446条2項）など，ごく少数ですが，強行規定が存在します。

　契約を締結する場合には，契約の定めがこの「強行規定」に反し無効となっていないか，という点にも留意する必要があります。

　この強行規定については，商品や業界ごとにさまざまなものがありますが，その多くは，「弱者の保護」を目的としているものです。

　「特定商取引法」は，消費者の保護を目的とし，訪問販売等の場合8日間の無条件解除を消費者に認める「クーリングオフ」の制度などを導入しており，クーリングオフの適用を排除する旨の特約は，無効となります。「消費者契約法」では，特定商取引法よりも広く，企業と消費者間の契約全般に関して，事業者の不当行為があった場合における消費者取消権や契約条項の無効を主張する権利が消費者に認められています。

　上記の民法の「保証」の定めも，他人の借金の保証人になることを口頭で承諾してしまいそのために苦しんでいる弱者を減らすという意味で，弱者保護の1つと言えるでしょう。

　「労働基準法」などの労働関係法は労働者の保護を目的としていますが，この場合，「片面的強行規定」といって，労働基準法の定める最低水準を下回る場合にの

み無効とされることになります。

　その他，借地人・借家人保護を目的とした「借地借家法」，下請業者保護を目的とした「下請代金支払遅延等防止法」などがあります。平成32年施行の改正民法における「定型約款」に関する定めの多くも強行規定となりました（改正民法548条の2以下参照）。

| PICK UP | 　強行規定による契約の無効と「刑罰」

　強行規定に違反し，契約上（＝「私法上」）無効となるような場合に，同時に「刑事罰」が科される場合もあります。

　しかし，刑事罰は「刑事法」の話ですので，契約法上（私法上）無効とされることと何ら関係がありません。たとえば，麻薬売買契約は，民法90条の「公の秩序又は善良の風俗に反する法律行為は，無効とする」（いわゆる「公序良俗違反」）という強行規定に反するので無効ですが，麻薬所持やその取引について刑罰が科されるかどうかは，取引が無効であるかどうかということと関係なく，その刑罰を定めている刑事法に基づいて判断されることになります。

　ちなみに，個人間や企業間のような私人の間の法律関係を規制する法律を「私法」と言い，国の刑罰権の行使を規制する刑法のような法律を「公法」と言います。ただ，注意しなければならないのは，商法や会社法，労働法といった私人間のことを問題にしている法律であっても，刑罰を定めた条文を含んでいるということです。つまり「商法」や「労働法」という法律単位で私法か公法かを判断するのではなく，条文ごとに判断することが必要になります。

---

(3)　契約書作成の目的3：法の規定とは関係ない当事者間の「ルール」の明確化

明確化すべきものは，任意規定に関する特約だけではありません。

　法律には特に定めのない当事者間の取引に関するいろいろなやり方，ルールといったものも，契約で定める必要があります。

　むしろ，上記(2)の民法や商法の「任意規定」に関係した事項についての特約以上に，この法律に関係ない部分のルールをどのように決めるかという点が重要だと言えるでしょう。

　上記(2)で述べたとおり，民法や商法の任意規定に関して特約がない場合，法律を作った人がそれなりに「合理的」だと考えた法律の定めが適用されることにな

ります。特約（および慣習）がなければ「商人間での商品不良の責任は，納入から６カ月間」「履行を遅延した場合の契約解除は，原則として相当期間を定めた履行の催促が必要」という任意規定が適用されることになります。

しかし，法律の任意規定に関連しない当事者間のルールは，契約で定めなければ何の決まりもないことになります。その業界の慣行が適用される場合もありますが，業界慣行は文章化されているわけでもないので，仮に存在したとしてもあいまいさは残ります。

では，この当事者間の取引に関するやり方，ルールには，どのようなことがあるのでしょうか。

ある会社（買主）が，別の会社（売主）の商品を継続的に購入しようとした場合，どんなことが一番問題になるでしょうか？

その商品の知的財産権がどちらにあるか，秘密保持義務があるか，解除できるか，債権を譲渡できるか，裁判はどこでやるのか，といった法律的な事項も全く問題にならないわけではありません。

しかし，取引の当事者にとってもっと重要なのは，

① いつまでに商品が納入されるのか
② いつまでに代金を支払うのか
③ 貿易条件＝輸送費，保険料，関税などは誰が負担するか，船舶の手配や通関手続は誰がするのか
④ 商品の仕様は，だれがどうやって決めるのか
⑤ 不良品として返品できるのは，商品が具体的にどのような状態の場合か
⑥ 商品の受入れ時の検査の基準はどのようなものか，また誰が決めるのか
⑦ 転売していいのか
⑧ 転売する場合，売主の保証は転売先にも効果があるのか……

といったことです。

また，業務委託契約では，⑨業務の範囲は何か，という基本的な部分に加え，⑩仕様を変更するにはどのような手続が必要か，⑪業務受託の対価はどのような場合に変更することができるのか，またその手続は何か，といったことも重要な問題になります。

これらは「法律を知っていれば決められる」という問題ではありません。

たとえば，商品の納期を，その申込みから1週間以内とするのか2カ月以内とするのかは，民法や商法で何らの定めもなく，当事者が自由に決められることでもあり，決めなければならないことでもあります。

ですが，実際にこれを決めるとなると，商品の性質に加え，売主側の調達能力，自社または下請けの製造能力や輸送能力の問題，買主側の緊急度・切迫度の問題などを踏まえ，当事者の交渉で妥当な点を見つけ出すことが必要になります。そして，その結果が，売主と買主の企業活動にも影響することになります。

したがって，この(3)の「任意規定に関係しない当事者間のルール」の内容も，(2)の「任意規定に関する特約」に加えて，きちんと，契約書中に「明確に」「具体的に」記載しておく必要があります。

本書では，当事者がどのようなルールをつくっていくべきかについて，(2)の任意規定が存在する事項に関する特約と併せて，その主要な点につき**第3章**以下で説明をしています。

ただ，ご注意いただきたいのは，本書で取り上げた問題点だけが検討のポイントではなく，また本書に記載された条項のバリエーションがすべてでもない，ということです。

契約は，商品や業務の性質，価格，業務内容，市場特性，顧客特性，その他契約を取り巻く諸条件によって，いくらでも変わりうるものですし，それにより当事者が負うリスクも当然違ってきます。契約条項も，それに応じて無限のバリエーションがあると言っても過言ではありません。

本書で契約条項を検討する際の具体例を学習することにより，各自の事業内容や商品などに即した実際の条項検討へ応用するための基礎力を身に付けていただきたいと思います。

第1章　そもそも「契約」とは？　13

4．条約，国際機関の定める各種規定は，どんなときに適用されるのか？
―条約やインコタームズと「任意規定」の関係

(1)　ウィーン売買条約（国際物品売買契約に関する国際連合条約）

　国内の当事者間の取引契約では，日本の民法や商法などが適用され，それらの多くは，上述のとおり「任意規定」としての性質を持つものでした。任意規定ですから，当事者の特約が優先することになります。

　では，国際契約の場合はどうなのでしょうか。

　今現在，国際契約について全世界を通して適用される国際民法のようなものは存在しませんが，「条約」という形で国際取引に関する統一的な定めは存在します。それが，1980年に国連で採択された「国際物品売買契約に関する国際連合条約（ウィーン売買条約。CISG とも略されます）」です。日本は，この条約を長らく批准していませんでしたが，最近ようやく批准し，2009年8月から発効しています。本書執筆時点の2018年1月段階で89カ国が加盟しており，主要な国で加盟していないのはイギリスだけとなっています（ただし，条約の一部の規定の適用を除外している国もあります）。

　このウィーン売買条約は，原則として国際取引の当事者が両方とも条約の締約国に所在する場合，自動的に適用されます（原文は，下記1条(1)-(a)を参照）。また，当事者の一方が非締約国の所在する場合であっても，国際私法に基づきいずれかの締約国の法を準拠法とすべきとされる場合にも，ウィーン売買条約が適用されることになります（原文は，下記1条(1)-(b)を参照）。

14

＜ウィーン売買条約1条1項＞

(1) This Convention applies to contracts of sale of goods between parties whose places of business are in different States

(a) when the States are Contracting States; or

(b) when the rules of private international law lead to the application of the law of a Contracting State."

（単語注：Convention＝条約，State＝国，Contracting State＝締約国，private international law＝国際私法）

(1)この条約は，営業所が異なる国に所在する当事者間の物品売買契約について，次のいずれかの場合に適用する。

(a) これらの国がいずれも締約国である場合

(b) 国際私法の準則によれば締約国の法の適用が導かれる場合

ただし，次の6条で，契約当事者は，この条約の適用を排除し，またはある条項の効力を制限もしくは改変することができるとされています。

＜ウィーン売買条約6条＞

The parties may exclude the application of this Convention or（中略）derogate from or vary the effect of any of its provisions.

（単語注：exclude＝排除する，application＝適用，derogate from＝適用を制限する，vary＝変える）

当事者は，この条約の適用を排除することができるものとし，第12条の規定に従うことを条件として，この条約のいかなる規定も，その適用を制限し，又はその効力を変更することができる。

つまり，当事者が契約上で特約をすれば，ウィーン売買条約の適用を排除することができる「任意規定」と同じ性質を持つものです。そして，実際に，現在締結されている国際契約では，その多くで，ウィーン売買条約の適用を排除しています。

ただ，ウィーン売買条約の内容が不合理だから排除するというわけではないと思われます。

前述のとおり，法律などの定めは一般論として抽象的なものにならざるを得ませんし，判例によって補われていくものでもあります。

しかし，ウィーン売買条約の場合，この条約に基づいて統一的に裁判を行う裁判機関は存在せず，各国の裁判所や仲裁機関がそれぞれ判断を下していくことに

なります。

　たとえば，日本の企業とアメリカの企業の契約で，日本の裁判所がこの契約について管轄権を持つと仮定します。ウィーン売買条約が適用された場合，日本の裁判所が条約の条項の解釈を行い，判決を下すことになりますが，まだほとんど出ていないのが現状です。また，同様に，各国の裁判所や仲裁機関がウィーン売買条約の条項についてそれぞれ判断を下していくことになりますが，その条項の解釈について，他国の判決と同じ内容の判決をしなければならないわけではありません。

　一応，条約7条の趣旨（「この条約の解釈に当たっては，その国際的な性質並びにその適用における統一及び国際取引における信義の遵守を促進する必要性を考慮する」）から他国の判断も考慮する必要があると考えられていますが，日本の裁判制度のように最高裁で判決の統一を図るという機能はありません。

　このような理由から，ウィーン売買条約の適用を肯定した場合，裁判所や仲裁機関の判断がどうなるかまだ予測できない段階にあると言えますので，国内の任意規定に依拠する以上に取引の条件が不明確であいまいなものとなり，それだけ紛争を招く可能性が高くなると言えます。

　契約書の大切な機能である「紛争の予防，負担するリスクの明確化（固定化）」を達成ためには，契約書にできるだけ詳細に条件を定量的に記載することが必要ですが，国際取引においては，それに加え，きちんと準拠法を定めること，さらに，当面は，ウィーン条約の適用を排除しておくことが望ましいと言えます。

(2)　インコタームズ（貿易条件の解釈に関する国際規則）

　国際取引に関し，国内の任意規定と同じような位置付けにある，つまり「特約しないと条約が適用されてしまう」という性質を持つものはウィーン売買条約だけです。

　国際間の取り決めとしてそれ以外に重要なものとしては，国際商業会議所制定の「INCOTERMS」（インコタームズ，International Commercial Terms（貿易条件の解釈に関する国際規則）の略）があります。

　これは，FOB（本船渡）とかCIF（運賃保険料込）といった貿易条件を定めたもので，かなり昔から多くの国際売買契約で用いられてきているものです。各貿易条件には，売主の引渡義務の範囲，輸送費や保険料の負担者，（後ほど説明します）危険負担などが既に決められていますので，「インコタームズのFOB

条件による」とだけ契約に記載すれば，各種貿易条件が自動的に適用されること
になり，非常に簡便です。

　インコタームズの貿易条件の内容については，**第5章**の「貿易条件」で再度説
明しますので，詳しくはそちらを参照いただきたいのですが，ここで注意すべき
なのは，このインコタームズという規則の性質です。

　インコタームズは，上記のとおり「インコタームズのFOB条件による」と
か，「本契約のFOBやその他の貿易条件に関する用語は，インコタームズ（2010
年版）の定めるところによる」といった定め（これを「援用」と言います）を記
載しておかないと，適用されないということです。

　実際，FOBという貿易条件は，米国法では5種類ほど異なった条件が存在し
ますので，「インコタームズによる」と記載していなければ，どのFOBによる
のか不明確になってしまいます。

　つまり，インコタームズは，特約がなければ適用される「任意規定」ではな
く，当事者が「援用」して初めて適用されるという性質だと言えます。

第1章　そもそも「契約」とは？　17

5．契約にはどんな種類（類型）があるのか？

(1)　民法上の契約の定め

　民法には，13種類の契約類型が定められています。これを，典型的な契約，という意味で，「典型契約」，または，名前がある契約，という意味で，「有名契約」と言います。

　この民法上の典型契約は，おおまかに言って次のように大別できます。

- **移転型の契約**（売買契約，贈与契約，交換契約＝物の移転を伴う契約）
- **利用型の契約**（賃貸借契約，使用貸借契約，消費貸借契約＝物の使用，利用に関する契約）
- **役務型の契約**（雇用契約，請負契約，委任契約，寄託契約＝他人の労力の利用に関する契約）

　なお，民法の契約類型ごとに定められている規定は，そのほとんどが「任意規定」ですので，これらの規定と異なる定めを当事者が取り決めることは，原則として自由です。これらの任意規定は，当事者が特約をしなかった場合であって，任意規定に優先する慣習もない場合に適用されるものです。

　また，たとえば，民法の「売買」に関する定めは，契約や契約条項の表題，表現にかかわらず，「実質的に」物の売買に該当する取引に適用されます。したがって，たとえば，商品の売買と付属する装置などの貸与といった複合的な契約については，「実質的に」売買に関連する部分には「売買」の定めが，「実質的に」有償での貸与に関連する部分には「賃貸借」の定めが，「実質的に」無償での貸与に関連する部分には「使用貸借」の定めが，それぞれ適用されることになります。

(2)　移転型の契約（売買契約，贈与契約，交換契約＝物の移転を伴う契約）

　物の所有権の移転を伴う契約には，次の3種類があります。

- **売買契約**：商品の引渡しと代金の支払いを要素とする契約

- **贈与契約**：商品の引渡しのみを要素とし，代金の支払いを要素としない契約
- **交換契約**：物と物との交換の契約（売買契約も「物と金銭の交換」という一面を持っていますが，交換契約には含まれません）

　贈与契約以外は，当事者がそれぞれ物の引渡しや代金の支払いといった義務を相手方に負っています。これを「有償契約」「双務契約」と言います。贈与は，「無償契約」「片務契約」です。

　なお，「負担付贈与」というものがあります。負担付贈与は，贈与を受ける側が，代金支払以外の何らかの負担を負うという契約です。たとえば，家を贈与してもらうかわりに老後の生活の面倒を見るという負担を負うような場合です。

　この場合，老後の面倒を見るという負担の大きさが将来どの程度になるのかが不明確または確定されたものではありませんので，受贈者の負う負担と，贈与されたものとの間に直接の「対価」の関係があるとは言えませんが，双方が義務を負うことから，贈与の規定だけではなく「売買」などの「双務契約」に関する規定が必要に応じて「準用」されることになっています。

│ | PICK UP | 　「準用する」とは？

　「準用する」と「適用する」とは，どのように違うのでしょうか。

　「準用する」の場合，ある事項の定めを他の類似した事項に当てはめる際，「適用」のように全く同じ形で当てはめるのではなく「必要な修正を加えたうえで」当てはめることになります。たとえば，売買に関する規定で「買主」「売主」と書かれている部分は，「贈与者」「贈与を受けた者」と読み替えて適用することになります。法律では，同じような定めを繰り返すことなく簡潔な条文とするために，「準用」という言葉がたくさん用いられています。

---

(3)　利用型の契約（賃貸借契約，使用貸借契約，消費貸借契約＝物の使用や利用の契約）

「物」「金銭」の使用，利用に関する契約の形態には，次の3種類があります。

- **賃貸借契約**　：土地・建物のほかあらゆる物について，借主から賃料をもらって貸す場合の契約で，契約終了時には借りた物自体を返還する必要があ

ります。

- **使用貸借契約**：対象は賃貸借と同じですが，借主から賃料を取らない場合の契約です。友人に自動車を日曜だけ無償で貸してあげた，という場合などです。この場合も，契約終了時には借りた物自体を返還する必要があります。
- **消費貸借契約**：「金銭」や「お米」などの貸し借りの契約ですが，上の2つと異なりその物を「消費」しても構わないという特色があります。そして，契約が終了した時には，同種同量の「金銭」や「お米」を返還すればよいというものです。金銭の借入契約が典型的な消費貸借契約です。なお，民法上，消費貸借契約は「利息」の有無を問いませんので，無利息の金銭貸与も「消費貸借契約」となります。

(4) 役務型の契約（雇用契約，請負契約，委任契約，寄託契約＝他人の労力の利用の契約）

契約の相手方に対して「役務（サービス）」ないし「労務」を提供する契約の形態には，次の3種類があります。

- **雇用契約**：労働者が使用者の指揮命令に従い労働を提供するための契約で「労働契約」とも言われます。
- **請負契約**：何らかの物を完成することを委託する契約で，典型的なものとしては，家やビルの建設を建築業者に依頼する場合の契約が請負契約です。そのほか，ソフトウェアの開発を全部開発会社に任せるような場合も請負契約になります。
- **委任契約**：相手方に事務の処理を委託する場合の契約。弁護士に訴訟を担当してもらう場合の「訴訟委任契約」などが典型的なものです。会社とその取締役との間の契約も，一般的には委任契約となります（なお，「解除の意思表示」など法律上の効果を発生させる行為を「**法律行為**」と呼び，それ以外の行為を「**事実行為**」と言います。学問上，厳密には，前者の法律行為を委託する契約を「**委任契約**」と言い，事実行為を委託する契約を「**準委任契約**」として区別しています。ただ，準委任契約は委任契約の定めがすべて準用されますので，区別する実益はほとんどありません）。

このように，契約の相手方に対して「役務（サービス）」ないし「労務」を提供する契約には，雇用（労働）契約，請負契約，委任契約という３つの類型がありますが，この違いを押さえることが重要です。特に，「労働者派遣」と，いわゆる「**偽装請負**」の問題を理解し，違法行為を行わないようにするためには，特に請負と雇用（派遣）の違いを理解することが必要です。

| PICK UP | 労働法や派遣法の規定の性質

　ちなみに，上述のとおり，民法上のこれらの定めは「任意規定」ですから，当事者の特約があれば特約が優先します。しかし，労働者の雇用契約の条件が労働基準法等の定めを下回る場合は無効となります（片面的強行規定と呼ばれます）。

　また，労働者派遣法の定めは，職業安定法上の「労働者供給事業の禁止」に対して特別に認められる労働者派遣事業に関するものですから，それに反する契約は無効となったり，刑罰の対象になったりするおそれがあります。

①　請負契約と委任契約の違い

　まず，「請負契約」と「委任契約」の違いを考えましょう。

　「請負契約」は，典型的には，家を建設することを工務店に委託するような場合，あるいは，部品の製造を委託するような場合の契約類型です。一方，「委任契約」とは，たとえば，民事訴訟をする場合に弁護士に対して訴訟を任せたり，会社の取締役として業務を委託するような場合の契約類型です。

　この２つの契約の違いは，＜仕事の完成義務の有無＞にあります。

　「請負契約」では，請負人は，たとえば家を作るという「仕事」を請負人の責任で完了させる義務を負います。仕事をやった分だけ定期的に報酬をもらうことを契約で定めても構いませんが，請負人が委託者の指揮命令を受けずに独立して「仕事」を完成させて引き渡すことが，「請負契約」の要素となります。

　これに対し「委任契約」は，委託者に対して，受託した人（受任者）が専門的な知識に基づいてサポート的な立場に立ったうえで，委託者の事務を処理するという契約であり，受任者は「仕事」の完成義務を負いません。具体的にいうと，弁護士に対する訴訟委任の場合，受任者である弁護士は，本人から独立して訴訟という法律事務を処理することになりますが，必ず勝訴判決を得なければならないといったことは必要なく，本人のために誠実に事務を処理すればよいというこ

とになります。

　請負契約と委任契約の共通点は，ともに，＜委託者（発注者）の指揮命令＞に従うのではなく，原則として自らの判断，裁量に基づいて業務を行う点にあります。そして，ここが，次に述べる雇用契約との相違点となります。

| PICK UP |　システム開発契約は「請負契約」なのか「委任契約」なのか？

　システムの開発を行う場合，顧客側の情報システム部門などが主体となって開発を進める場合が多くみられます。

　顧客のシステムをどのような内容にしていくかということは，顧客の内部業務のあり方をどのように設計するか，あるいは，消費者に対してどのようなやり方で商品を提供していくのか，といった顧客の事業管理や営業戦略に関わる問題であり，顧客自身が考えて方向性を打ち出していくことが必要です。

　このような顧客自身の戦略に関わる基本的な方向性の設計段階（「基本計画」段階や「基本設計」段階）においては，検討主体である顧客に対して，システム開発を受託するシステム会社がシステム構築の専門家としての助言・サポート業務を提供する，という形で関与していくことが多くみられます。

　この場合，システム会社は，顧客の指揮命令を受けずにその専門性に基づき独立して支援業務を遂行することになり，また，基本契約書などの成果物＝仕事を自らの責任で完成させる必要はありませんので，システム会社と顧客との間の契約は「雇用契約」でも「請負契約」でもなく「委任契約」となります。

　なお，基本計画や基本設計段階を終え，その後のシステムの詳細設計段階や実際にプログラムを作成していく実装段階になると，契約形態は，通常「請負契約」に変わっていきます。この段階では，システム会社は，顧客の指揮命令に基づいて作業するのではなく，自らの責任と判断に基づいて成果物であるコンピュータ・システムを完成させ，顧客に納入していくことになります。

---

②　請負契約と雇用契約の違い

　次に，「請負契約」と「雇用契約・派遣契約」の違いを考えてみましょう。

　「請負契約」であるための条件は，「発注者側の指揮命令に従う必要はないこと」「仕事（成果物）は請負人の責任で完成させる必要がある」ことです。

　これに対し「雇用契約」において，労働者は「使用者の指揮監督，指揮命令に従って」仕事を提供することになります。また，仕事を完成する義務はありませ

ん。上司から言われた成果物を期限までに完成できなかったからと言って，賃金の支払いが止まるわけではありません。

このうち，成果物の完成義務の有無については，労働者派遣法との関係で問題になることはまずありません。問題になるのは「指揮命令に従うのかどうか」という点です。

使用者側としては，派遣されてきた人に対し，普通の雇用契約の対象者（社員）と同様に指示を出し，それに従って働いてもらいたい，と考えるのが普通でしょう。それゆえ，労働者派遣法に基づく派遣労働者は，業務の遂行に関しては，派遣先の社員と同様に派遣先使用者の指揮監督を受けて業務を提供することになります。

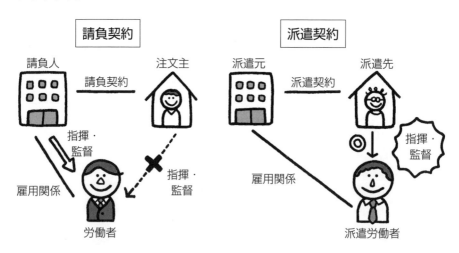

なお，労働者の派遣を行う場合，派遣を行う「派遣会社」は，派遣事業者として許可を受けまたは届出をしなければなりません。また，

- 建設業務，港湾運送業務，警備業務，（一部を除く）医療関係業務への派遣禁止
- 「派遣先」による労働者の指名や事前面接の禁止
- 原則3年を超える派遣期間の禁止
- 派遣労働者への社会保険の適用
- 派遣先／派遣元台帳などの各種書類の備置
- 雇用期間が30日以内の日雇派遣の原則禁止（例外業種あり）
- 派遣料金の明示

第1章　そもそも「契約」とは？　　23

- 離職後1年以内の人を元の勤務先に派遣することの禁止
- 再派遣先の他の労働者との均等待遇の確保
- 派遣契約解除時における派遣労働者の新たな就業機会の確保
- 無期雇用等への転換義務

といった各種の規制が置かれています。

③　偽装請負とは

　上記のとおり，派遣労働にはいろいろな制限があり，これらは派遣労働者の保護を目的とした規制であり，派遣元，派遣先それぞれが該当する規制を遵守する必要があります。

　「偽装請負」とは，これらの規制を回避するための違法な抜け道として，実態は派遣契約であって使用者から指揮命令を出して仕事をさせているにもかかわらず，派遣元や労働者との契約を「請負契約」と「偽装」することを言います。

　契約書の表題は「請負契約」となっているのですが，業務の提供の形は，請負のように自らの判断で仕事を完成させるというものではなく，発注者の指揮監督に従って仕事をさせる形，つまり労働者として使用する形になっているわけです。

　このような形の場合は，契約書の表題や内容にかかわらず「派遣」就労となりますので違法となります。

　なお，たとえば請負によるシステム開発において，客先＝委託者の事務所で開発業務を行う場合，開発側＝受託者側は，委託者からの指揮監督を受けているという誤解を招かないような措置，たとえば，作業場所を委託者の労働者と別にする，連絡などを担当する責任者を定めそれ以外の者は連絡等にタッチしないといった措置を講じる場合が多いようです。

| PICK UP | 契約の表題と中身が違っている場合の効力

　上で見たとおり，契約の表題が「請負契約」となっていても中身が「派遣契約」
や「雇用契約」の場合，その契約は当然「派遣契約」「雇用契約」とみなされます。
　さらに，厚生労働省（労働局，職業安定所）によれば，違法派遣かどうか（偽
装請負かどうか）の判断は，契約の表題およびその中身がすべて「請負契約」のも
のであったとしても，労働者の作業の実態が派遣（雇用）であれば，偽装請負とい
う認定がなされます。
　そのほかの契約でも，表題と中身が違っている場合は，その中身で契約の性質
が判断されますので，印紙税などは，契約の中身によって課税／非課税が判断され
ます。
　なお「覚書」と「契約書」は，どう違うのでしょうか？
　覚書は，一般的には，「契約書」という表題をつけるほどの分量や重要性がない
と思われる契約，あるいは大元の契約に対する修正や変更を定めるものについて付
けられることの多い名称です。しかし，法的には，契約書と何ら異なることはな
く，たとえば「秘密保持契約」という題名にしようとも，「秘密保持に関する覚
書」としようとも，それぞれに規定されている内容が同じであれば，その効力も全
く同じです。
　覚書だから契約チェックは簡単でいい，ということはありえず，契約書，覚書
その他当事者の権利と義務を設定するための合意文書は，同じ基準で作成し審査し
ていくことが肝要です。

(5) 和解，組合，終身定期金契約

上記の売買，贈与，賃貸借，雇用，請負など10種類が基本的な契約の形です。
民法には，それ以外に次の3つの契約が規定されています。

- **和解契約**：当事者間に紛争が生じている場合に，お互いの権利主張を譲り合
うことで争いをやめるという契約で，「示談」ともいいます。離婚協議書，
損害賠償示談書，交通事故示談書等などがあります。
- **組合契約**：組合という団体を作ることを目的とする契約で，当事者が「設
立」という一方向を向いた義務を負担する点で，他の契約と異なります。会
社法上の日本版LLP（有限責任事業組合）も組合契約に基づいて設立され
るものです。

- **終身定期金契約**：死ぬまで，一方が他方に一定金額を支払うことを約束する契約です。

(6) 非典型契約（無名契約）

　民法で定められた契約の類型は，以上の13種類ですが，民法が制定された当時，想定されていなかったような契約や，いろいろな性質の契約が混じりあった複合的な契約など，それ以外に多数の契約類型が存在します（これらを講学上「非典型契約」とか「無名契約」といいます）。

　その代表的な例として，次の契約が挙げられます。なお，中華人民共和国などの民法には，ライセンス契約やリース契約に関する定めが既に置かれていますが，日本の民法では2020年施行の改正法に規定することは見送られました。

- **使用許諾（ライセンス）契約**：著作権，特許権，ノウハウその他の知的財産権，無体財産権の使用を許諾するための契約です。
- **フランチャイズ契約**：ノウハウや商標等の使用許諾契約，経営指導に関する委任契約，商品取引基本契約，店舗賃貸借契約などの複合契約です。
- **リース契約**：形式は賃貸借ですが，実態は金銭貸借契約です。リース会社が，借主に代わって，リース会社の資金でコピー機などの製品を購入し，それを借主に貸し付け，借主からいわば貸付金の返済として賃料をもらい，支出した資金へ充てていく形になります。
- **請負と委任の複合契約**：前述（21頁）したように，基本計画から実装段階までを含んだシステム開発契約などが該当します。
- **OEM 契約**：買主の仕様に基づく生産委託的な部分は請負契約，継続的商品供給の部分は売買基本契約としての性質を持ちます。

　これらの契約には，民法上の規定のうち，性質が最も近い条項が適用されることになりますが，どのような内容が契約に適用されるのかが明確でない場合や，法律の定めがほとんど存在しない場合もあります。したがって，これらの契約では，通常の契約以上に，契約書でさまざまなことをきちんと特約しておく必要があります。

6. 販売店（Distributor）と代理店（Agent）とは何が違うのか？

　上記5．の契約類型には記載がありませんが，企業間の商品に関するものとして「販売店契約」や「代理店契約」といった名前の契約が多数存在します。

　「販売店契約」などは，供給元（製造元，発売元など）の商品を他の会社（＝販売店）が購入し，それを消費者や他の企業などの顧客に転売して利益を上げていくという形態です。供給元と販売店の間における商品「売買契約」と，供給元が販売店に対して転売する権利を許諾するという「ライセンス契約」的な要素が含まれた契約と言えます。

　日本においては，この「販売店契約」のことを「販売代理店契約」とか単に「代理店契約」と言ったりします。しかし，法律上「代理」とは，本人のために本人に代わって法律行為をし，その法的効果が本人に帰属することを言いますので，契約の題名を「代理店契約」とした場合，次に説明されているとおり，本来は，上記の販売店契約のような転売の方法ではなく代理店が供給元を「代理」して商品を販売する形の契約形態となるはずです。

　「代理店契約」に基づく場合，代理店は供給元の「代理として」供給元に「代わって」意思表示をするのであり，本人である供給元が意思表示をしたことと同じ結果になります。つまり，商品の売買契約は，「供給元」と消費者などの「顧客」との間に締結されたことになり，商品の代金は供給元の売り上げとして計上されることになります。代理店は，商品の売り上げに応じて供給元から支払われる「手数料（コミッション）」をその収入とすることになります。

第1章　そもそも「契約」とは？　　27

> ### | PICK UP |　代理と仲介（媒介）
>
> 　この「代理店契約（Agency Agreement）」と呼ばれているものの中には，代理店が供給者に代わって顧客との売買契約締結の意思表示を行う権限がなく，代理店は単に顧客と供給者間の契約の仲介を行うだけの場合もあります（「仲介」は法律用語では「媒介」と言います）。
>
> 　火災保険について，個人が「〇〇保険代理店」といった表示を掲げて業務をしている場合がありますが，その個人が保険契約締結の代理行為を行えるわけではなく，保険会社と消費者の間に入って仲介をしているものです。
>
> 　また，不動産屋さんは，自社の物件と他人の物件を取り扱いますが，他人の物件の場合，所有者の「代理人」として売買や賃貸の契約をする場合と，購入者や賃借人と所有者間の売買や賃貸借契約の仲介（媒介）を行う場合の2種類が存在します。

　日本の契約上の表題は，本来「販売店契約」とすべきところを，「代理店契約」や「販売代理店契約」としている例が多数存在します。

　契約の種類は，表題で決定するのではなく中身で判断されるため，「代理店契約」や「販売代理店契約」でも問題はないとも言えますが，表題による誤解を避けるとともに，その契約が「供給元と販売店間の売買」を要素とした「販売店契約」なのか，「供給元と代理店間の販売業務の委託」を要素とした「代理店契約」なのかを，はっきりさせることが必要でしょう。

　なお，英文契約では，多くの場合，販売店契約を「Distribution（またはDistributorship）Agreement」，代理店契約を「Agency Agreement」として明確に区別しているようですが，Partner契約といったあいまいな名称になっている場合もあります。

7. 基本契約と個別契約の関係

　企業間では，商品の売買，印刷業務などに関する業務委託（請負），製造物供給（OEM）などについて，繰り返して受発注をすることが多いため，個別の取引のすべてに適用される「基本契約」を締結することがよく行われています。

　基本契約によりあらかじめ取引の基本的な事項を定めておくことができ，個々の取引・発注時には，対象商品・数量・納期といった内容だけを決めさえすれば良く，効率的・定型的な業務遂行を実現することができます。また，新たな取引先を探索し，その力量を評価したうえで契約を締結する際の労力（いわゆる「取引コスト」）を減らすことができ，さらに特定の取引先と継続的な関係を持つことで安定的な事業運営を行うことができるようになります。

　基本契約を締結した場合，個々の注文等に関する取引は「個別契約」が締結されることになります。

　この個別契約は，別途，書面に双方が署名して通常の契約書の形をとることも可能ですが，多くの場合，「注文書」と「注文請書」の交換，あるいは「注文書」とその注文の「承諾」がなされることによって「個別契約」が成立したとみなすことも可能であり，実際，多くの基本契約においてそのように規定されています。

第1章 そもそも「契約」とは？　29

| PICK UP |　個別契約と印紙税（収入印紙の貼付）

　印紙税については，項を改めて説明したいと思います（次の8.参照）が，個別契約に関する印紙税については，特に注意が必要です。

　印紙税が課せられる取引，たとえば「請負契約」に関して基本契約を締結している場合に，「個別契約書」という書面を作成する場合は，当然，そこに請負金額に応じた収入印紙を貼って消印する（＝印紙税を納税する）ことが必要ですが，「個別契約書」という書面を作成せずに「注文書」－「注文請書」の交換によって個別契約が成立する場合であっても，印紙税を納める必要があります。

　この場合，個別契約が成立したと考えられるのは「注文請書」を作成した時ですので「注文請書」に収入印紙を貼ることになります。また，国税庁の見解によれば，「注文書」とそれに対する「承諾」で個別契約が成立するとされている場合や「見積書」と「注文書」で個別契約が成立する場合などにおいて，「注文書」が契約の成立を証する書面であるとみなされる場合もあるようです。

　国税庁のウェブサイトに掲載された見解などを参考にして，脱税にならないよう対応することが必要です。

8．収入印紙を貼らないとダメ？

(1) 収入印紙は「印紙税」

　収入印紙は，特定の種類の契約書などの文書に課される印紙税という国税を納めるために貼付するもので，「一定の種類の基本契約」「請負契約」「売買契約（不動産のみ）」「賃貸借契約（土地のみ）」などに課税されます。また，金額5万円以上の「領収証」にも印紙を貼る必要があります。印紙税の額は，基本契約であれば4,000円ですし，請負契約などは契約金額に応じて変わります。

　次の PICK UP に，主な課税文書を掲げましたが，もっとたくさんありますし，随時改正されますので，国税庁のウェブサイトの中の「**印紙税額一覧表**」（http://www.nta.go.jp/shiraberu/ippanjoho/pamph/inshi/pdf/zeigaku_ichiran.pdf）でご確認ください。

| PICK UP |　**印紙税の納付が必要な主な文書**

① 　次の類型の**基本契約**（印紙額4,000円）
　(ア) 「売買取引基本契約」「貨物運送基本契約書」「下請基本契約書」など，営業者間における売買，売買の委託，運送，運送取扱いまたは請負に関する基本契約
　(イ) 　代理店契約書等，売買に関する業務，金融機関業務等の委託に関する基本契約
　(ウ) 　銀行取引約定書，信用取引口座約定諸書，保険特約書など
② 　**受取書**（領収証）（ただし受領した金額5万円以上）
③ 　**不動産**や**無体財産権***の**譲渡（売買）契約**（印紙額は契約金額による）
　　（*無体財産権とは，特許権や著作権などの知的財産権のこと）
④ 　**地上権設定契約**，**土地賃貸借契約**，**消費貸借契約**，**運送契約**（印紙額は契約金額による）
⑤ 　**請負契約**（印紙額は契約金額による）＊例：請負金額50億円の場合，印紙税額60万円
⑥ 　その他，**定款**（印紙額4万円），**約束手形・株券・社債券**（印紙額は契約金額による）など

第1章　そもそも「契約」とは？　31

　契約書に収入印紙を貼付していない場合，印紙税を納めていないことになりますので注意が必要ですが，そのことと「契約書の効力」とは関係がなく，印紙が貼られていないからといって契約書が無効になるわけではありません。

　なお，税法上，貼付した収入印紙へ押印することが必要になりますが，それは，その収入印紙の再使用を防ぐことを目的としています。したがって，1）押印はサインでも良く，契約当事者の一人が行えば足りますが，2）印紙を貼ってあっても押印していなければ税金を納めたことにはなりません。

　また，印紙税の課税の対象は「取引」ではなく「文書」ですから，契約書を2通作成した場合は双方に印紙を貼る必要がありますが（売買取引基本契約書であれば4,000円×2通），1通しか作成しなかった場合はその1通に印紙を貼付することで足ります。

| PICK UP |　契約書のコピーや電子データに収入印紙を貼る必要は？

　契約原本をコピーしただけの場合，原則として，そのコピーには課税されません。

　しかし，当事者が「写し，副本，謄本等」と表示したうえで，①当事者の双方の押印がある場合，またはコピーの所持者ではない当事者の押印がある場合（つまり**「コピーの所持者の押印があるか否かにかかわらず，コピーの所持者ではないほうの当事者の押印がある場合」**），または②当事者の双方が，またはコピーの所持者ではない当事者が，「正本等と相違ないこと」，または「写し，副本，謄本等であること」について証明したことが記載されている場合（つまり**「コピーの所持者が証明しているか否かにかかわらず，コピーの所持者ではないほうの当事者の証明がある場合」**）は，課税文書となるとされています。

　また，PDF，FAX，Eメールによって送信されたもの等**「電子データ」**として作成されるもの（電子ファイル）は「文書」ではありませんので課税されません。これらをプリントアウトした場合も同様です。

(2) 外国企業と取引する場合に収入印紙を貼る必要は？

印紙税法は，日本国の法律ですから，日本国内で「作成」された契約に対して適用されます。この「作成」という言葉の意味ですが，国税庁の見解では，

「単なる課税文書の調製行為をいうのではなく，課税文書となるべき用紙等に課税事項を記載し，これをその文書の目的に従って行使することをいいます。」

「そのため，相手方に交付する目的で作成する課税文書（例えば，株券，手形，受取書など）は，その交付の時になりますし，**契約書のように当事者の意思の合致を証明する目的で作成する課税文書は，その意思の合致を証明する時**になります。」

とされています（太字は筆者）。

多くの契約書では，両当事者の署名（記名押印）が必要とされており，この場合，上記の「作成時」＝「当事者の意思の合致を証明する時」とは，片方の当事者によって契約書が調整（準備）され署名された時ではなく，もう一方の当事者も契約書面に署名した時となります。

したがって，**当事者が最後に署名した場所が日本であればその契約書は日本で作成されたものとなりますので，（2通の場合2通とも）印紙税の課税対象**となりますが，**最後に署名した場所が日本以外であれば非課税**となります。

ただし，どこで最後に署名されたかについて，税務署に証明することが必要ですので，国税庁の見解のとおり「契約書上に作成場所を記載するとか，契約書上作成場所が記載されていなければその事実を付記しておく等の措置」を取っておくことが望ましいと言えます。

9. 署名（Signature）か，記名（Printed Name）＋押印（Seal）か？

(1) 署名と記名押印

　日本国内の契約の場合，契約書の成立を証するため，契約書の最後に，当事者の名称と会社代表者（または契約締結権限を与えられた役員など）の名前を記載したうえで「押印」することが普通ですし，国際契約の場合，通常は「押印」ではなく「署名」を行います。

　本人が正式に意思を表示したことの証拠として「印鑑」を用いるのは，今や日本だけのようですので，外国人や外国企業との契約は，ほとんどすべてが「署名」によることとなります。

　ただ，実は，日本でも署名だけで何ら問題はありません。

　商法32条には，「この法律の規定により署名すべき場合には，記名押印をもって，署名に代えることができる。」と規定されていますし，民事訴訟法228条4項には，「私文書は，本人又はその代理人の署名又は押印があるときは，真正に成立したものと推定する。」とあります。

　商法の条文には，たとえば570条2項のように「運送状ニハ左ノ事項ヲ記載シ荷送人之ニ署名スルコトヲ要ス」といった文章がいくつか残っていますし，会社法では「取締役会の議事については，（中略）議事録を作成し，（中略）出席した取締役及び監査役は，これに署名し，又は記名押印しなければならない。」（会社法369条3項）といった定めがなされています。

　つまり，日本の法律では「署名」が基本でその特例として「記名押印でも構わない」としただけであって，結局，日本も，他国と同様，意思を表示したことの証明手段として「署名」が認められていることになります。

　当然ながら，外国企業との契約では，日本企業も「署名」することになりますが，上記のとおり「署名」は「第一順位の証拠」ですので，押印がなくとも契約の効力には全く影響はありません。

> | PICK UP | 国際契約では契印（いわゆる割印）は使えない！
>
> 　国際契約では，署名のみで「ハンコ」は使われません。
>
> 　そうすると困ったことがあります。
>
> 　国内契約の場合，契約書の見開き頁の境目に，両頁にまたがってハンコを押すいわゆる割印（正式には「契印」といいます）が押せません。割印は，契約書が抜き取られて改ざんされることを防止するために行うものであり，袋とじをする場合には，全頁ではなく，裏表紙部分だけまたは表紙と裏表紙の袋とじ部分に押印されることになります。
>
> 　しかし，同じことを「署名」で行うことはできません。
>
> 　そのため，国際契約では，署名欄への署名に加え，頁の下や横のスペースに契約当事者の「イニシャル」を全頁にわたって記載するのが普通です（このイニシャルをすべての頁に記載するという作業は，たとえ袋とじにしたとしても同様に必要となりますので，その結果，袋とじ自体あまり行われないようです）。

(2)　契約締結者

　株式会社において会社を代表する権限があるのは「代表取締役」（および代表執行役：CEO。以下は代表取締役として一括します）です。社長や会長が代表取締役になることが通常ですが，副社長や専務などの取締役が代表取締役になっている会社も多数存在します。

　株式会社が契約当事者の場合，契約書に署名または記名押印する権限があるのは，法律上「代表権のある取締役」だけですので，代表取締役か否かを確認してみる必要があります。代表権がある取締役か否かは，会社の登記簿謄本（登記事項証明書）を見ればわかりますので，必要な場合は，相手に出させるか自分で法務局に取りに行くことになります。また，代表権のある者以外が契約者になる場合には，代表権のある者からの「委任状」により正当に「代理権」を授けられていることを証明することが可能です。

　ただ，たとえば，会社の購買部長がその職務に属する資材の購入に関する契約書の署名者になるような場合，通常は委任状がなくても正当に会社を代理する権限があると考えられますので，後日，その会社が「購買部長の権限外だ」として契約の無効を主張するといった行為が裁判所に認められる可能性はほとんどありません。このように客観的にその職務の権限として考えられる範囲にある業務に

第1章　そもそも「契約」とは？　　35

関する契約であれば，代表取締役以外との間で，委任状なしに契約を締結しても
まず問題が生じることはないでしょう。

　しかし，購買部長や経理課長が営業にかかる契約を締結しようとする場合，職
務権限の範囲外である可能性があると言えます（ただし，会社によっては職務権
限内の場合もありえますが）。

　このようにその人の肩書と結ぼうとしている契約内容とがかけ離れている場合
であるにもかかわらず，そのまま契約を締結してしまうと，後日，その会社から
契約無効を主張される可能性がありますので，相手方としては，その人の職務権
限を確認し委任状を出してもらうことが必要でしょう。

第2章

契約書作成の基本スタンスおよび契約類型ごとの主な内容

1. 契約書のドラフティングにおける基本スタンス

(1) リスクの明確化，予測可能性の向上

第1章3.では，契約書を作成する理由として次の3つの目的があると説明しました。

① 契約の成立およびその内容に関する証拠とするため
② 民法や商法の規定（任意規定）に対する特約を明確化するため
③ 法の規定とは関係ない当事者間の「ルール」を明確化するため

上記に加え，契約書を作成するのは自分に有利な条項を盛り込むためだ，と言う専門家もいますが，契約は常に相手方が存在するのですから，いつも自分に有利な条項ばかり規定するわけにもいきません。したがって「有利な条件を記載する」ことが「契約書作成の目的」とは言えないでしょう。

たとえ有利な条項を入れることができなくても，契約上でどのような不利な条件が規定されどのような「リスク」を負うことになっているのかを明らかにすることができれば，企業活動を展開していくうえで，そのような「リスク」に備えていくことが可能となります。

「はじめに」や第1章でも述べたとおり，取引契約書を作成する最も大切な目的は，取引の条件を民法や商法の任意規定に委ねてしまわず，また，任意規定以外の取引のルールを明確にすることにより，その取引において自分が負う「リス

ク」を明確にし，企業活動における予測可能性を高めることです。

契約書中にさまざまな具体的取引条件を記載し，上記の②や③の目的を満たすことにより，その取引において自分が負う「リスク」をできるだけ定量的に明らかにすることが契約書を作成する最終的な目的と言えます。

また，このような取引条件の明確化，定量化を図っておくことは，**紛争の予防**にも役立ちます。

国内の契約では，従来，「詳細については別途協議して定める」といった「別途協議条項」が非常に多く用いられてきました。別途協議により問題が解決するような「友好的な関係」にある間は，確かに協議で解決すれば良いと言えます。

しかし，契約書は「離婚時のために作成するもの」と言われることがあります。契約書は「当事者の関係が悪化し，当事者間の協議による解決が難しくなり，裁判その他何らかの法的手続によらなければ解決できないような状態に陥った時のために作成するものだ」ということです。

もちろん**第1章**で見たとおり，契約書は，当事者間の取引のルールを定めるものですから，紛争時だけに活躍するものではありませんが，やはり，協議ができない状態になった時にこそ，その威力を発揮すると言えます。

ただ，ここで言っている「**紛争時に威力を発揮する**」とは，必ずしも「訴訟で勝てる」という意味ではありません。

むしろ「**訴訟にしなくて済む**」「**訴訟になりにくい**」という意味です。

取引の条件が，詳細に明確にかつ定量的に記載されていれば，たとえ当事者の仲が悪くなり協議ができないような状態になったとしても，当事者は，契約書を見ただけで，訴訟にした場合に勝てるかどうかを判断できる可能性が高くなります。

逆に，契約書に，民法の解除の規定のように「相当期間内に不履行が修正されなかった場合」といった非定量的な言葉で書いてあれば，相当かどうかの判断を裁判官に委ねることになりますので，まったく同じ事案についての判例がない限り，「訴えてみないと負けるかどうかわからない」という状態が多く発生します。

上記で述べたとおり，明確かつ定量的に「受領してから5営業日以内に回答すべき」と書いてあれば，5営業日以内であったかどうかは誰でも判断できることです。したがって10営業日が経過した後で回答したとすれば，裁判に訴えても負けることが明らかですから，普通は，訴訟という手段を取ることはありません。

このように，契約条項を「詳細に」「明確に」「具体的に」定めることにより，

リスクを明確化し予測可能性を高めると同時に，紛争を未然に防止することになります。

このことを念頭において，第3章以下で各条項の説明を行っていきたいと思いますが，その前に，上記の観点から契約書をより良いものとする，つまり契約書上で「リスクを明確にし」「予測可能性を向上させ」「紛争を未然に防止する」ための基本的な考え方や書き方，全般的に注意すべき事項について，この第2章1．で整理しておきたいと思います。

(2) 契約書の基本事項―5W1Hによる契約条項の具体化，明確化

良い契約書を作成する基本は，具体的に書くということです。

5W1Hという言葉がありますが，「いつ，だれが，どこで，何を目的として，何を，どのようにして」という点に注意しながら，契約条件を具体化し明確化していくことが大切です。

特に，日本の契約書では「誰が」という点が抜けている場合がよくあります。契約書の文章は，客観的・一義的に理解できることが重要なのであって，名文である必要はありませんから，多少くどいように感じられる場合でも繰り返して明記すべきです。

また，英文の契約書では「代名詞」の使い方に注意すべきです。日本語では，当事者を「甲」「乙」と表現し「その」「その者の」と表現するよりも「甲の」「乙の」と表現したほうが簡潔明瞭なため，あまり代名詞は使いませんが，英語では，当事者だけでなく，いろいろな「もの」に関して，"it" "them"といった代名詞を用いて，文書を簡略化することができます。しかし，その代名詞が何を表しているのかが一義的に明らかな場合でなければその意味が不明確になる場合も多いため，あまり使うべきではないでしょう。

(3) 契約しようとしている取引について，実際の仕事の流れがどうなるかをイメージする

契約の条項を検討する場合，その取引に関連する社内や全体の仕事の流れを具体的にイメージすることが大切です。

はしがきにも書きましたが，取引の中で自社の負担するリスクを見極め，可能な限りリスクを小さくするといった作業を行うためには，取引に関する知識や情報，知見を持っていることが必要になります。仕事の流れをイメージできなけれ

ば，契約上で不足している項目を見極め，あるいはその負担するリスクを把握することは難しくなります。

売買取引では，「発注→納品→検査→支払い→顧客への販売→瑕疵・クレーム（→紛争）」という一連の流れになりますが，この全体の流れの中の各部分で，「具体的に」どのような行為をどのような方法で行うのか，いつまでにやるのか，どこでやるのか，何を基準にするのか，その基準は誰が決めるのか，ということを明確にしていく作業が必要になります。

たとえば，「発注」であれば，どのような方法（FAXやEメール？）で，いつまでに発注しなければならないのか。購入する商品をどこまで特定しなければならないのか，売主から何日回答がなければ注文が成立したとみなされるのか，など。

「納品」であれば，いつまでにどこに納めるのか（買主の倉庫の前か，倉庫の中か，買主の顧客へ納めるのか），箱詰めするのか，余分に納入を受けたらどうするのか，その場合倉庫費用は誰が負担するのか，など。

「検査」であれば，いつまでに誰がやるのか，検査の基準は何か，その基準は誰が責任を持って設定するのか，検査期日はいつまでか，検査を期日までに行わなかったらどうなるのか，瑕疵ある商品が見つかった場合，修理・交換だけなのか，代金返金や賠償はどうなるのか，顧客に納品されている場合はどうするのか，など。

これらの点について，自分の会社や対象となる製品に関し何が妥当なのか，ということは，その取引や仕事の流れ，商品の流れを具体的にイメージして考えてみる必要があります。たとえば，商品は固体なのか流動物なのか，壊れやすいのか否か，高額なのか否か，1個単位で取引されるものなのかトン単位で取引されるのか，極めて高品質が要求されるのか否か，などを理解したうえで，その特性に応じた具体的条件を見つめ，煮詰めていくことが大切です。

⑷ 慣習にとらわれず，実質的に必要だと思われるものを「広く」契約に取り入れる

昔の契約書を見ると，非常に重要な基本契約のようなものであっても，2～3枚程度で終わっているものがあります。パッと見ると，簡潔な表現でいかにも高尚な感じがします。

日本の民法（家族や相続に関する部分を除く）も，つい最近までは，明治時代

に作られたものがそのままの状態となっていて，「私権ノ享有ハ出生ニ始マル」（平成16年口語化以前の民法1条ノ三）とか，「本法ニ於テ物トハ有体物ヲ謂ウ」（同85条）などのようにかなり簡潔に規定されていたものです。会社法など最近成立した法律では，1つの条文が非常に長くなりさらにカッコ書の挿入部分も増えたため読みにくい印象がありますが，昔の法律は非常に簡潔な文体でした。

契約の条項もおそらくこれに影響されたのではないかと思いますが，昭和の時代から使われ続けている老舗企業の契約ひな形には，今でも法律同様非常に簡潔なものが多いように思われます。さらに，「甲及び乙は信義を旨とし誠実にこれを行うものとする」などの「格調高い」表現が使われる傾向にあります。

また，これまでの短い契約書に多いのは「詳細については別途協議の上定めるものとする」という表現です。もちろん，すべての事項を最初から取り決めておくことはできないかもしれませんが，従来の日本の契約には，かなりの部分を別途協議に委ねている部分が見受けられます。

しかしながら，契約書は，これまで見てきたとおり，取引の条件やルールを誰が見ても同じように解釈できるような明確な表現で，詳細にかつ定量的・具体的に書いてこそ，その役割を果たすことができますし，そうすることによって，当事者のリスクをあらかじめ明らかにし固定化して企業活動における予測可能性を高め，当事者間に何か問題が起こった時に，訴訟となることを未然に防止することがその重要な目的です。

契約を，いくら簡潔で格調高い表現を使ってかっこよく（？）書いたとしても，詳細かつ具体的・定量的にその条件やルールを定めることを避け，さらには「別途協議」として先送りすることは，リスクをあぶりだして企業活動の予測可能性を高めることもできず，また問題が生じた時にも契約書は何の役にも立たず，結局，予測不能の裁判になって高い訴訟関連費用を支払うことになり，さらにはたとえ勝訴したとしても大きな赤字にしかならなかった，ということになりかねません。

企業活動において，訴訟ほど無駄なものはありません。訴訟をして儲かることはありません。損害賠償を取れたとしても，諸費用が掛かりますので決して実際の損害全額が手元に残るわけではなく，また会社の人材を訴訟対応に振り向けたり証拠を準備したりする手間もかかるなど，勝訴当事者であっても確実に赤字になります（米国の知財訴訟における三倍賠償制度などがあれば別かもしれませんが）。

契約書としての機能を十分に発揮させるためには、従来からある「伝統的な」契約書のような様式や形式にはとらわれず、取引に必要だと思われる事項については、たとえ細かいことであったとしても、漏らさず具体的に規定すべきです。

(5) 契約条項間の矛盾や、あいまいな表現、不明確な表現を避ける

契約条文に意味や範囲が不明確な文言があったり、契約条項間に矛盾があったりすると、その条項が無効になったり、当事者間の紛争の種になる可能性があります。さらには、契約全体が無効とされるおそれもありますし、強制執行するための執行力が与えられない可能性もあります。

上記の(4)とも共通しますが、契約を簡潔にしようとするよりも、1）明瞭さや明確さを第一に考える、2）契約上の「定義」をきちんと記載する、3）例外事項や特別な事情等について丁寧に補足する、4）条項間の優先順位付けを明記する（特に、既存の契約ひな形などに、新たに条項を挿入する場合は要注意）、などといったことを心がけることで、これまで述べてきた契約書の目的の達成に近づくものと思います。

(6) 項目落ちを防ぎ、業務を効率化するため、ひな形化する

契約は、秘密保持契約書のような短いものでも、2、3頁、代理店契約や開発委託契約などでは、5、6頁から、複雑なものだと10頁を超える場合もあります。条項数も、時として40条を超える場合もあります。

したがって、漏れのない契約書を作成しようとすると、どうしても「ひな形」や「条項チェックリスト」などを準備しておくことが必要となります。

ただ、ここで注意すべき点があります。それは、ひな形を「絶対視」してはいけないということです。

「ひな形は法務部門が作成したので、それを変えてはいけない。だから、多少の不都合はあるが、このひな形でいくしかない」ということを言う方がいます。しかし、これは本末転倒です。

ひな形は「項目」自体が落ちてしまうことを防ぐために必要なのであって、その項目の内容を事情に応じて変形したりひな形以外の条件を加えたりすることを、排除するために存在するのではありません。

同様に、自社のひな形が100％間違いないとか、完全だなどとは思わないことが必要です。

契約の定めは，法律と同じように，物事をある程度「抽象化」「一般化」して書かざるを得ないものです。すべての事象を具体的に書いていたら，何百，いや何千頁あっても足りないでしょう。

ひな形を使用する場合であっても，契約上の立場（売主なのか買主なのか），商品の性質や特質，商品の保管や使用方法，使用するユーザーの特質等々に応じて，適宜条項を補うことや改変していくことが必要です。

そのためにも，法務部門のみならず，営業や購買など取引先との契約に直接関わる社員も，本書で書いたような契約に関する基本的考え方と基本的な概念を押さえておくことが必要と言えるでしょう。

(7) 予備的合意の効用と留意点

「予備的合意」とは，最終的な正式契約を締結するほどの合意はできていないが，基本的な枠組みについては合意ができたような段階で，更なる協議を進めるため，あるいは契約締結後に履行すべき事項についてある程度の準備を進めるため，契約交渉の中間段階で，合意内容を文書化しておくものです。

予備的合意は，その意味で非常に建設的なものといえますが，しかし，1点，重大な落とし穴があります。

それは「予備的合意書（覚書）」や「仮契約書」と書かれた契約書の中に「本合意書の締結後6カ月以内に最終的な正式契約が甲乙間で締結されなかった場合，本合意書は，その効力を失う」といった趣旨あるいは「本合意書の解除・解約は自由である」旨が規定されているかどうか，ということです。

このような契約条項（**失効文言**）が定められていない場合，その合意書は，たとえ表題に「予備的合意書」「仮契約書」などと書かれていたとしても，予備的なものではなく**最終的な契約**であると判断されるおそれが非常に大きくなります。

最終的なものであると判断された場合，その合意書の中に記載されているのは最終的な契約に基づく権利・義務であり，当事者はこれを遵守しないと債務不履行となり，損害賠償を支払う羽目になってしまいます。

したがって，予備的合意書などは，その表題にとらわれず，上記の点が規定されているかどうか厳しくチェックする必要があるでしょう。

第2章　契約書作成の基本スタンスおよび契約類型ごとの主な内容　43

| PICK UP |　Letter of Intent（LOI），Memorandum of Understanding（MOU）

　これらは，英文契約における予備的合意書や予備的覚書の表題です。

　上記のとおり，予備的合意とは最終的な正式契約の前の中間段階で締結されるもので，特に英米において，あるいは日本と英米との間の国際契約において多く用いられています。

　その性質は，次のようなものです。

- ファイナルの契約が締結されないと無効になるとされていることが多い。
- 最終契約はこの内容に沿ったものとしなければならないとされており，最終契約の締結に向けて当事者が努力する義務を負う点などについて法的効力がある。
- 予備的合意がどの程度の拘束力を持っているか，強制することが可能か，という点は，その記載内容なり条件なりによって大幅に異なる。

　「予備」だから，あるいは「Letter」＝「手紙」だからといってチェックもせず署名してしまうと，大変な義務を負ってしまう可能性があります。

　よくある困った話としては，会社の上司である営業部長が，ソフトウェア企業の聖地である米国カリフォルニア州のサンノゼなどで開催されるセミナーなどに参加するために出張し，そこで知り合った現地のベンチャーの社長と酒を酌み交わしながら，1～2頁ほどの「Letter of Intent」や「Memorandum of Understanding」を渡され，上司は「単価と年間最低購入量しか書いてないし，最終契約ではない仮の覚書だから」という軽い気持ちでサインしてしまった，という例です。

　その予備的合意書をよく読むと「○カ月以内に最終契約を締結しないと効力はない」といった趣旨の条項はなかったため，その企業は，結果として，いろいろな条件の不備はあるものの，そこに書いてある単価と年間最低購入量といった基本的条件でその商品を購入せざるを得なくなってしまいました。

　これは，決して笑い話では済まされない深刻な事態を生じさせますので，ある程度の役職にある方や権限を持っている社員は，慎重に対処すべきであり，少なくともその場で署名することは避けるべきと思われます。

2．秘密保持契約の主な条項

　本書は，契約の「基礎の基礎」というその趣旨から，契約の類型ごとのひな形や類型別の各条項の説明は行っていませんが，秘密保持契約，売買基本契約および販売店契約に用いられる主な条項は，すべて掲載しています。

　以下は，その3類型の契約の主な条項と，本書の中でその説明が掲載された場所です。なお， 英文 という表示は，英文契約特有の条項です。

秘密保持契約－国内　　　　　（数字は本書の章番号など，右欄の●は和英共通の条項）

目的（Purpose, Coverage, Scope, Aim など）	8－1	●
秘密情報の定義（Confidential Information）	8－1	●
例外（Exception）	8－2	●
秘密保持義務（Confidentiality Obligation）	8－3(1)	●
目的外使用の禁止（Restriction of Use）	8－3(6)	●
資料の返却（Return of Material）	8－4(1)	●
知的財産権（Intellectual Property Rights）	9－2(1)	●
＊一般条項		
契約期間（Term）	10－1	●
解除（Termination）	10－3	●
法の遵守（Compliance with Law）	11－6	●
譲渡禁止（No Assignment）	11－2	●
裁判管轄（Jurisdiction）	11－3(2)	△
完全合意（Entire Agreement）	11－9	●

（右欄の△は「紛争解決」という点で和英共通）

秘密保持契約－国際　　　　　（数字は本書の章番号など，右欄の●は和英共通の条項）

項目	章番号	共通
目的（Purpose, Coverage, Scope, Aim など）	8－1	●
秘密情報の定義（Confidential Information）	8－1	●
英文当事者の関係（Relationship）	11－5	
例外（Exception）	8－2	●
秘密保持義務（Confidentiality Obligation）	8－3(1)	●
目的外使用の禁止（Restriction of Use）	8－3(6)	●
資料の返却（Return of Material）	8－4(1)	●
知的財産権（Intellectual Property Rights）	9－2(1)	●
＊一般条項		
契約期間（Term）	10－1	●
解除（Termination）	10－3	●
法の遵守（Compliance with Law）	11－6	●
英文輸出管理（Export Control）	11－6	
譲渡禁止（No Assignment）	11－2	●
英文仲裁（Arbitration）	11－3(3)	△
英文準拠法（Governing Law）	11－3(4)	
英文差止請求（Injunctive Relief）	8－4(4)	
英文権利非放棄（No Waiver）	11－7	
英文分離解釈（Severability）	11－8	
完全合意（Entire Agreement）	11－9	●

（右欄の△は「紛争解決」という点で和英共通）

3．売買基本契約の主な条項

売買基本契約－国内 （数字は本書の章番号など，右欄の●は和英共通の条項）

目的（Purpose, Coverage, Scope, Aim など）	3－2	●
注文（個別契約）（Order, Individual Contract）	4－2	●
出荷（納入）（Shipment, Delivery）	4－3	●
所有権及び危険の移転（Title and Risk of Loss）	4－4，4－6	●
梱包（Packing）	4－3(2)	●
受入（受入検査）（Acceptance, Inspection）	5－1(1)	●
修理，交換（Repair, Replacement）	5－1(2)	●
特別採用（Special Acceptance）	5－2	●
仕様（Specification）	5－3(3)	●
保証（Warranty）	5－3	●
瑕疵担保責任（Defect Liability）	5－3	●
価格（Price, Purchase Price）	6－1，6－2	●
支払，支払条件（Payment, Payment Terms）	6－3	●
＊一般条項		
秘密保持（Confidentiality）	8	●
契約期間（Term）	10－1	●
解除（Termination）	10－3	●
知的財産権侵害（Infringement）	9－2，9－3	●
製造物責任（Product Liability）	9－4	●
責任の制限（Limitation of Liability）	11－4	●
不可抗力（Force Majeure）	11－1	●
譲渡禁止（No Assignment）	11－2	●
法の遵守（Compliance with Law）	11－6	●
反社会的勢力の排除（Anti-Social-Forces）	11－11	●
裁判管轄（Jurisdiction）	11－3(1)(2)	△
完全合意（Entire Agreement）	11－9	●

（右欄の△は「紛争解決」という点で和英共通）

売買基本契約－国際

（数字は本書の章番号など，右欄の●は和英共通の条項）

項目	章番号	
目的（Purpose, Coverage, Scope, Aim など）	3－2	●
英文 当事者の関係（Relationship）	11－5	
注文（個別契約）（Order, Individual Contract）	4－2	●
出荷（納入）（Shipment, Delivery）	4－3	●
英文 貿易条件（Trade Terms）	4－5	
所有権及び危険の移転（Title and Risk of Loss）	4－4，4－6	●
梱包（Packing）	4－3(2)	●
受入（受入検査）（Acceptance, Inspection）	5－1(1)	●
修理，交換（Repair, Replacement）	5－1(2)	●
特別採用（Special Acceptance）	5－2	●
仕様（Specification）	5－3(3)	●
保証（Warranty）	5－3	●
瑕疵担保責任（Defect Liability）	5－3	●
価格（Price, Purchase Price）	6－1，6－2	●
支払，支払条件（Payment, Payment Terms）	6－3	●
英文 源泉徴収（Withholding Tax）	6－4	
＊一般条項		
秘密保持（Confidentiality）	8	●
契約期間（Term）	10－1	●
解除（Termination）	10－3	●
知的財産権侵害（Infringement）	9－2，9－3	●
製造物責任（Product Liability）	9－4	●
責任の制限（Limitation of Liability）	11－4	●
不可抗力（Force Majeure）	11－1	●
英文 通知（Notice）	11－10	
譲渡禁止（No Assignment）	11－2	●
法の遵守（Compliance with Law）	11－6	●
英文 輸出管理（Export Control）	11－6	
反社会的勢力の排除（Anti-Social-Forces）	11－11	●
英文 仲裁（Arbitration）	11－3(3)	△
英文 準拠法（Governing Law）	11－3(4)	
英文 権利非放棄（No Waiver）	11－7	
英文 分離解釈（Severability）	11－8	
完全合意（Entire Agreement）	11－9	●

（右欄の△は「紛争解決」という点で和英共通）

4．販売店契約の主な条項

販売店契約－国内　　　　（数字は本書の章番号など，右欄の●は和英共通の条項）

条項	章番号	
販売権の許諾（Grant and Appointment）	7-1(2)	●
独占性／非独占性（Exclusivity/Non-Exclusivity）	7-2(4)	●
広告資材／訓練（Advertising Materials; Training）	7-3(3)	●
商標の使用許諾（Trademarks）	7-3(4)	●
注文（個別契約）（Order, Individual Contract）	4-2	●
出荷（納入）（Shipment, Delivery）	4-3	●
所有権及び危険の移転（Title and Risk of Loss）	4-4, 4-6	●
受入（受入検査）（Acceptance, Inspection）	5-1(1)	●
修理，交換（Repair, Replacement）	5-1(2)	●
保証（Warranty）	5-3	●
瑕疵担保責任（Defect Liability）	5-3	●
価格（Price, Purchase Price）	6-1, 6-2	●
支払，支払条件（Payment, Payment Terms）	6-3	●
＊一般条項		
秘密保持（Confidentiality）	8	●
契約期間（Term）	10-1	●
解除（Termination）	10-3	●
知的財産権侵害（Infringement）	9-2, 9-3	●
製造物責任（Product Liability）	9-4	●
責任の制限（Limitation of Liability）	11-4	●
不可抗力（Force Majeure）	11-1	●
譲渡禁止（No Assignment）	11-2	●
法の遵守（Compliance with Law）	11-6	●
反社会的勢力の排除（Anti-Social-Forces）	11-11	●
裁判管轄（Jurisdiction）	11-3(1)(2)	△
完全合意（Entire Agreement）	11-9	●

（右欄の△は「紛争解決」という点で和英共通）

販売店契約－国際 （数字は本書の章番号など，右欄の●は和英共通の条項）

販売権の許諾（Grant and Appointment）	7－1(2)	●
独占性／非独占性（Exclusivity/Non-Exclusivity）	7－2(4)	●
英文 当事者の関係（Relationship）	11－5	
広告資材／訓練（Advertising Materials; Training）	7－3(3)	●
商標の使用許諾（Trademarks）	7－3(4)	●
出荷（納入）（Shipment, Delivery）	4－3	●
英文 貿易条件（Trade Terms）	4－5	
所有権及び危険の移転（Title and Risk of Loss）	4－4, 4－6	●
受入（受入検査）（Acceptance, Inspection）	5－1(1)	●
修理，交換（Repair, Replacement）	5－1(2)	●
保証（Warranty）	5－3	●
瑕疵担保責任（Defect Liability）	5－3	●
価格（Price, Purchase Price）	6－1, 6－2	●
支払，支払条件（Payment, Payment Terms）	6－3	●
英文 源泉徴収（Withholding Tax）	6－4	
＊一般条項		
秘密保持（Confidentiality）	8	●
契約期間（Term）	10－1	●
解除（Termination）	10－3	●
知的財産権侵害（Infringement）	9－2, 9－3	●
製造物責任（Product Liability）	9－4	●
責任の制限（Limitation of Liability）	11－4	●
不可抗力（Force Majeure）	11－1	●
英文 通知（Notice）	11－10	
譲渡禁止（No Assignment）	11－2	●
法の遵守（Compliance with Law）	11－6	●
英文 輸出管理（Export Control）	11－6	
反社会的勢力の排除（Anti-Social-Forces）	11－11	●
英文 仲裁（Arbitration）	11－3(3)	△
英文 準拠法（Governing Law）	11－3(4)	
英文 権利非放棄（No Waiver）	11－7	
英文 分離解釈（Severability）	11－8	
完全合意（Entire Agreement）	11－9	●

（右欄の△は「紛争解決」という点で和英共通）

第3章 冒頭部分，定義，基本契約と個別契約

1．契約の冒頭部分の書き方

(1) 国内契約の冒頭部分

　契約の冒頭部分では，まず契約の名称＝表題を記載した後，当事者が誰かということと，その契約が全体として何を目的としているか，という点を明記します。

　契約の表題が契約の内容と合致していないと，将来，契約を探す際に本文を読まないと内容がわからないという事態になりかねません。したがって，契約の表題はできるだけ内容を端的に表すものにしておくべきです。

　単に「契約書」とか「覚書」といった表題ではなく，「販売基本契約」「秘密保持契約」「○○契約に関する修正覚書」といった表現が望ましいでしょう。

　次の例文では，甲乙間で「製品」と「部品」の取引（売買）を行うこと，およびその売買の「基本的事項」を定めること，が明記されています。つまり「売買基本契約」だということです。

---

① 株式会社○○（以下「甲」という。）と○○株式会社（以下「乙」という。）とは，甲乙間の製品及び部品（以下併せて「目的物」という。）の取引に関し，その基本的事項について次のとおり契約（以下「本契約」という。）を締結する。

　日本国内の和文契約書では，その冒頭部分で当事者はその名称だけを記載し，

第3章 冒頭部分，定義，基本契約と個別契約　51

住所や日付は書かないのが普通です。また当事者は「甲」「乙」「丙」などと定義されるのが普通です。

　そして，契約書の末尾に，当事者の住所と代表者の氏名を記載し，押印することになります。

(2) 英文契約の冒頭部分

　英文の国際契約では，次のように，まずこの冒頭部分で当事者をきちんと特定するために，次のように「どこの法律に基づいて設立されたか」「どこに事業所（または本社）を有しているか」を記載するとともに，その契約日（契約の効力発生日＝ "Effective Date"）を記載することが一般的です。

---

② THIS AGREEMENT, made and entered into this <u>8 th day of December, 20**</u> (hereinafter called the "Effective Date") by and between <u>TTTT Co., Ltd.</u>, a corporation organized and existing under the laws of Japan, having its principal place of business at ****************, Tokyo, Japan (hereunder called the "<u>Purchaser</u>") and <u>XXX Co., Ltd.</u>, a corporation organized and existing under the laws of California, U.S.A., having its principal place of business at ***********, California, U.S.A. (hereinafter called the "<u>Supplier</u>") ;

　　本契約は，<u>20**年12月8日（以下「契約発効日」という。）</u>に，日本の法律に基づき設立され存続し，東京都 **************** に本店を持つ TTTT <u>株式会社</u>（以下「<u>購入者</u>」という。）と，米国カリフォルニア州の法律に基づき設立され存続し，米国カリフォルニア州 *********** に本店を持つ XXX 株式会社（以下「<u>供給者</u>」という。）との間で締結される。

　ただ，日付については，次の③ように「効力発生日」の定義を定め，その契約は「効力発生日」に締結された，と記載している契約も多くみられます。

---

③ This Distributor Agreement ("Agreement") is entered into on the last date of execution (the "Effective Date") by and between AAA Corporation, with its principal place of business at ***, USA, ("AAA") and BBB Corporation with its principal place of business at ***, Japan

("Distributor").

> この販売店契約（「本契約」）は，最後に署名がなされた日（「契約発効日」）において，米国 ★★★ に本社を有する AAA 株式会社（「AAA」）と，日本国 ★★★ に本社を有する BBB 株式会社（「販売店」）との間で締結される。

(3) 英文契約書の文章構造

ところで，上記②と③の英文例で，最初の部分の構造が違っていることにお気づきになりましたか？

②や下記の④の英文では，主語である "This Agreement" の次に「,」があり，その後に be 動詞を置かずに「made and entered into」という表現が来ています。しかし，③の英文では "Agreement" の次に be 動詞が来ています。

この違いは，英文の契約書の歴史に由来しているものです。

②や④の英文例では，"Agreement" がこの「契約書全体に対する主語」になっています。そして，次の④のように "Agreement" を主語とする "witnesseth" という「動詞」が続いて記載されることになります。

この "witnesseth" という単語は，"witness"（～を証する）という動詞に，三人称単数現在の "s" の古語の用法の "eth" が付いたものです。

この動詞 "witnesseth" の後には，その目的語（節）としてこの契約の条件そのものが続くことになります。

結局，主語である「本契約書」が，「買主が製品の購入を希望し，売主が製品の販売や製造加工の委託を受けることを希望しているので，以下のような契約条件に基づいてこの取引を行うことに当事者が合意したこと」を，「証明する。」という 1 つの文になるわけです。

伝統的な英文契約書の書き方は，古くからこのように「一文」で書くという形をとっています。

ただ，上記のような "Agreement" を契約全体の主語とし，"witnesseth" という動詞を使う伝統的な形式を取る契約の比率はかなり低下しているようです。

最近，米国企業側から提出される契約書案の多くで，このような伝統的形式を採用せず，上記の③のような形，つまり「This Agreement IS made and entered into as of the effective date by and between the parties.（本契約は，契約発効日に，両当事者間で締結されたものである。）」と書かれているケースが多

第3章 冒頭部分，定義，基本契約と個別契約　53

くを占めるようになっています。

---

④　THIS AGREEMENT, made and entered into on April 1, 2018 between AA and BB;

WITNESSETH:

WHEREAS, the Purchaser desires to purchase certain kinds of goods and products from the Supplier, and to entrust the Supplier to manufacture, fabricate, and/or assemble certain products（hereinafter called the "Products") from time to time; and,

WHEREAS, the Supplier desires to sell and/or to be entrusted to manufacture, fabricate or assemble　such Products continuously to or from the Purchaser.

NOW, THEREFORE, in consideration of the mutual agreements and covenants contained in this Agreement and intending to be legally bound, both parties hereto agree as follows:

ARTICLE 1:　　……
ARTICLE 2:　　……
　　以下を証する：
　　購入者は，随時，ある種の商品や製品（以下「本製品」という。）を供給者から購入すること及び当該本製品の製造，加工及び／又は組立てを委託することを希望しており，
　　供給者は，継続的に，購入者に対し当該本製品を販売し，又は購入者から当該本製品の製造，加工又は組立ての委託を受けることを望んでいる。
　　そこで，本契約に含まれた相互の同意と約束を約因として，また法的な拘束を受けることを意図して，両当事者は，以下の通り合意する。
　　第1条：　　……
　　第2条：　　……

---

(4)　WHEREAS クローズおよび Recital（リサイタル）条項

　英文契約では，上記②や④のように"Agreement"を契約全体の主語とする伝統的な形式をとる場合も，③のように日本語の契約と同じような形をとる場合のいずれであっても，冒頭部分の次の段落に，その契約を締結するに至った「背景」「理由」について，"WHEREAS"（〜なので）という節（WHEREAS クローズ）を入れて記載することが普通です。

　②や④の全体一文の場合，この WHEREAS クローズは，動詞"witnesseth"の後に記載されることになりますが，③の場合"witnesseth"を使うことは文法的に誤りになりますので，"Recital"（「前文」とか「背景」と訳されます）という1つの項目を置いて記載することになります。

　この「リサイタル条項」について，次の⑤の販売店契約の例を見てみます。

　この WHEREAS クローズの例では，最初に，供給者の従事している業務の内容（本製品の製造および販売事業）と，本製品を日本で拡販したいという希望が記載され，その次に，販売店の業務内容（各種製品の販売）と，日本において本製品の販売店になりたいという希望が記載されています。

　さらに，日本で本製品の販売を拡大するには，供給者が自ら行うよりも，販売店を通じて実施したほうが効果的だ，と記載されています。

　このような記載があれば，「このような事情なので，販売店に対し，日本における本製品の販売権を許諾する合意に至ったものであり，双方にとってメリットのある契約である」という意味を持たせることが可能となり，次項で説明する「約因」＝「対価関係の存在」につながるわけです。

　もっとも，次項でみるように，販売店契約では商品の売買という対価関係が明確に存在する内容ですので，「これこれを背景とし，それを約因として」という約因の記載がなくても何ら問題はありません。実際にも，最近の売買契約や販売店契約では，このような記載が一切存在しないものも増えています。

　なお，秘密保持契約の前文については，第8章「秘密保持に関する定め」をご覧ください。

⑤ ＜Recital （販売店契約の例）＞

WHEREAS, the Supplier is engaged in the manufacture and marketing of the Products (as defined below), and desires to expand the sale of the Products in Japan;

WHEREAS, the Distributor is engaged in distributing various products, and desires to act as an independent distributor of all of the Products under the terms and conditions set forth herein in Japan;

WHEREAS, the Supplier and the Distributor recognize that in order to market and sell the Products effectively in Japan (hereinafter called the "Territory"), it is necessary that they shall be marketed and sold through the Distributor.

NOW, THEREFORE, in consideration of the foregoing and the obligations hereunder, the parties hereto agree as follows.

　　以下を証する
　　供給者は，（下記に定義された）本製品の製造及び販売に従事しており，本製品の日本における販売拡大を希望しており，
　　販売店は，種々の製品の販売をしており，本契約書記載の条項に従い，日本における本製品すべてについての独立した販売店として活動することを希望しており，
　　供給者と販売店は，日本（以下「本地域」という。）内で，本製品につき効果的に販路を広げ販売を行うためには，販売店を通じて行うことが必要であることを認識している。
　　そこで，上記の内容と本契約に規定された義務を約因として，両当事者は，以下の通り合意する。

(5) "Consideration"「約因」の意味は？

上記④と⑤の文（④は取引基本契約，⑤は販売店契約のもの）の最後に，"NOW, THEREFORE, in consideration of …" という文章が続いています。

"NOW, THEREFORE," は，「そこで」「上記のような背景があるので，よって」という接続のためのフレーズです。

その後に "in consideration of"「～を約因として」という日本人にはなじみの薄い表現が続きます。

「Consideration」という用語について，日本人の中には動詞 consider の名詞形として「考慮，熟慮」「思いやり」といったイメージで捉える人が多いと思いますが，契約では，「**対価**」という意味で用いられることが一般的です。"consideration for the Goods" とあれば「本商品の対価」という意味です。

しかし，上記④と⑤では「約因」という耳慣れない言葉が使われています。国語辞典などでは，「約因」は，「契約に至る「誘因」を意味し，契約に強制力を持たせるために必要となるもののこと」といった説明がされていますが，あまりピンときません。

「約因」とは，契約で各当事者が負担する義務に「**対価関係があること**」を意味します。

売買契約の場合，買主が商品を取得する代わりに買主は代金支払義務を負います。売主はその反対に代金を取得しますが商品を納入する義務を負います。つまり「商品提供」と「代金支払い」が互いに対価関係にあるわけです。

売買契約では当たり前のことを言っているに過ぎませんので，「約因があるかどうか」＝「対価関係があるか」という点が問題になることは，ほとんど考えられませんので，売買などの通常の取引においては，この "in consideration of the mutual agreements and covenants contained in this Agreement"（本契約に含まれた相互の同意と約束を約因として，）という約因の記載は，なくてもかまいませんし，実際，"NOW, THEREFORE, both parties agree as follows."「よって，両当事者は以下の通り合意する。」とだけ記載された契約も多数存在します。

しかし，「贈与契約」の場合はどうでしょう？

あるいは，お金を借りた人の「保証人」が「貸主」との間で締結する「保証契約」の場合はどうでしょうか？

「贈与契約」の場合，贈与する側（贈与者）が，相手方（受贈者）に対して，

第3章　冒頭部分，定義，基本契約と個別契約　　57

一方的に（贈与した物の納入という）義務を負うだけで，受贈者は何の義務も負いません。したがって，贈与契約は，当事者の間に「対価」の関係は存在しないと言えます。

　また保証人と貸主の間の「保証契約」の場合は，まず，保証人は，契約当事者ではない「借主」が借りたお金を返済しない場合，借主に代わって保証人が貸主に返済する義務を負います。一方，貸主はというと，お金を貸すという義務を負担しているようにも見えますが，貸主は借主との間の契約（消費貸借契約）で借主にお金を貸す義務を負っているのであって，「保証契約」の下では何の義務も負担していないのです。

　「保証契約」は，保証の対象となっている金銭の「消費貸借契約」とは別の契約です。それは，当事者が違うからです。保証契約はあくまで貸主と保証人との契約であって，借主は契約的には無関係なのです（これは，貸主，借主および保証人の三者が一緒に1通の契約書で契約した場合でも同じです）。

　これを前提に考えると，保証契約は，保証人が一方的に義務を負担するだけですので，ただそれだけでは貸主と保証人の間には「約因」が存在しないとされる可能性があります。

　英米法では，このような「約因」＝「対価関係」が存在しない契約の場合，当事者が署名した（場合によってまたは国によっては署名のうえ社印を押印した）特別な様式の書面（捺印証書（deed）と呼ばれます）で契約しなければ「無効」となる可能性があります。

　企業間の取引でも「保証契約」や「債務免除の契約」など，約因＝対価関係の有無が問題となる可能性のある契約については，契約締結に至った経緯と約因の内容（たとえば「本契約に規定された相互の同意と約束を約因として」あるいは「貴殿（貸主）が借主との金銭貸与契約を締結する誘因とするため」等）を明記した契約書や書面を作成する必要があります。

| PICK UP |　日本法における贈与，片務契約の扱い

　ところで，日本の民法の規定（550条）には，次のように，書面を作らずに贈与契約をした場合，契約を撤回（改正民法では「解除」）することができるとされています。

　＜民法550条＞（書面によらない贈与の撤回（解除））
　書面によらない贈与は，各当事者が撤回（解除）することができる。ただし，履行の終わった部分については，この限りでない。

　このような規定が設けられているのは，「贈与契約は「**片務**」契約なので，軽率にも口頭で贈与の約束をしてしまった贈与者に対しその履行を強制することは，酷だから」と言われています。
　「**片務**」契約，つまり片方しか義務を負わない契約だ，ということですから，これは，上で述べた「対価関係」が当事者間に存在しないということと似たような趣旨だと言えるでしょう。
　つまり，日本の法律においても，贈与のような片方だけが義務を負うという契約は変則的なものであって，通常の契約のような「口頭でなされた場合も有効」という効力は認め難いものだと考えられているわけです（保証契約については，平成16年（2004年）に「書面で締結しない場合は無効」とする定めができましたが，これは保証人保護，市民保護の観点から制定されたもので，贈与と同じ趣旨とは言えません）。
　このように，英米法の確立した理論としても，また日本を含む各国の制定法の考え方にも，その根底には，片務の契約，対価関係のない＝約因のない契約には，普通の契約と同等の効力を認めるべきではないという共通した思想があると言えるでしょう。

第3章　冒頭部分，定義，基本契約と個別契約　　59

2．契約の目的，適用範囲，適用順位

⑴　国内契約における「契約の目的」─契約の適用範囲

　日本国内の契約書の第1条には，「契約の目的」と題する条項が置かれるのが普通です。

　「契約の目的」という表現には，いろいろな意味を読み込めますので，契約によって記載される内容はさまざまです。

　なかには「各当事者は，本製品の売買及び委託に関し，相互信頼の精神と信義誠実の原則に則り，この契約に定められた条項を誠実に履行するものとする。」というような精神論が記載された契約もありますが，法的な効力があるかどうかは疑問のあるところです。

　また，1.の⑷で説明した「Recital（リサイタル）条項」のような契約締結に至る「背景」や「理由」などを書く場合もあります。

　ただ，多くの契約では，契約の「適用範囲」を記載することが多いようです。

---

　①　第1条（目的，適用範囲）
　　本契約は，甲（買主）を発注者とし乙（売主）を受注者とする甲乙間の本製品の売買取引に関する基本事項を定めることを目的とし，次条に定める個別契約に共通して適用されるものとする。

　この前に「本製品」の定義がされているはずですので，この①の定めによって，この基本契約が適用となる取引の範囲が決定されることになります。

⑵　英文契約例1─個別契約優先

　英文契約においても，上記の国内契約の「契約の目的」と類似した定めがなされる場合があります。次の②の英文例では「目的」という言葉は使用していませんが，「売主は製品を売ることに同意し，買主はそれを買うことに同意する」という表現によって，間接的に「契約の範囲」を規定し，そのうえで，この基本契約と個別契約との適用関係を定めています。

② ＜ Basic Agreement ＞

1. The Supplier agrees to sell the Products to the Purchaser and the Purchaser agrees to purchase the Products subject to the terms and conditions set forth herein.

2. This Agreement shall commonly apply to, and shall be deemed incorporated in, any and all individual contracts (hereinafter called the "Individual Contracts") between the Parties; provided, however, that both parties may exclude the application of any provision herein contained or may stipulate any provision inconsistence with any provisions herein contained in an Individual Contract.

　＜基本契約＞

　1．供給者は，本契約に規定された条件に従って，購入者に対して本製品を販売することに合意し，購入者は本製品を購入することに合意する。

　2．本契約は，当事者間で締結するすべての個々の取引契約（以下「個別契約」という。）に共通に適用され，個別契約の一部となるものとする。ただし，購入者および供給者は，個別契約において，本契約で定める条項の一部の適用を排除し，またはこの契約と異なる事項を定めることができる。

　この②の英文例の2項では，①と同じように，本契約（基本契約）が個別契約に適用されるとし，加えて，個別契約で，基本契約の定めを排除したり，基本契約と異なる内容を定めたりすることができると規定されています。

　この最後の一文は，個別契約の定めが優先する旨が規定されていますが，この考え方は，国内の契約では一般的なものと言えます。また，法律に関する「特別法は一般法を破る」という原則（何らかの特別なケースについて定められた法律は，一般的なケースについて定める法律より優先して適用される，という原則）と同じであり，一般的な常識とも合致するものです。

(3)　英文契約例2―基本契約優先

　注意しなければならないのは，特に国際間の販売店契約では，これと異なる考え方，原則が採用されている場合が非常に多いということです。

　皆さんが販売店契約を締結する場合の売主側（供給者側）で，自社の製品を顧客に売るために販売店を起用すると仮定して，想像してみてください。販売店契約を締結してまで外国で売るのですから，その製品はそれなりにユニークなもの

だと想定されます。また，相手は販売店ですから，販売店自身のニーズに基づいて製品の注文をしているわけではありません。

そのような関係の中で，販売店の注文書に毎回特別な契約条件が記載されているとしたら，売主としてはとても面倒に感じるでしょうし，販売店として置かれた状況・立場を理解していないのではないか，と思うでしょう。

もちろん，製品名やその注文数・納入場所などは注文ごとに決める必要がありますが，支払条件などの基本的事項を毎回に決めていたのでは，何のために基本契約を締結したのかわからなくなります。

したがって，多くの外国企業との販売店契約では，次の③や④のような定めがされています。

---

③ ＜ Purchase Orders ＞

Purchase orders submitted to Supplier hereunder shall be governed by the terms of this Agreement, and any terms and conditions in any purchase order that are inconsistent with or in addition to the terms and conditions of this Agreement are hereby rejected by Supplier and shall be deemed null and of no effect, unless expressly agreed to in writing by Supplier.

　＜注文＞
　本契約に基づいて供給者に送付された注文書は，本契約の条件に服するものとし，供給者が書面で明示的に同意しない限り，注文書に記載された本契約条件と異なるすべての条件又は追加条件は供給者により拒絶され，無効とみなされるものとする。

---

④ ＜ Orders ＞

All orders are subject to acceptance by Supplier. Nothing contained in any order, acknowledgment or invoice shall in any way modify the terms or add any additional terms or conditions to this Agreement;

　＜注文＞
　注文は，すべて供給者の承認を受けることを条件とするものである。注文書，注文請書又は請求書に規定された内容は，いかなるものであろうと，いかなる形であろうと，本契約のいかなる条件も改変せず，また何らかの追加条件を付加しないものとする。

③や④では，常に基本契約の定めが優先であること，個別契約に書かれた基本契約の条件に関する修正条件や追加条件はすべて無効と定められています。

また，③では「供給者が明示的に同意した場合を除き」とされていますが，④では，「注文書，注文請書又は請求書」上のあらゆる定めは基本契約を変更するものではない，つまり無効だとされています。

③の場合，たとえば，注文書に基本契約と異なる条件を記載してあった場合に，供給者がその注文に対して単に「注文請書」を発行しただけの場合，供給者が明示的に同意したと言えるのかどうか，不明確だとも言えます。

しかし，④では，供給者が自ら注文請書を発行した場合であっても，また供給者が自ら当該注文請書に注文書の特別な条件を移記した場合であっても，すべて基本契約が優先すると読めますので，③の条文が持つ問題点を解消するものと言えます。

ただし，④のような定めは，「注文請書に注文書条件が転記されてきたのだから，相手はその条件を承認したに違いない」という買主側の通常の考えや期待に対し，あまりに反するものですし，「注文請書という書面による意思表示」が供給者の明示的な意思表示でないことになり，一体どのような形を取れば供給者の意思表示となるのかが不明になりかねません。

したがって，③も④も，いずれも適切ではなく，例文②によるべきと思われます。

なお，販売店契約ではなく，通常の売買基本契約のように買主が自らのニーズに基づいて部品などの製品を購入する場合は，個別契約の内容について買主の意思がより強く反映されることが多いため，上記のような「基本契約が優先する」旨の定めはそれほど多くはないと思います。

しかし，「特別法は一般法を破る，という原則が当たり前で，契約もそう書かれているに違いない」と思い込んでしまうおそれがあります。したがって，どのような契約であっても，日本人としての常識（あるいは日本人の一般的考え方）を疑いつつ慎重に読んでいく必要があります。

第3章　冒頭部分，定義，基本契約と個別契約　63

> ｜ PICK UP ｜　秘密保持契約の冒頭部分
>
> 　秘密保持契約（NDA；Non-Disclosure Agreement）の冒頭部分では，秘密情報を開示するに至った「背景」が記載されます。
> 　たとえば，当事者間で共同開発を実施したりや販売パートナー関係を結ぼうとしたりしている場合に，その検討に必要なそれぞれの営業情報，顧客情報，技術情報などを開示しあうために，当事者双方が守秘義務を負う秘密保持契約を締結することがよくあります。
> 　また，一方当事者の有する特殊な製品の設計情報や製品情報に基づいて相手方が製品を製造することが可能か，という検討をするために，一方当事者からのみ情報を開示し，相手方だけが守秘義務を負うとする秘密保持契約も想定されます。
> 　これら NDA の冒頭部分の書き方は，**秘密保持に関する条項をまとめた第8章**で説明されていますので，そちらをご覧ください。

3. 定義を規定する利点とその場所

(1) 定義および定義条項の意義

　はしがきを含め，これまで何度となく強調してきましたが，取引条件を具体的なものとして明確化・定量化することにより，自分が負う「リスク」を明確にし，企業活動における予測可能性を高めることが，契約書の存在意義です。

　つまり，契約の両当事者が考えている内容に食い違いがないように契約という書面上で明確にすることが重要です。

　これができていれば，たとえ自分に不利な定めがされた場合であっても，契約締結後，その不利な条件に「備える」ことができます。つまり，契約で自分が負った「リスク」を明確にしたうえで，そのリスクに対処していくことが可能になります。

　この観点から見た場合，その大前提として，誰が読んでも同じ解釈しかできないようにしっかりした用語の「定義」を行うことが重要となるわけです。

　日本の従来の契約は，あまり長文ではなかったこともあり，契約の最初に定義だけのために条文を1つ独立して設けることは多くなく，それぞれの条項の中で必要に応じて定義していくやり方が普通でした。

　しかし，ソフトウェア開発契約などでは長文になる傾向があり，また英文契約の影響を色濃く受けていますので，契約の第1条や第2条に，その契約で使用される全部の（または主な）用語を定義してしまう場合も増えています。

　定義された用語の数が増えてくると，従来の契約のように定義がそれぞれの条項に散らばっていては，出来上がった契約が読みにくくなります。

　たとえば，英文の契約で，「RMA」という用語を使用する場合があります。

　米国のメーカーなどとの契約経験が豊富であれば，RMA が「Return Material Authorization（Procedure）」（返品承認手続）であろうという予想は付けられますが，この用語に初めて遭遇した場合，理解するのは難しいでしょう。この用語が最初に記載された部分のすぐ後に「RMA とは，売主が定めた返品承認手続を意味する」と書いてあれば，問題はないかもしれません。

　しかし，契約の最初のほう，たとえば5条あたりに，

　　「RMA に基づいて買主が返品した本製品の割合がある一定率を超えた場合，売主は本製品の卸値を20％引き下げるものとする。」

といった RMA とは関係のないことが書かれていて，そのずっと後ろのたとえば20条に，

　「買主は，購入した本製品に不良品があった場合，売主の定めた返品承認手続き（以下「RMA」という。）に従い，返品するものとする」
と書かれていたとします。

　読み手として5条の段階で，RMA が何のことなのかわかりませんので，RMA がどこかに定義されていないか，探さなければいけません。この例の場合は，相当先まで行かないと，その用語の意味を理解することができません。

　そのため，契約書を読むのに非常に時間がかかるとともに，契約の内容を正確に理解することが難しくなります。

　もし，どこかにまとめて主な用語（少なくとも複数の条項にまたがって使われるもの）について定義されていれば，探す場所は1カ所しかありませんので，読むのが楽になります。

　また，定義することは，その用語が定義された以外の意味に解釈されることを防ぐ効果もあります。

　例として，「不可抗力（事由）」という用語を検討してみます。

　この「不可抗力」という用語は，単に「当事者の合理的支配を超える事由」と定義される場合もありますが，

　不可抗力とは，天災，戦争，暴動，内乱，ストライキ，ロックアウトその他の労使紛争，禁輸及び政府による制限，その他当事者の合理的支配を超える事由を意味する。

と定義される場合が多くみられます。

　この場合に，別の条項で「商品を納入ができなかった場合であっても，それが不可抗力による場合，債務不履行とはみなされない」と書かれていれば，それがストライキなどの労使紛争で商品を納入できなかった場合，売主の債務不履行にはなりません。

　しかし，定義がない場合，上記の例では，ストライキが含まれるのかどうかわかりません。特にこの「ストライキ」については，産業別の労働組合が中心の米国と，企業別組合が中心の日本とでは，不可抗力とするか否かについてのイメージが相当違います。それこそ裁判や仲裁の判断が下るまで決まらないということ

にもなりかねません。

したがって、このようにきちんと「定義をすること」、そしてできるだけ「定義を1カ所にまとめておくこと」は、契約を素早く読み理解するためにも、また「あいまい」「不明確」な部分を減らす手段としても非常に有用です。

なお、実際の定義条項の項目については、その契約の対象、取引の内容によってかなりの違いがありますので、ここではいくつかの例を紹介するにとどめます。

次の①は、契約の最初の部分にいくつかの定義を行う場合の例です。

2）は、「システム仕様書」は「要件定義書」と「外部設計書」から構成されるとしていますので、3）や4）のように「要件定義書」と「外部設計書」についてもきちんと定義することが必要になります。

---

① 本契約で用いる用語の定義は、次のとおりとする。
　1）「本件ソフトウェア」とは、本契約及び個別契約に基づき開発される
　　　ソフトウェアを意味する。
　2）「システム仕様書」とは、「要件定義書」及び「外部設計書」を意味
　　　する。
　3）「要件定義書」とは、……。
　4）「外部設計書」とは、……。

第3章 冒頭部分，定義，基本契約と個別契約　　67

(2)　英文契約の定義条項例

英文契約では，次のような表現が普通です。

---

②　＜ Definitions ＞

For the purpose of this Agreement, the following terms shall, unless the context otherwise requires, have the meanings as defined below:

(1) "Products" shall mean the products and/or services supplied by Supplier under this Agreement as set forth in a Product Schedule and/or in a Purchase Order.

　＜定義＞

　本契約書において，以下の用語は，文脈上別段の意味を有する場合を除き，下記に定義された意味を有するものとする。

(1)「本製品」とは，本契約に基づき供給者が供給する製品および／またはサービスであって，製品表および／または注文書に規定されたものを意味する。

---

(3)　定義条項を別紙にまとめた例

また，定義された用語が非常に多い場合，定義だけの別紙を作成する場合もあり，この場合は次のような表現になります。

---

③　＜ Definitions ＞

In addition to other terms defined elsewhere in this Agreement, the terms used herein, when the first letter is capitalized, shall have the meanings set forth in the Exhibit A.

　＜定義＞

　本契約で定義された語句に加え，本契約上で最初の文字が大文字で書かれた用語は，別紙 A に規定された意味を持つものとする。

（＊"capitalized" は「大文字で書かれた」という意味です）

68

⑷　一般用語に関する解釈のルールを定めた例

　定義条項とは少し異なりますが，次の④のように，一般用語について契約上どのように解釈するかという点を，詳しく規定した契約例もあります。これらは，契約上の英語の使い方のポイントでもあり，非常に参考になるものです。

---

④　< Interpretative Provisions-A >

(a) The words "hereof," "herein" and "hereunder" and words of like import used in this Agreement shall refer to this Agreement as a whole and not to any particular provision of this Agreement.

(b) All Exhibits and Schedules annexed hereto or referred to herein are hereby incorporated in and made a part of this Agreement as if set forth in full herein.

(c) Whenever the words "include," "includes" or "including" are used in this Agreement, they shall be deemed to be followed by the words "without limitation," whether or not they are in fact followed by those words or words of like import.

　　<解釈条項 -A >

　(a)　本契約で用いられた「hereof（本契約の）」「herein（本契約に）」および「hereunder（本契約に基づき）」という用語およびそれに類した意味の用語は，本契約の全体を指し示すものであり，本契約の特定の規定を示すものではない。

　(b)　本契約に添付されまたは本契約で言及されているすべての別紙および別表は，あたかも本契約中に全部が規定されているかのごとく本契約に統合され本契約の一部を構成するものとする。

　(c)　「include（含む）」または「including（〜を含んで）」なる語句が本契約に用いられる場合は，「以下に限定されるものではないが」という語句が実際にその後に存在するか否かを問わず，常に，当該「以下に限定されるものではないが」という語句がそのあとに規定されているものとみなされる。

---

　④の(a)は，契約中の "here" という用語は「本契約」を意味するという一般的常識とも言える内容を定義したものです。(c)は "include" という単語が「〜から構成される」と解釈されることを防止する意味を持ちます。

　日本語で「〜を含む」と記載された場合には例示だということが明らかです

第3章　冒頭部分，定義，基本契約と個別契約　　69

が，"include" の場合，「以下に記載されているものだけ」という意味に解釈される余地があります。

　それを防ぐため，一般的には，"include" という単語が出てくるたびに "without limitation" や "but not limited to" というフレーズを補うことが普通ですが，この④(c)があれば，たとえ "without limitation" という記載が抜けてしまった場合であっても，同じように例示として解釈されることになります。

---

⑤　＜ Interpretative Provisions-B ＞

(d) When the words "not to be unreasonably withheld" are used in this Agreement, they shall be deemed to be followed by the phrase, "conditioned or delayed," whether or not they are in fact followed by that phrase or a phrase of like import.

(e) References from or to any date mean, unless otherwise specified, from and including or to and including, respectively.

　　＜解釈条項 -B ＞

　(d)　「not to be unreasonably withheld（合理的な理由なく拒絶されない）」なる語句が本契約で用いられる場合，「合理的な理由なく条件付けをしたり，遅延されたり（しない）」という語句が実際にその後に存在するか否かを問わず，当該「合理的な理由なく条件付けをしたり，遅延されたり（しない）」という語句がそのあとに規定されているものとみなされる。

　(e)　「from date」または「to date」と記載される場合，特に指定がない限り，それぞれ「当該期日を含みその期日から」および「当該期日を含み当該期日まで」という意味を有する。

　(d)の "not to be unreasonably withheld" は，「販売店は，供給者の事前の承諾なく，供給者の商標を営業資料に使用しないものとする」といった文脈で，「当該承諾は合理的な理由なく拒否されない」ことを規定するために用いられるフレーズです。この(d)があることにより，"withhold"（拒否）の中には「条件付け」や「遅延」が当然含まれることになります。

　(e)は，from や to という期間を特定するために使用される前置詞が，「その日」を含んでいるかどうか不明確なので，「その日」を含んでいることを明らかにするための規定です。

第 **4** 章

商品の発注，受注，出荷（納入）

1．商品の特定

(1) 商品を特定する意義

さて，「契約」と聞いて多くの人が最初に頭に思い浮かべるのは「売買契約」ではないでしょうか。

売買契約でも，たとえば土地や建物といった「不動産」の売買契約や，消費者が日用品を購入する場合は一度きりの契約である場合が多いと思います。

このような一度きりの売買契約の場合，その対象となっている商品や不動産を契約で「特定」することは容易でしょう。売買の対象が「この大根」あるいは「〇〇市〇〇番地のこの土地と建物」であることは明らかです（なお，土地や建物，中古車，絵画など，同じものが世界に1つしか存在しないものを「特定物」といいます）。

しかし，企業間の契約の多くは継続的な取引に関するもので，多くの場合は複数の種類の製品や部品が対象とされています。

メーカーがその材料を仕入れる場合，卸売業者から小売業者へ商品を卸す場合，販売代理店を起用して商品の販売を拡大する場合など，みな，継続的な売買契約をベースとするものです。

この場合，普通は，買主側が「商品の種類と数量」などを指定した注文書を発行し，売主側がそれに対して何らかの方法（たとえば注文請書を発行する）でその注文を承認することによって，その契約の対象となる「商品」の特定を行っています（基本契約と個別契約に関する条項については次項で説明します）。

では，その契約の対象となる商品の「範囲」については，どのように定めるのでしょうか。

(2)　商品の特定の方法

これについては，次のように①「売主が取り扱うあらゆる商品」という定め方もあります。

---

①　本契約は，本契約期間中，乙（売主）によって現在製造又は取り扱われるか，随時製造され又は取り扱われるあらゆるすべての種類の製品及び部品（以下「本製品」）の甲（買主）と乙との間の取引に関する基本事項を定めることを目的とし，次条に定める個別契約に共通して適用されるものとする。

しかし，商品の性質により取引条件（納期や保証の範囲など）が変わるのが普通ですから，契約の対象を「売主の全商品」とするのは，両当事者にとってあまり望ましいものとは言えません。

通常は，「売主が取り扱う○○，○○などの○○に関連する商品及びその部品」として一定の範囲内のものとするか，あるいは「別紙に記載された製品」として別紙に製品名，型番，単価などの一覧表を記載し，その範囲を具体的に限定することが多いでしょう。

次の②の例は，定義条項において上記の例示と別紙による限定の双方が用いられている例です。

---

②　「本製品」とは，売主が製造し販売するいずれかの革ベルト，グローブ，ビーズ及びシルバーアクセサリーを含む皮革製品及びアクセサリー製品であって別紙Aに規定された製品を意味する。

---

(3)　英文契約における商品の特定の例

③は英文契約の定義条項での記載です。

③ (1) "Products" shall mean the products and/or services supplied by Supplier under this Agreement as set forth in the Product Schedule attached hereto.

　⑴ 「本製品」とは，本契約に基づき供給者が供給する製品及び／又はサービスであって，本契約に添付された製品表に規定されたものを意味する。

④は，販売店契約において，製品の供給者が販売店に対して販売権を許諾する，という文章の中で「本製品」の定義がなされているものです。

④ Supplier hereby authorizes Distributor to resell Supplier's products as described in Exhibit A attached hereto and made a part hereof (hereinafter called the "Products") to end-users in the country or countries described in Exhibit A (hereinafter called the "Territory").

　供給者は，販売店に対し，本契約をもって，（本契約に添付されその一部である）別紙Aに記載された供給者の製品（以下「本製品」という。）を，別紙Aに記載された国（又は国々）（以下「本地域」という。）内において，エンドユーザーに再販売する権限を許諾する。

(4) 製品の変更に関する規定

上記に加え，契約の対象となる製品の変更について規定する契約もあります。売主側としては，未来永劫にわたり同じ製品を製造し提供し続けるわけではないでしょうから，そのような義務を負うのは避けたいところです。

次の⑤の英文例は，販売店に対して事前通知をすることを条件として，供給者に，製品の変更やその製造中止を決定する権限を認めた規定です。

⑤ Without any obligation or liability to Distributor, Supplier may change and/or discontinue the production or distribution of any or all of the Product(s) at any time by giving thirty (30) days prior written notice to Distributor, which amendments may include the addition or deletion of, and/or modification to the Product(s).

　供給者は，販売店に対して何らの義務や責任を負うことなく，いつであっても，販売店に対し30日前に書面で通知することにより，いずれか又はすべての本製品を変更し又はその製造又は提供を中止できるものとする。なお，この変更には，本製品の追加，削除又は改変を含めることができる。

　供給側からの製品を自社製品に組み込む必要のある買主はもとより，顧客への販売促進のために営業・サポート体制の構築に勢力を費やしている販売店としては，できる限り長期間同じ製品を継続して供給してもらいたいところです。

　ただ，製品の改良や開発による進歩もあり，また新製品の提供による顧客へのアピール効果もあるため，（さらには供給者と販売店との力関係もあり）製品の差し替えや改変は仕方ないところでしょう。

　買主や販売店側としては，製品の質や性能を上げるための開発や改変を供給者に認めざるを得ないとしても，供給側に対し，改良，製造中止，製品追加などの時期とその詳細な内容を，できるだけ早く連絡するよう要求すべきでしょう。

　ただ，この事前通知期間がどの程度であれば妥当かは，その製品や部品の内容や技術，自社製品への組み込みのための開発期間によっても大きく変わるでしょうし，その製品市場や顧客の特質・特性（製造ラインの部品等で新製品の受け入れに慎重なユーザーが対象の場合，新奇なものに敏感な消費者が対象の場合等）によっても異なると思いますので，その製品や市場をよく検討したうえで供給者側を納得させることが必要となります。

2．発注方法，個別契約の成立

(1) 注文書・注文請書の発行または売主の承諾による成立

不動産や絵画といった「特定物」の売買であれば，その売買契約が成立した時に，既に，その対象物は決まっています。

しかし，売買（取引）基本契約や販売店契約など企業間の取引契約の多くでは，基本契約が締結済みであっても，取引の対象となる具体的な製品は，まだ決まっていません。

上記1.のとおり，基本契約ではその対象となる「製品の範囲」だけを決め，具体的に「どの製品を何個買うか」ということは，個々の売買契約（これを「個別契約」と言います）で決めることになります。

ただし，個別契約という名前がついているからと言って「個別契約書」が交わされるとは限りません。むしろ，多くの場合，注文書の交付，あるいは注文書と注文請書の交換により，「個別契約」が成立したと規定されます。

少し難しくなりますが，ここで言っている「個別契約」とは，基本契約に基づいて成立する「観念的」「抽象的」な契約，取引を指しているわけです。

基本契約では，そのような観念的な個別契約が成立したと判断される（このことを，条文では「成立したとみなされる」と表現します）のは，どのような場合か，ということを定めておくことになります。

個別契約が成立したとみなされる場合として，多くの場合，①買主の注文書の交付と売主による注文請書の交付によると規定されます。

---

① ＜個別契約＞

1．売主から買主へ販売される本製品の種類，数量，合計価格，納期，納入場所その他個々の取引に必要な事項は，個別契約をもって定めることとする。

2．個別契約は，買主が売主に対して注文書を交付し，売主がこれに対し注文請書を発行したときに成立するものとする。

上記の変形として，②買主の注文書に対して売主が承諾した時点で個別契約の成立とするものも見られます。

第4章 商品の発注，受注，出荷（納入） 75

---

② ＜個別契約＞

１．（上記①の１項と同じ，省略）

２．個別契約は，買主が売主に対して注文書を交付し，売主がこれを承諾したときに成立するものとする。

ただ，この②の場合，売主が承諾したかどうか，またいつ承諾がなされたのかについては，買主側ではっきり証明することが難しくなります。たとえば，売主が自分の責任で納入を怠ったにもかかわらず，買主からの注文を「承諾していない」と主張することを許すことになりかねません。買主としては上記②のような契約条項は避けるべきでしょう。

なお，実際の取引では，注文書を発行する以前に，売主が「見積書」を出すことも多いと言われています。そして，この売主からの見積書に対応して買主が注文書を発行した場合には，その時点で個別契約が成立したとされることも多いようです。したがって，基本契約の対象となっている取引が，a）見積書をベースとして発注する性質のものなのか，それとも，b）見積書は取らずに注文する性質なのか，あるいは，c）見積書を取るが，注文書発行後に売主からの注文請書を必要とするのか，のいずれが妥当なのかを検討する必要があります。

(2) 請書発行遅延時のみなし契約成立

個別契約の成立に関しては，もう１つ大きなポイントがあります。

それは，買主からの注文書を受けたにもかかわらず，売主が何の返事も行わなかった場合の扱いです。

そもそも「売主には，注文を拒絶する権利を認めない」と定めることも可能ですが，売主の製造能力や調達能力の問題が関わってきますので，実際は売主の拒絶権を認めざるを得ないでしょう。この場合，売主が注文に関し何も回答してこなかった場合，買主としては，売主によって注文が承諾され納入準備に入っているのか，それとも無視されているのかわからない状態になります。

これにつき，商人間の売買契約に対して適用のある日本の商法では，次のように規定されています（もちろん，任意規定です）。

> **＜商法509条＞** 商人が平常取引をする者からその営業の部類に属する契約
> の申込みを受けたときは，遅滞なく，契約の申込みに対する諾否の通知を発
> しなければならない。
> 2 商人が前項の通知を発することを怠ったときは，その商人は，同項の契
> 約の申込みを承諾したものとみなす。

　当事者が基本契約に特別の定めを置かなかった場合，この商法の規定（の第2
項）により，基本契約を締結している当事者間で，個別契約の申込み＝注文を受
けた売主がそれに対して遅滞なく連絡しなかった場合，申込みを承諾したとみな
されることになります。

　ただ「遅滞なく」が「3日」なのか「2週間」なのかは，商法上は明確ではあ
りません。法律をその取引の実情に応じて柔軟に解釈できるという利点があるた
め，法律ではこのような定め方をすることが多いわけですが，個々の取引の当事
者にとっては大いに問題となります。

　したがって，契約で③のようにその期間を明確に定めておくことは，リスクの
明確化という観点から考えると，買主にとってはもちろんのこと，売主にとって
も必要なことだと思われます。

> ③ ＜個別契約＞（1項省略）
> 2．個別契約は，買主が売主に対して注文書を交付し，売主がこれに対し注
> 文請書を発行したときに成立するものとする。
> 3．前項の規定にかかわらず，売主が買主から注文書の交付を受けてから5
> 営業日以内に別段の意思表示をしない場合には，個別契約は成立したものと
> みなす。

(3) 英文契約における「注文（書）」を元にした規定

　これまで日本語の契約をベースに説明してきましたが，英文契約の場合，上記
と少し違った構成を採る場合が多いようです。日本語と同じような内容の英文契
約も存在しますが，多くの英文契約では，「個別契約」という概念を用いず，「注
文（書）"Order" "Purchase Order"」だけを用いる場合が多いようです。そし
て，日本語の契約で「個別契約」と書かれた部分を「注文（書）」で済ませてい

第4章　商品の発注，受注，出荷（納入）　77

ます。たとえば，和文契約で「個別契約で定められた納期までに納入する」と
なっている部分を「注文書に定められた納期までに納入する」といった形です。
　④は，買主からの注文書を売主が承認したものとみなされる場合の定めです。

---

④　< Purchase Order >

1. The Purchaser may issue Purchase Orders of the Products from time to time to the Supplier.

2. Supplier shall respond to such Purchase Orders within five (5) Business Days of receipt of a Purchase Order with (i) full acceptance of Purchase Order confirming the quantity, delivery date and delivery location (s) ; (ii) partial acceptance of Purchase Order suggesting different quantity, delivery date or delivery location (s) ; or (iii) rejection of the Purchase Order.

3. Each Purchase Order shall be deemed accepted by the Supplier on the next day of the aforementioned five (5) business day period if the Supplier fails to reject or otherwise respond to the Purchaser Order within said five (5) business day period in writing.

　<注文（書）>

　1．購入者は，供給者に対し，適宜，本製品の注文書を発行できる。

　2．供給者は，注文書を受領してから5営業日以内に，当該注文書に関し以下のいずれかの回答を行うものとする：(i)数量，納期及び納入場所のすべてが注文書の内容に一致した注文全体の受諾，(ii)数量，納期又は納入場所について異なった指定をした注文の一部の受諾，又は(iii)注文の拒絶。

　3．上記5営業日以内に，供給者から購入者に対し，書面により拒絶その他何らかの回答もなされなかった場合，当該5営業日の翌日に供給者は購入者の注文を承諾したものとみなされるものとする。

　なお，「注文（書）」とカッコ書で「書」を記載していますが，これは，英単語
の Order が「注文」と訳すべき場合，「注文書」と訳すべき場合，あるいはどち
らでもよい場合があるためです。

3．商品の出荷，梱包・納入

(1) 売主の費用負担による出荷，納入

　買主からの注文を売主が承認した場合，売主は，その注文に基づいて製品を出荷することになります。

　OEM契約（相手先商標による製造契約または受託製造契約）のように，出荷前に，売主が買主から指定された仕様に基づいて製品を製造する場合は，仕様について規定する必要がありますが，ここでは，一般の売買基本契約を想定し，売主が自分で製造して販売する場合も，他社から購入して転売する場合も両方含むものと考えます。

　国内契約の場合，多くは，次の①のように，売主側が，出荷から納入場所までの納入完了までを行う義務を負うというものです。

---

　① ＜納入＞
　　売主は，個別契約の定めに基づき，本製品を，本製品の輸送に適した標準的な梱包方法で梱包したうえで，個別契約に定める納期に，個別契約で定められた納入場所（買主の顧客の事業所を含む。）に，本製品を搬送・納入するものとする。

　日本国内における「物」の移動は，通関手続も関税も不要なことはもちろんですが，国際取引に比して近距離なこと，船舶による輸送も比較的リスクが小さいこと，輸送業者による遅配が少ないこと，などから，上記①のように，納入場所までの納入が売主の義務となっていることが普通です。

　なお，民法の規定は，次のような「持参債務の原則」を定めたうえで，特約がなければ，自分の債務を履行する際に必要な費用は履行する人が負担する，つまり売主が負担するとされています。これは，もちろん任意規定ですので当事者の特約が優先しますが，特約がなければ，不動産のような特定物ではない不特定の商品を販売する売主は，原則として，売主自身の費用で，買主の住所に商品を持っていく義務があることになります。

第4章　商品の発注，受注，出荷（納入）　79

> **＜民法484条＞**　弁済をすべき場所について別段の意思表示がないときは，特定物の引渡しは債権発生の時にその物が存在した場所において，その他の弁済は債権者の現在の住所において，それぞれしなければならない。
> （改正民法で新設された2項は略）
> **＜民法485条＞**　弁済の費用について別段の意思表示がないときは，その費用は，債務者の負担とする。

│ PICK UP │　弁済費用と契約費用

　この民法485条の「**弁済の費用（＝履行費用）**」に関しては，これと似て非なる「**契約費用**」という法律用語に気を付ける必要があります。

　「**弁済費用**」は，既に債務を負っている者が，その債務を完了させるために必要な費用を意味し，本文のような製品の納入費用や，代金を支払う際の銀行振込料などが含まれます。

　一方「**契約費用**」は，契約を締結する際に必要となる費用を意味し，たとえば，不動産売買契約における不動産鑑定費用や，収入印紙代などが含まれます。これにつき，民法558条では，「売買契約に関する費用は，当事者双方が等しい割合で負担する。」と規定しています。

　売買契約に関する定めは，他の種類の有償契約（贈与契約のような無償契約ではない契約）に準用されますので，結局，多くの場合，契約費用は契約当事者が折半することになります。

　民法のこれらの定めはいずれも任意規定ですが，その規定の仕方は，契約というものに対する考え方を知るうえで参考になります。

⑵　梱　包

　出荷に関しては，商品の梱包に関する定めを置くことがあります。

　上記の条項例でも，「本製品の輸送に適した標準的な梱包方法で梱包したうえ」で出荷するように規定されています。

　これに加え，買主が特別の梱包を要請した場合，売主にはそれに応じる義務を課している契約もあります。

② 1.（①と同じ，省略）
2.買主が本製品の梱包方法につき変更を求めた場合，売主は当該変更の依頼に基づき梱包方法を変更するものとする。ただし，当該梱包方法の変更により梱包費用が通常の費用を上回ることになった場合，買主は，売主からの請求に基づき，当該増加分を売主に支払うものとする。

上記2項のような定めは，通常の売買基本契約というよりも OEM 契約などに多くみられるものです。OEM 契約では，買主の仕様に基づいた特注品で特別に慎重に扱うことが必要な製品が対象となる場合も考えられるため，あらかじめ契約でこのような定めが必要となります。

ただ，次の英文条項のように，いかなる場合も売主側の責任で製品に相応しい梱包をせよ，という厳しい条件が売主に課せられることもあります。

③ Unless otherwise specified by Purchaser in writing, Supplier shall pack and mark the Products so as to reasonably ensure that the Products reach Supplier at its ultimate destination in a secure fashion.

買主が書面で別途指定しない限り，供給者は，本製品が買主の最終目的地に安全に到着することを合理的に保証しうるような方法で本製品を梱包し必要な表示を行うものとする。

(3) 国際取引における出荷の特徴

一方，日本の企業が外国企業と取引する場合，ソフトウェアなどの製品で日本において複製したものを販売する場合や，相手方のウェブサイトからダウンロードする場合を除いて，船舶や航空機によって製品を輸送することが必要となります。

当然，国内輸送と比べ，日数も費用も掛かりますし，海難事故や海賊の襲来，途中の港での足止めなどの危険も格段に増加します。

このため，国際取引における出荷の条件については，

i) 売主が商品の引渡義務を負うのはどこまでか？

ii) 輸送費や保険料を売主と買主のどちらが負担するか？

iii) 誰がどこまで「危険負担」＊を負うか？

第4章　商品の発注，受注，出荷（納入）　81

　iv）通関手続は誰が行うのか？

　という点について契約で明確に定めておき，紛争になることをできるだけ避けることが必要です（**危険負担**については，本章4.を参照してください）。

　このような国際取引の特質を踏まえ，契約当事者の国が異なることに起因する取引条件に関する当事者の「認識のずれ」をなくし，紛争を予防することを目的として，1936年，いわゆる「インコタームズ（INCOTERMS）」が国際商業会議所（ICC）によって定められました。

　当事者がこのインコタームズで規定された11種類の定型取引条件（貿易条件）のいずれかに基づくと契約で規定すれば，上記のi）～iv）について契約でそれ以上何も定めなくても，インコタームズの定めがそのまま適用されることになります。

　このインコタームズを利用した契約条項については，本章「5.貿易条件（インコタームズ）」で再度取り上げます。

4．危険の移転

(1) 危険負担とは？

　本章3．(出荷，梱包) で少し触れましたが，製品を出荷した後，商品が海難事故で濡れてダメになったり，飛行機が墜落して商品が壊れたりするような場合に，売主と買主のどちらがその損害を負担するか，どこまでが売主の責任範囲で，どこまでが買主の責任範囲か，という「**危険負担**」が問題になります。

　この危険負担の考え方には，2種類があります。

　1つは「**債権者主義**」，もう1つは「**債務者主義**」という考え方です。

　「**債権者主義**」は，物について債権を持っている人，つまり危険負担が問題となっている「契約対象物」の引渡請求権という債権を有している債権者が，その危険を負担する，という制度です。

　「**債務者主義**」とは，物について相手に引き渡す債務を負っている人＝債務者が，その危険を負担する，という制度です。

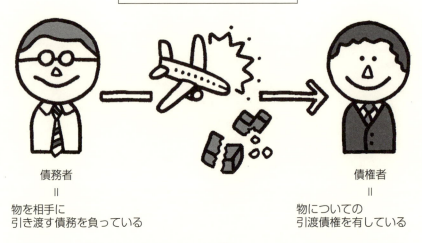

　契約締結から買主に製品が**納入**されるまで常に「**売主**」が危険を負担するという**債務者主義**の場合，売主は，輸送途上で滅失してしまった商品の代金の請求はできませんが，壊れていない新しい商品を買主に送付する義務も負いません。

第4章　商品の発注，受注，出荷（納入）　83

　これに対し，たとえば売主がその工場で製品を**出荷した後は常に「買主」が危険を負担する**という**債権者主義**の場合，売主は輸送途上で壊れてしまった商品に何の責任も負いませんが，買主は契約通り代金を支払う必要があります。買主は，売主に「壊れていない新品を再度送付してくれ」といった請求はできませんので，代金だけ取られて商品は届かない（あるいは壊れた商品が届くだけ）ということになります。

　これについて，従来の（2017年に改正される前の）民法（534条）では，契約の対象となっている目的物が「**特定物**」の場合「**債権者主義**」によるものとし，「**不特定物**」については，買主に製品を納品するためにトラックに積むなど必要な行為の完了時点を境に「**債務者主義から債権者主義**」に変わるとされていました。それ以外の債務，たとえば役務（サービス）等の提供債務については，その履行を完了するまで「**債務者主義**」が採用されていました（同536条）。

＜改正前民法534条＞

1　特定物に関する物権の設定又は移転を双務契約の目的とした場合において，その物が債務者の責めに帰することができない事由によって滅失し，又は損傷したときは，その滅失又は損傷は，債権者の負担に帰する。

2　不特定物に関する契約については，第401条第2項の規定により**その物が確定した時から**，前項の規定を適用する。

（同法401条2項「……債務者が物の給付をするのに必要な行為を完了し（中略）たときは，以後その物を債権の目的物とする。」）

＜改正前民法536条＞

1　前2条に規定する場合を除き，当事者双方の責めに帰することができない事由によって債務を履行することができなくなったときは，債権者は，反対給付を受ける権利を有しない。

2　債権者の責めに帰すべき事由によって債務を履行することができなくなったときは，債務者は，反対給付を受ける権利を失わない。この場合において，自己の債務を免れたことによって利益を得たときは，これを債権者に償還しなければならない。

　このような改正前の民法に従う場合，たとえば「家」や「中古車」などの特定物の売買契約では，契約締結後買主に引き渡す前に，それらが滅失したり棄損し

た場合，物の引渡しについての債権を有する買主が，その危険（リスク）を負担することになります。

　具体的に言うと，買主は，焼失してしまった家などを手に入れることはできないにもかかわらず，依然としてその購入代金を支払う義務を負います。また，家が棄損した場合は棄損した状態の家を手に入れることになりますが，代金は契約に定められた全額を支払わなければなりません。

　この「債権者主義」については批判が多く，実際に締結されるほとんどすべての不動産売買契約では，これを排除する特約が結ばれていました。また，世界各国の法制度を見ても，あるいは国際物品売買契約に関する国際連合条約（ウィーン売買条約）に照らしても，独特な（奇異な）制度となっていました。

　これを踏まえ，改正民法では，原則として，特定物とそれ以外の双方について，債務者がそのリスクを負うという「債務者主義」が採用されました。

＜改正民法536条＞（旧534条，535条は削除）

1　当事者双方の責めに帰することができない事由によって債務を履行することができなくなったときは，債権者は，反対給付の履行を拒むことができる。

2　債権者の責めに帰すべき事由によって債務を履行することができなくなったときは，債権者は，反対給付の履行を拒むことができない。この場合において，債務者は，自己の債務を免れたことによって利益を得たときは，これを債権者に償還しなければならない。

　この結果，契約成立後，特定物であっても不特定物であっても，売主（債務者）がその履行（＝納入）ができなくなった場合，買主は代金の支払いを拒むことができることになります（ただし，買主の責めに帰すべき原因によって履行できなくなった場合は，買主が危険を負担します）。

　ただ，法律の定めがどのようなものであっても，契約で自由に特約を結ぶことができますし，民法のように「履行」＝「納入」の時点以外にも，危険負担の移転時期を設定することも考えられます。

　危険を誰がどこまで負担するかによって相当の違いがありますので，「どこで（またはどの時点で）」商品の滅失棄損に関する危険が売主から買主に移転するのかを，契約ではっきりさせておくことが重要になります。

特に，輸送距離と輸送時間が格段に複雑で長くなり，それだけ海難事故や海賊による盗難，途中の港での足止めなどの危難にあう確率も高くなる国際契約では，一段とその重要性が増すことになります。

(2) 危険負担の移転時期に関する特約例─国内取引1

さて，この買主に危険が移転する時期について，国内取引では，多くの場合「納入時」または「買主の検査完了時」が指定されます。このほか「出荷時」または「代金支払完了時」とする例もありますが，あまり一般的ではありません。
まず，「納入時」を危険負担の移転時期とする条項例①を見てみます。

---

① ＜危険負担の移転時期＞
　目的物の納入完了前に目的物に生じた損害は売主が負担するものとし，納入完了後に生じたものは買主が負担するものとする。ただし，その損害の発生につき相手方の責に帰すべき事由の存する場合はこの限りではない。

「納入」は，商品を納入場所に単純に納めるだけですので，製品自体の検査や梱包の状態のチェックなどが終わっておらず，製品の種類や納入量によってはその数量のチェックすら行われていない段階です。
売主としては，できるだけ早く責任から逃れたいので，「納入」段階で危険を買主に移転することを望む場合が多いでしょう。

(3) 危険負担の移転時期に関する特約例─国内取引2

しかし，納入段階で危険が買主に移転するとすることは，買主からの反論も予想されます。
製品が納入されただけの段階では，買主はまだ数量すら把握していなかったり，きちんとした保管を始めておらず，その製品を買主の管理下に置いている（会社の財産として認識している）とは言えない状態であるからです。
そのような製品の危険を負担せよというのは困るということで，買主としては，危険負担のの移転時期を，次の②のような「検査完了時（受け入れ完了時)」（経理・会計用語では「検収完了時」）にするよう主張する場合が多いでしょう。

② ＜危険負担の移転＞
　本製品の減失毀損についての危険負担は，購入者がその検査を経て本製品の受け入れが完了した時点で，供給者から購入者に移転するものとする。

　英文では，次のような表現になります（ただし，次の(4)のとおり，外国との取引ではあまりこの条件は使われません）。

③ ＜ Risk of Loss ＞
All risks of loss or damage to the Products shall pass from the Supplier to the Purchaser at the time of acceptance of the Products by the Purchaser through its inspection.

(4)　危険負担の移転時期に関する特約例—国際取引

　国際契約—貿易取引では，国内取引の「納入時」や「検査完了時」の場合のように，製品が買主の倉庫などに届いてから危険が移転すると定めることはあまりありません。

　むしろ，商品を売主が工場から出荷した時，輸出国のコンテナヤード等に到着した時，港に到着した時，船や飛行機に積み込まれた時，買主の国の港や空港に到着した時など，出荷され買主の倉庫に到着するまでのどこかの段階を危険移転時期と定めることが普通です。

　なお，3．で少し触れた「インコタームズ」の定める11の貿易条件には，危険の移転時期も定められていますので，それに基づく場合が多いと思います。

　ただ，「DDP（関税持込渡）」という最も売主側の責任範囲が広い条件の場合には，買主の倉庫等での引渡時を危険負担の移転時期とされていますが，**それ以外の10の条件では，その前のいずれかの時点が危険負担の移転時期と規定**されています。

　インコタームズの詳細については，次の5．で説明しますので，ここでは，一例のみを挙げておきます。

　従来から日本企業がよく使ってきた代表的な貿易条件である FOB（**本船渡**），CFR（運賃込），CIF（運賃保険料込）条件では，次のように，輸出国の港で船に積み込まれた時点で，危険が買主に移転するとされています。

第4章 商品の発注, 受注, 出荷（納入） **87**

---

④ ＜FOB の場合＞

The risk of loss of the Products shall pass from the Supplier to the Purchaser when the Products have been loaded on the deck of the vessel at the loading port of the Products.

　本製品の危険負担は, 本製品の船積港において本船の甲板に船積みされた時に, 売主から買主に移転するものとする。

　なお, FOB（本船渡）, CFR（運賃込）, CIF（運賃保険料込）条件の場合のこの危険負担の移転時期（本船の甲板に船積みされた時）は, 実は, 2010年の改訂版インコタームズで変更されたものです。

　従来は, 次の⑤のように, 本船の舷側（船体の側面）の欄干を通過した時に, 買主に危険が移転するとされていました。

---

⑤ ＜インコタームズ2010以前の危険負担に関する定め（FOB 等）＞

The risk of loss of the Products shall pass from the Supplier to the Purchaser when the Products pass the ship's rail at named loading port.

　本製品の損失の危険は, 本製品が指定積出港において, 本船の舷側（船体の側面）の欄干を通過した時に, 供給者から購入者に移転するものとする。

5．貿易条件（インコタームズ）

(1)　インコタームズとは？

　3．で述べたとおり，国際取引では輸送に時間と費用が掛かり，危険（リスク）も増大しますが，当事者の国が違うことによる言語・文化の違い，さらには法制度やその用語の使い方の違いから，契約で取引の条件を「一義的」に定めることには困難が伴います。

　売買基本契約や販売店契約を締結して継続的に取引を行うのであれば，最初に，専門家を交えてじっくり契約書の条件を検討することにより，上記の困難はある程度解消可能でしょう。しかし，実際の国際取引では，継続的取引ではない単発の商談や，継続的取引であっても基本契約を締結せず注文書などだけで取引を行う場合も多数存在しますし，基本契約を締結したとしても，万が一を想定した必要な条項すべてを常に定めることができるとも限りません。

　このような状況を踏まえ，上記のとおり，取引の円滑化と紛争の予防を目的としてインコタームズが整備されました。

　ただ，インコタームズは「条約」ではありませんので，当事者の合意がなければ，インコタームズをその取引に適用することはできません。当事者が「インコタームズの○○○という条件による」と契約に規定して初めて適用されるという性質のものです（これを法律用語で「援用する」と言います）。

　その意味で，当事者の特約がなければ当然に適用される「任意規定」より，その適用範囲は狭いということになります。もっとも，単なる注文書や invoice（「送り状」。納品書と請求書を兼ねた書類），さらには各種通関書類などに，インコタームズの規定するアルファベット3文字からなる11種の「貿易条件」（"trade terms"）を当然のごとく記載し適用している場合が非常に多く見受けられます。したがって，企業間取引においては，そのほとんどが当事者の「特約」に置き換わっている日本の民法より，インコタームズのほうがその重要性・必要性は高いと言えるでしょう。

　このインコタームズでは，11種類の貿易条件が定められています。

　その代表的なものとして，まず，日本企業が（コンテナ船の場合を含めて）従来から非常に多く使用してきた「FOB」（本船渡－指定船積港）と「CIF」（運賃保険料込－指定仕向港）を見てみましょう。なお，96～97頁には，一覧表が記載

第4章　商品の発注，受注，出荷（納入）　89

されていますので，そちらも参照してください。

　ちなみに，日本語の説明で恐縮ですが，「船積港（ふなづみこう）」は貨物の積み込みを行う港，「仕向港（しむけこう）」は貨物を載せた船が向かう目的地の港のことです。また，上記のFOBは「本船渡」などとなっていますが，これらの意味については，(2)の説明と，96〜97頁の一覧表を参考にしてください。

| PICK UP |　　貿易条件の次に書かれている港などの意味

　なお，上記の各貿易条件の後に記載されている「指定船積港」とか「指定仕向港」といった場所や港の記載は，売主が運賃を負担する範囲を定めるものです。

　「FOB 東京」となっている場合は，「FOB 条件（本船渡条件）で船積港である東京港までの運賃を売主が負担する」ことを意味します。

　また「CIF 東京」は，「CIF 条件（運賃保険料込条件）で仕向港である東京港までの運賃を売主が負担する」ことを意味しています。

　このように同じ東京港であっても FOB の場合は商品を船積みする場所（港）を意味するのに対し，CIF の場合は商品の仕向け先（港）を意味しており，意味が全く違いますので注意が必要です。

| PICK UP |　　「FOB」「CIF」などの4条件の見直しの必要性

　インコタームズの最新版である2010年版では，「FOB」「CIF」「CFR（運賃込）」および「FAS（船側渡）」の4種類の貿易条件は，「コンテナ船」や「航空機」による輸送には用いることができず，トラックに積まれた商品が（コンテナヤードを経由せず），直接，輸送船（「本船」と言います）の船側に運ばれ，そのままクレーンで船に積み込まれる場合にのみ利用することができるとされています。

　したがって，コンテナを利用しているにもかかわらずこの4条件のいずれかを未だに使用している多くの契約では，その契約条項自体の修正または保険の付保範囲の見直し（コンテナヤードに置かれている部分を付保する等の見直し）が必要でしょう。

(2) FOB条件

まず，FOB（本船渡条件）の場合です。この例では，米国企業がロサンゼルスを船積港（輸出港）として出荷することになります。なお，仕向港（輸入港）は，2項で「横浜港」とするとされています。この場合，売主の引渡義務は，出荷してから，船（本船といいます）の上に置いて荷を買主に引き渡すことで終了します。それで，「本船渡」という語句が訳語として使われています。

---

① ＜Shipment＞

1. All delivery of the Products sold by the Supplier to the Purchaser pursuant to this Agreement shall be made at Los Angeles Port, California, USA on a F.O.B. Los Angeles Port basis, and the title to and the risk of loss of the Products shall pass from the Supplier to the Purchaser when the Products have been loaded at the loading port of the Products.

2. The port of destination of the Products shall be Yokohama Port, Japan.

3. The trade term "F.O.B." shall be interpreted in accordance with INCOTERMS 2010, as amended.

   ＜出荷＞

  1．本契約に基づき売主から買主に売り渡した本製品は，すべてFOBロサンゼルス港条件により，米国カリフォルニア州ロサンゼルス港にて引き渡されるものとし，本製品の所有権及び危険負担は，本製品の当該船積港において船積みされた時に売主から買主に移転する。

  2．本製品の仕向港は，日本の横浜港とする。

  3．貿易条件のFOBという用語は，インコタームズ2010年版（又はその改訂版）により解釈されるものとする。

---

(3) 所有権の移転時期とインコタームズ

上記①の英文の1項の中ほどで，"and the title to (and the risk of loss of) the Products shall pass from the Supplier to the Purchaser …" と書かれています。"title to the Products" は「本製品の所有権」を表しますので，この文は「本製品の所有権（及び本製品の損失の危険）は，本製品が船積み港で船積みされた時に売主から買主に移転する」という意味になります。

しかし，ここには重大な落とし穴があります。

インコタームズでは，上記4. の中で説明した「製品の滅失・棄損に関する危険」を負担する者が，いつ売主から買主に移転するかについては定めがあります。たとえば FOB や CIF であれば，製品が本船の船上に置かれた時点で，危険負担は買主に移転することと定められています（これと異なる特約も有効です）。

しかし，製品の**「所有権」**の移転時期に関して，インコタームズは何らの定めもしていません。

所有権の移転時期は，その対価の支払時期等と大きく関係します。対価が完済されるまで売主側が所有権を保持する（留保する）と規定されることもあり，危険負担のように貿易条件としての定型化になじみにくいと考えられます。

上記の①のように，所有権と危険負担の時期が具体的に記載されている場合には，この契約条項は有効なものとなります。

しかし，次の②のように，所有権の移転時期がインコタームズにより決定されるという内容の表現になっている場合，所有権の移転時期はインコタームズに何も規定されていないので，この条項では，所有権の移転時期は不明ということになってしまいます。

---

② ＜誤った表現＞

"The title to (and the risk of loss of) the Products shall pass from the Supplier to the Purchaser <u>pursuant to the provisions of Incoterms</u>."

本製品の所有権（及び本製品の損失の危険）は，インコタームズの定めに従い売主から買主に移転する。

(4) CIF 条件

次に CIF (運賃保険料込条件) の場合で, 上記と同様, 米国企業が日本企業に商品を売る場合の定めで, 売主の引渡義務は, FOB と同様, 出荷してから, ロサンゼルス港で本船に船積みしたうえで, それを買主に引き渡すことで終了しますが, FOB と違う点は, 仕向港 (目的地の港) である日本の横浜港までの製品の輸送料と保険料を売主が負担することになります。

---

③ ＜Shipment＞

All delivery of the Products sold by the Supplier to the Distributor pursuant to this Agreement shall be effected at Los Angeles Port, USA on a C.I.F. Yokohama Port, Japan basis (INCOTERMS 2010).

＜出荷＞

本契約に基づき供給者から販売店に売り渡した本製品の引渡しは, すべて (インコタームズ2010の定めるところによる) CIF 横浜港 (仕向港) 条件により, すべてロサンゼルス港 (船積港) にてなされるものとする。

なお, 前項 4. で述べた「危険負担」に関しては, FOB および CIF のどちらも「船積港の本船の船上での引渡時」に売主から買主に移転するとされています。したがって, いずれの場合も, 船積港で船に積み込まれた後に船が沈没して商品が滅失した場合の危険は, 買主が負担することになりますので, 買主は商品を受け取れないにもかかわらず, その代金を支払う必要があります。

CIF の場合は仕向港までの保険が付保されていますが, FOB や CFR では船積みされた以降の保険は掛けられていません。したがって, FOB や CFR の場合, 買主は海上での遭難などに備えるため, 保険を掛ける必要が出てきます。

(5) FCA（運送人渡）条件

次に，FAC（運送人渡）条件を見てみましょう。

FCA 条件は，CPT（輸送費込）条件や CIP（輸送費保険料込）条件と同様，コンテナ輸送を意識して作られた貿易条件で，FCA は FOB に，CPT は CFR に，CIP は CIF に似た内容となっています（前述のとおりコンテナ輸送の場合は FOB などから FCA などに置き換えることが必要とされています）。

FCA（運送人渡）の場合，売主は，輸出通関手続を完了させたうえで，買主が指定した場所（運送人の管理下にあるコンテナヤードや CFY—混載貨物専用倉庫など）で買主が指定した運送人などに目的物を引き渡したときにその引渡義務の履行が完了したことになります。危険もその時点で買主に移転します。なお，売主は指定場所で目的物の荷下ろしをする義務を負いません。

---

④ 1. All delivery of the Products sold by the Supplier to the Distributor pursuant to this Agreement shall be made on F.C.A. basis (INCOTERMS 2010). The Supplier shall make shipments of the Products by AAA, BBB or other similar carrier at the Supplier's discretion to the delivery place, and the delivery of the Products shall be effective at the time such Products be loaded in the truck of AAA, BBB or other designated carrier.

2. The title to and the risk of loss of the Products shall pass from the Supplier to the Distributor at the time of aforementioned delivery of the Products.

　1．本契約に基づき供給者から販売店に売り渡した本製品の引渡しは，すべて（インコタームズ2010の定めるところによる）FCA 条件によりなされるものとする。供給者は，その選択に基づき AAA 社，BBB 社又はその他の類似の運送業者によって納入場所に宛てて本製品を出荷するものし，本製品は，AAA 社，BBB 社又はその他指定運送業者のトラックに当該本製品が積まれた時点で，引き渡されたものとする。

　2．本製品の所有権及び危険負担は，上記の本製品の引渡しの時点で供給者から販売店に移転する。

⑹ EXW（工場渡）条件

最後に，EXW（工場渡）条件を見てみましょう。

EXW の場合，売主の工場で製品を買主の処分に委ねた時点で，その引渡義務の履行が完了したことになります。売主は，たとえ買主側がトラックなどを売主の工場に手配したとしても，売主は製品をそのトラックなどに積み込む義務を負いませんし，通関を行う義務も負いません。

したがって，買主は，自ら船腹（輸送船）を確保したうえで，売主の工場へ製品を取りに行き，買主自身（または買主の雇った運送業者）で荷をトラックに積み込んで積出港や積出空港などへ運び，自ら通関したうえで自国へ輸出し自国で輸入手続を行う必要があります。

一見すると，買主に非常に不利なようにも見えますが，輸送費，保険料，通関手数料などを自ら管理することができるため，安い輸送業者や安い保険会社等を起用できる力がある買主にとっては，コストを削減できる可能性もありますので，一概に買主に不利とは言い切れません。

---

⑤ All shipments will be <u>EXW Supplier's factory</u> (Incoterms 2010) and shall be made in accordance with mutually acceptable shipping instructions. Orders issued by the Distributor will specify requested shipment dates. The Supplier shall use its commercially reasonable best efforts to ship according to the requested date.

　すべての出荷は，供給者の工場からの（インコタームズ2010による）EXW 条件によるものとし，相互に同意しうる出荷指示に従ってなされるものとする。販売店が発行した注文には，希望出荷期日が指定されているものとする。供給者は，当該希望出荷期日に従って出荷するよう商業的に合理的な最大限の努力をするものとする。

その他，全部で11種類の貿易条件がインコタームズには規定されています。96〜97頁に，インコタームズの11種類の条件をまとめて表にしておきます。

なお，後記図の下の FOB，CFR および CIF では，コンテナ・ターミナルから輸出港埠頭の間（点線---部分）につき「無保険部分」と記載されています。これは，本来適用対象ではないコンテナ輸送にこの3つの貿易条件の適用した場合，コンテナ・ターミナル（コンテナヤード）に置かれている製品は，インコタームズの定める売主の付保範囲ではないため，保険が掛かっていない可能性が高いことを示しています。東日本大震災が発生した時，コンテナヤードには，日本から外国に向け FOB 条件や CIF 条件で輸送される予定の多数の製品が，無保険のまま置かれており，地震や津波により滅失してしまったにもかかわらず，売主である日本企業は保険金を受け取ることができなかったと言われています。

第1グループ：いかなる輸送手段にも適したもの

―航空輸送，コンテナ輸送など，あらゆる輸送手段に適用することができる

	売主引渡義務 （売主の契約範囲）	売主負担 運賃範囲	売主保険 付保要否	危険負担 移転時期	売主の通 関義務
① EXW 工場渡	工場等売主の指 定場所引渡し	工場等指定 場所まで	―	工場等指定場 所での引渡時	なし
② FCA 運送人渡	指定引渡場所で 買主指定運送人 等へ引渡し	指定引渡場 所まで	―	指定引渡場所 での引渡時	輸出のみ
③ CPT 輸送費込	指定引渡場所 で，買主指定運 送人等へ引渡し	指定仕向港 まで	―	輸出港コンテ ナ・ターミナ ルでの引渡時	輸出のみ
④ CIP 輸送費保険料 込	指定引渡場所で 買主指定運送人 等へ引渡し	指定仕向港 まで	指定仕向港 まで	輸出港コンテ ナ・ターミナ ルでの引渡時	輸出のみ
⑤ DAP 仕向地持込渡	指定仕向地（車 上，船上）	指定仕向地 （車上／船 上）まで	指定仕向地 （車上／船 上）まで	指定仕向港で の引渡時	輸出のみ
⑥ DAT ターミナル持 込渡	指定ターミナル	指定ターミ ナルまで	指定ターミ ナル	指定仕向港 ターミナルで の引渡時	輸出のみ
⑦ DDP 関税持込渡	指定仕向地	指定仕向地 まで	指定仕向地	指定仕向地	いずれも 売主

第2グループ：海上および内陸水路輸送のための規則

―従来方法による船舶輸送のみ。コンテナ輸送には不適

	売主引渡義務 （売主の契約範囲）	売主負担 運賃範囲	売主保険 付保要否	危険負担 移転時期	通関義務
⑧ FAS 船側渡	船積港の本船の船 側での引渡し	船積港の本船 の船側まで	―	船積港の本船の 船側での引渡時	輸出のみ
⑨ FOB 本船渡	船積港の本船の船 上での引渡し	船積港の本船 の船上まで	―	船積港の本船の 船上での引渡時	輸出のみ
⑩ CFR 運賃込	船積港の本船の船 上での引渡し	指定仕向港ま で	―	船積港の本船の 船上での引渡時	輸出のみ

| ⑪CIF運賃保険料込 | 船積港の本船の船上での引渡し | 指定仕向港まで | 指定仕向港まで | 船積港の本船の船上での引渡時 | 輸出のみ |

インコタームズ全体イメージ

(▓▓部分＝売主が危険を負担。━━▶は売主の運送契約の範囲)

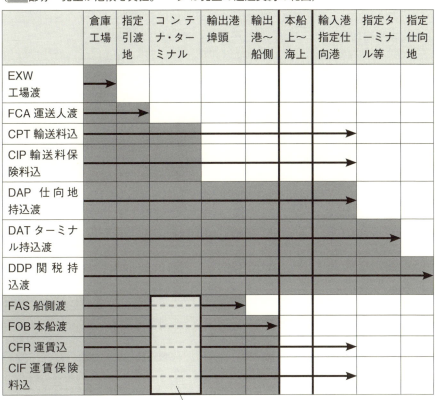

無保険部分

6．所有権はいつ買主に移転するのか？

(1) 所有権の「留保」とは？

前述 4.(2)〜(4)の「危険負担の移転時期」に続き，次は「**所有権の移転時期**」についての契約条項を検討します。

ただ，その前に，所有権の移転時期を決める理由を理解するため，その前提として「**所有権留保**」という契約手法の意義を理解することが必要です。

| PICK UP | 　民法の所有権移転時期についての考え方

その前に，さらにもう1つ，念のため，所有権移転時期について法律ではどうなっているかを見ておきます。

民法には，売買契約に基づく目的物の所有権が買主に移転する時期について，特に定めはありません。

しかし，従来の民法には「所有権が移転するから危険負担も移転する」という考え方が根底にあるようで，そのため「特定物」の危険が契約と同時に買主に移転するとする従来の民法の下では，特定物の所有権も，危険移転時期と同時に，つまり契約締結と同時に買主に移転すると考えられていました（ただし，判例も明確ではないようです）。

改正民法では，特定物もそれ以外も，みな原則として履行の前後で危険負担者が変わると変更されていますので，上記の理論的な考え方では，履行つまり納入された時点で所有権も移転すると考えるのが素直かもしれません。

いずれにせよ，民法上，所有権がいつ買主に移転するかは，グレーとしか言わざるを得ませんし，製品や取引の内容，当事者の事業形態によっても，適切なまたは公平な所有権移転時期は変わってくるものです。

契約の「一義的明確性」という目的からみても，所有権の移転時期を明確にしておくことが，無駄な紛争を防止するために重要となります。

売買契約の目的物や，請負契約における家などの成果物は，契約締結後，買主から納入を受けたり，大工さんから家の引渡しを受けることになります。

スーパーで買った商品であれば，すぐ自分の所有物になるでしょう。

でも，すべての場合に，引渡しを受けたからと言って，直ちに自分の所有物になるとは限りません。たとえば，自動車を自動車会社のローンで購入した場合はどうでしょう？

経験のある方はおわかりと思いますが，**ローン全額の支払いが完了するまで自動車会社が自動車の所有権を持つ（留保する）**，とローン契約に定められていることがあります。（自動車税や車庫の費用は買主が払いますが）。

このように，売主が販売された商品の所有権を保有したままの状態にすることを，「**所有権留保**」と呼びます。

売主は，もし買主のローンが途中で支払われなくなったような場合，買主が手元に実際に保持している（これを「占有する」と言います）自動車につき，「この自動車は，売主である自分の所有物なので即刻返してほしい」という請求を行うことができます。そして，返還された自動車を中古車として転売することで，未払いの自動車ローンを簡便に回収することが可能となります。

| PICK UP | 所有権留保が抵当権や他の担保権より有利な点

　所有権留保は，実は法律に直接定められているものではありません。簡便な債権回収方法として契約実務の中で発展したものです。

　本来，法律には，売主の販売代金の回収を保護するため，抵当権や質権などの各種の「**担保権**」の制度が定められています。

　住宅ローンの場合，貸主である銀行は，買主との間のローン契約の中でその家や土地という不動産に「**抵当権**」を設定し，ローンが未払いになった場合，裁判所に申立てを行い，最終的にはその不動産を国に競売してもらい，銀行は競売代金からローン未払い分を回収することになります。

　そのほか，当事者間で契約をせずに，法律の定めに基づいて売主に当然に認められる担保権（**法定担保権**と言います）として，売主がその販売した動産の競売代金から優先的に弁済を受けられる売主の「**先取特権**」という制度も存在しています。

　しかし，抵当権にしろ先取特権にしろ，担保権は原則として上記のような国の競売手続を経ることが必要なため，手間と時間と費用が必要です。また競売では，転売した場合よりも安く売却されてしまうことが多いので，売主の債権全額が回収できるとも限りません。

　ところが「**所有権留保**」の場合，買主が占有している物は「売主の所有物」ですから，競売の手続を経ることなく，自らその返還を請求し，転売することができますので，時間と労力と費用をかけずに代金を回収することができるわけです（ただし，判例により，売主は返還された商品の時価と債権額の差額を買主に返還する必要があります）。

(2)　所有権移転時期をめぐる買主側のニーズ

　このように，売主が売買目的物の所有権を留保することは，その売買代金債権の回収に有利となりますので，継続的取引における契約条件を定める場合にも，買主側は，所有権の移転時期をできるだけ後にするよう，売主側から求められることになります。

　その一方で，買主は，自分が買った商品であっても所有権を移転してもらわなければ，「他人のもの」を取り扱うことになってしまいます。

　企業である買主が購入する「物」の多くは，燃料等の買主が消費する物を除

第4章　商品の発注，受注，出荷（納入）　101

き，顧客にそのまま転売されるか，自社の製品に組み込んだり加工したうえで販売される場合がほとんどでしょう。

このため，買主は，購入した物の処分や加工の実施に関して「自由度」を確保したいと希望することになり，その結果，物の所有権が売主に「留保」されていることを嫌います。

ここに，契約交渉で，所有権の移転時期をいつにするか，という点について，売主と買主間で攻防がみられることになります。

| PICK UP |　他人の物は転売・加工できないか？

上記のような買主の主張もわからなくもありませんが，民法560条等の趣旨から考えて，たとえ買主への所有権の移転前でも転売することは可能ですし，部品購入契約であれば，その契約の趣旨から考えて，所有権移転前であっても部品として買主の製品に組み込まれることが当然予定されていると解釈できる場合が多いと思います。

さらに，契約で「所有権移転時期にかかわらず，転売・加工ができる」と定めることも可能ですので，買主側の希望は，所有権移転時期の定めを修正せずとも実現可能だと思われます。

次の①の条項は，所有権留保について細かく規定したものです。

上記のとおり，所有権を持っていない買主がその目的物を処分したり，加工や他の製品への組み込みを行うことができるかどうか，という点が問題になりますが，ここでは，買主のそれらの行為を認めたうえで，買主が目的物を売却した場合には，その代金にも，売主の権利が及ぶとするものです。

① 売却代金にも所有権留保の効力が及ぶとする条項

1. Until the Buyer has paid all sums due to the Seller, whether under this Agreement or under any prior subsequent agreement, the Products shall remain the property of the Seller and the Buyer shall hold them as the Seller's bailee and fiduciary agent. The Buyer may resell the Products on commercially reasonable terms, but shall keep them for the Seller separate from the Buyer's own goods and property stored, protected and insured. In its relation with the sub-buyer the Buyer may only sell in its own name as principal and without creating any legal relationship between the Seller and the sub-buyer, but in its relation with the Seller the Buyer resells as the Seller's fiduciary agent.

2. In that capacity, the Buyer shall hold all proceeds of sale, tangible or intangible, and other proceeds (including insurance proceeds) on trust for the Seller and separate from the Buyer's own moneys or other assets and shall promptly transfer such proceeds to the Seller.

　1．買主が売主に対して負担している債務の全額を支払うまで，本契約に基づくか他の前後の契約に基づくかにかかわらず，製品は売主の所有物のままであり，買主は，それらを売主の受託者および信託代理人として保有しなければならない。買主は，商業上合理的な条件で製品を転売できるが，買主が保管し保護し付保している自己の商品と区別して，売主のためにそれらを保有するものとする。転売先との関係において，買主は自己の名において売主としてかつ売主と転売先との間に何らの法的関係を創出することなく販売することができるが，売主との関係においては，買主は売主の受託者として転売できるものとする。

　2．その限りにおいて，買主は，有形無形を問わずすべての販売代金，その他の（保険金を含む）売上金を，売主からの信託財産として，買主の自己の金銭またはその他の資産とは区別して保管しなければならず，かかる販売代金等を速やかに売主へ引き渡さなければならない。

(3) 所有権移転時期に関する特約例1─納入時

　国内契約でも国際契約でも，目的物の所有権が買主に移転する時期を「**買主の検査完了時**」または「**代金支払完了時**」とすることが多く，「**納入時**」と指定されることはあまり多くはないと思われます。

　なお，**国際契約**の場合であっても，所有権の移転時期に関しては，危険負担の場合と違いインコタームズに規定がないこともあって，「**買主の検査完了時**」または「**代金支払完了時**」とすることがかなり見られます。

　まず，「**納入時**」を危険移転時期とする条項例①を見てみます。

---

①　＜危険負担の移転時期＞
　　目的物の納入完了前に目的物に生じた損害は売主が負担するものとし，納入完了後に生じたものは買主が負担するものとする。ただし，その損害の発生につき相手方の責に帰すべき事由の存する場合はこの限りではない。

　「納入」は，危険負担の場合と同様，商品を納入場所に単純に納めるだけですので，製品自体の検査や梱包の状態のチェックなどが終わっておらず，製品の種類や納入量によってはその数量のチェックすら行われていない段階です。

　しかし，買主としては，一刻も早くその商品を自社の製造工程に入れる，あるいはすぐ顧客に販売できるようにしたいというニーズから，この段階で所有権移転を求める場合もあるようです。

　次の②では，所有権と前述の危険負担の両者が，買主側の検査完了による受け入れ完了時すなわち検収完了時に移転すると規定されたものです。

　実務上は，このように危険負担と所有権の移転は同じ文（または同じ条項）に規定されることが多いようです（ただし，同じタイミングで，危険と所有権を移転させる必要は全くありませんので，誤解しないよう注意ください）。

② ＜所有権の移転＞

　本製品の所有権及び滅失毀損についての危険負担は，購入者によって第●条の定めに従った検査を経て本製品の受け入れが完了した時点で，供給者から購入者に移転するものとする。

③は，上記②の英訳例です。

③　＜Title and Risk of Loss＞

The title to, and all risks of loss or damage of, the Products shall pass from the Supplier to the Purchaser at the time of acceptance of the Products by the Purchaser through its inspection in accordance with the Article ●.

(4)　所有権移転時期に関する特約例 2 ―代金支払完了時

最後に，代金の全額支払い時に，所有権が移転する旨の規定を見てみます。

④　本製品の所有権は，買主が本製品の代金を完済した時点で，売主から買主へ移転するものとする。

⑤は，その英文例です。

⑤　＜Title＞

The title to the Goods shall pass from Seller to Buyer at the time of full payment for the relevant Goods by Buyer.

　　＜所有権＞

　本物品の所有権は，買主が当該物品の対価全額を支払った時点で，売主から買主に移転するものとする。

第4章　商品の発注，受注，出荷（納入）　105

(5)　所有権移転時期に関する特約例3―国際取引

上記で(3)「同じタイミングで，危険と所有権を移転させる必要はない」と記載しました。

また，国際契約でインコタームズの定型化された貿易条件を用いる場合であっても，インコタームズには所有権の移転時期は規定されていませんので（本章5.(3)参照），所有権移転時期を，出荷＝貿易条件の部分に記載する必要もないと言えます。

しかしながら，**国際契約**では，危険負担を出荷〜貿易条件の条項に記載することが慣例になっており，所有権の移転時期についても，それと一緒に記載することが非常に多くなっています。

さらに，国際契約では，当事者は自分が危険を負っている部分について保険の付保を検討する必要が生じますので，危険移転と合わせたタイミングで，所有権も移転するとすることも，非常に多くなっています。

次の⑥の定めは，所有権と危険のいずれも，積出港で本船に積まれた時点で移転するとしたもので，FOB，CIF，CFRに共通する条件です。

---

⑥　＜ Title and Risk of Loss ＞

Title to and risk of loss of the Products shall pass from the Supplier to the Distributor when the Products have been loaded at named loading port of the Products.

　＜所有権及び危険負担＞

　本製品の所有権及び危険負担は，本製品の指定された船積港において船積みされた時に供給者から販売店に移転する。

上記以外の貿易条件内の危険負担時期とリンクさせた所有権移転時期の定めについては，本章5.の「貿易条件」を参照ください。

第 5 章
商品の受入検査，不良品，保証と瑕疵担保責任

1．検査，検収

(1)　買主の検査義務

本章では，買主が売主から商品の納入を受けた後の問題について，検討します。

商品の納入を受けた買主は，その商品を検査し問題がないかどうか確認するのが普通ですが，買主の行う検査のやり方やその期限，商品に問題があった場合の手続や売主の義務の内容，期限などについて，契約で明確にしておくことが望まれます。

これにつき「民法」では，商品に不良（瑕疵）があるなど契約条件に適合しない場合，買主はそれを発見してから1年以内に売主に通知する必要があると規定されていますが，商品の納入時における検査義務の定めはありません。

ところが，本書の想定している売買基本契約や販売店契約に基づく「商人間の取引」では，「民法」に加えて「商法」（の商事売買等の規定）も適用になりますので，商法を見てみますと，526条には次のとおり「遅滞なく検査する義務」が規定されています（なお，2017年の民法改正により「瑕疵」などの表現は「契約不適合」に変更となります）。

＜商法526条＞（平成29年法律45号による改正前，下線は筆者）。

商人間の売買において，買主は，その売買の目的物を受領したときは，<u>遅滞なく</u>，その物を検査しなければならない。

---

2 前項に規定する場合において，買主は，同項の規定による検査により売買の目的物に<u>瑕疵があること</u>又はその<u>数量に不足</u>があることを発見したときは，<u>直ちに</u>売主に対してその旨の通知を発しなければ，その瑕疵又は数量の不足を理由として<u>契約の解除</u>又は<u>代金減額</u>若しくは<u>損害賠償</u>の請求をすることができない。売買の目的物に<u>直ちに発見することのできない瑕疵</u>がある場合において，買主が<u>6箇月</u>以内にその瑕疵を発見したときも，同様とする。

もちろん，商法のこの規定も任意規定ですから，異なる特約は可能です。

以下，標準的な契約でどのような条件が規定されているかを見ていくことにしましょう。

(2) 検査の方法および基準，検査不合格時の売主の義務

次の①は，買主側の要望を表現した規定で，1項では，**検査方法**および**検査基準**について「買主」が定めるとしています。このような定めは，買主が十分に商品知識や技術を持っている場合，特に，買主が定めた仕様に基づいて売主が商品を製造したうえで納入するといった製造物供給的な売買契約がなされる場合に多いものです。

① ＜受け入れ検査，引渡し＞
1．買主は，売主による目的物の納入後，直ちに買主の定めた検査方法，検査基準に基づき受け入れ検査を行うものとし，当該検査合格をもって，目的物の引渡しの完了とする。なお，買主は，当該検査で不合格になったものについては，速やかに売主に通知するものとする。
2．前項の定めにかかわらず，当事者間であらかじめ受け入れ検査を省略することとした場合，買主は売主が納入した目的物を直ちに受領するものとし，これをもって引渡しの完了とみなす。
3．第1項の検査の結果不合格品が生じた場合，売主は，売主の責任と負担において直ちに買主に代品を納入するものとし，買主は代品について前項に定める検査を行うものとする。
4．売主は，契約数量を超えて超過納入した場合，買主の指定する期限までに売主の負担で超過分を引き取るものとする。

このような買主主導の条項について，売主側からは，検査方法や検査基準がそれで良いのか，少なくとも売主の承認を得た方法や基準とすべきではないか，という主張が考えられます。

また，この①では，買主が「速やかに」検査を行うことが規定されてはいますが，「速やかに」とは，どれくらいの期間を言うのかが不明確ですし，さらに，もし検査を速やかに行わなかったら，どういう結果になるのかが定められていません。

そのため，売主は，仮に買主が1カ月たっても検査結果を通知してこなかったとしても，買主にどのような主張ができるのか（あるいはできないのか）が定まらず，中途半端な状態に置かれることになります。

したがって，売主としては次の②のような修正を求めていくことになります。

---

② ＜検査・検収＞

1．買主は，売主から納入された目的物が，第AAA条に定める目的物の仕様に合致しているか否かにつき，その納入後10日以内に，当事者が合意の上定めた検査方法及び検査基準に従って検査を行い，当該検査合格をもって，目的物の検収完了とする。

2．前項の検査の結果不合格品が生じた場合，売主は，売主の責任と負担において直ちに買主に代品を納入するものとし，買主は代品について前項に定める検査を行うものとする。

3．売主は，契約数量を超えて目的物を超過納入した場合，買主の指定する期限までに売主の負担で超過分を引き取るものとする。

4．第1項に定める期間内に，買主が本条に定める検査を実施せず又は売主に対して何らの検査結果の通知も行わない場合，売主は，納入した目的物が買主の受け入れ検査に合格し，買主の検収が完了したものとみなすことができるものとする。

この②では，検査期間を「10日以内」と具体的に決めており，買主は，実際の取引を行っている最中に，上記①のように「速やかと言えるだろうか」と悩む必要がありません。また。検査方法や検査基準は両者合意のうえ定めるとしており，買主の検査が売主の想定しない厳しい基準によって行われることを防いでいます。さらに，4項で，検査結果を10日以内に通知しない場合，当該目的物の受

第5章　商品の受入検査，不良品，保証と瑕疵担保責任　　109

け入れ完了（検収完了）とみなされることが規定されており，①のように売主が中途半端な立場に置かれることもありません。

　もちろん，この期間が妥当かどうかは，商品の性質によって大きく異なりますので，10日と定めたことが売主に有利かどうかは，一概には言えません。

　しかし，これまでも述べてきましたが，契約書を交わす大きな目的である「リスク」の明確化という観点からは，このように「10日以内」という具体的な数値，あるいは「通知しなかったら受入完了となる」という具体的な法律効果を明記することにより，この条項は，両当事者にとってより意味のあるものになったと言って良いでしょう。

(3)　英文例

　上記の考え方や条項の内容は，そのまま国際契約にも当てはまります。

　次の③は，英文特有の表現もありますが，基本的に上記②と同様の内容になっています。

---

③　＜ Acceptance Inspection ＞

1. The Purchaser shall inspect the Products delivered to the Purchaser by the Supplier within ten (10) business days after the Supplier's delivery of the Products.

2. The method and criteria for aforementioned inspections and any other matters relating to such inspection shall be otherwise agreed by both parties' negotiations.

3. In the event that the Purchaser discovers any shortage, defect or damage of the Products, the Purchaser shall notify the Supplier of such shortages, defect or damage which the Purchaser claims existed at the time of delivery by written form.

4. If the Purchaser fails to provide any notice to the Supplier concerning any shortage, defect or damage of the Products within aforementioned ten (10) business days, the Products delivered to the Purchaser shall be deemed accepted by the Purchaser, and thereafter the Supplier shall have no liability regarding such Products, except for the warranty as set forth in

Article AA below.

5. Based on the notice as above mentioned, the Supplier shall immediately supply deficiencies or send replacements for such defective or damaged Products to the Purchaser at the Supplier's costs and expenses. Notwithstanding the above, the Purchaser may seek compensation from the Supplier for any and all losses and damages cumulatively, or in substitution for, the Supplier's aforementioned supply or replacements.

6. The provisions of this Article shall also apply to the supplied or replaced Products which have been delivered by the Supplier in accordance with the Paragraph 4 of this Article.

＜受入検査＞

１．購入者は，供給者が注文品を納入後10営業日以内に検査を完了するものとする。

２．上記の検査の方法，合否の基準等検査に関する事項は，別途両当事者が協議の上定めるものとする。

３．購入者が本製品について不足，瑕疵，又は損傷があることを発見した場合，購入者は，供給者に対して，引渡し時に存在した購入者がクレームの対象とする不足，瑕疵，又は損傷の通知を行うものとする。

４．購入者が上記10営業日以内に，本製品の不足，瑕疵，又は損傷について供給者に何らの通知も行わなかった場合，購入者に納入された本製品は購入者に承認されたものとみなされ，供給者は，それ以降，下記第AA条に規定された保証を除き，当該本製品に関して何らの責任も負わないものとする。

５．供給者は，その上述の通知に基づき，購入者が指定する期間内に，供給者の費用負担と支出で，購入者に対して，不足分を供給するか又は当該瑕疵のある又は損傷した本製品の代替品を送付するものとする。上記にかかわらず，購入者は，供給者の上述の供給又は交換に加え又はこれらに代えて，供給者に対して賠償の請求をすることができるものとする。

６．本条の規定は，前項の規定に基づいて供給者により供給又は交換された本製品についても，また適用されるものとする。

　１項の一重下線部では，10営業日以内に検査をすべき旨が規定されており，それを受けて４項下線部で，10営業日以内に何らの通知もなされなければ，承認されたとみなされると規定されています。

　また，２項では，検査方法と基準について，別途両当事者の協議で決定すると

されています。

　なお，この英文条項には，上記②の日本語の条項にはなかった内容が追加されています（二重下線の部分）。

　まず，３項では，「引渡し時に存在した購入者がクレームの対象とする不足，瑕疵，又は損傷」との表現が付加されています。単に，通知すべき不足や瑕疵等を限定しているに過ぎなく大した意味はないとも言えますが，言外には「瑕疵があるかどうか」ということは買主が言っているだけであり，売主が検査するまで「事実として瑕疵が存在する」という事実が100％確定するわけではない，という意味が込められていると言えます。

　また，逆に，検査のうえ「買主が瑕疵があると判断しただけで」返品対象となる，という意味もあるでしょう。このような定めがあれば，買主が瑕疵があると判断したのだけれど実際は瑕疵がなかったという場合でも，「瑕疵があると判断したうえで返品したのだから契約違反ではなく，損害賠償をする必要はない」という解釈が可能でしょう。

　また，４項の二重下線部では，上記の通知が10営業日以内になされなかった場合，売主は，「第 AA 条に規定された保証（これは「隠れた瑕疵」についての半年とか１年間の保証責任のこと）を除き，一切責任を負わない」と念押しされています。

　さらに，５項では「買主は，製品に不足や瑕疵があった場合，売主に損害賠償請求ができること」が規定され，しかもその賠償請求は，買主が「不足品の提供や不具合品の交換の要求をしたか否か」，あるいは「実際に提供や交換がなされたか否か」にかかわらず，買主は賠償請求ができるという定めになっています。これにより，買主は，瑕疵のない製品を手に入れただけでは補われない損害，すなわち，追納や瑕疵修補手続のために要した手間と時間によって生じた損害を補償してもらうことができるわけです。

　もっとも，売主が瑕疵の修補や交換に加えて損害の賠償まで負担すると規定されることはあまりなく，むしろ「売主の責任は瑕疵の修補又は代品の交換に限定され，修補や交換の双方ともできない場合には代金を返金するだけ」とその責任が限定されることが多いようです。

2．特別採用

(1) 特別採用とは？

買主が納入を受けた商品の「受入検査」を行った結果「不合格」になった場合，上記1.のとおり修理，交換等の処置が必要になり，それができない場合は返金や賠償の問題になります。

しかし，検査に合格しなかったすべての商品が本当に使い物にならないか，というと，傷などの状態がそれほど悪くない場合，消費者向けではなく買主の製品に組み込む部品であるため機能および性能さえ十分であれば見栄えが悪くても問題ない場合など，いわゆる「二級品」「B級品」として利用することができる場合も多いはずです。

ただ，いくら利用できるからといっても，キズモノなどの「二級品」「B級品」を受入検査合格品として正規の購入価格を支払うことには，買主として抵抗を感じるでしょう。

このような場合に備え，「特別採用」という仕組みを契約に規定している場合があります。正規の合格品ではないけれど返品して交換するほど悪い状態ではなく利用価値がある不合格品を，文字通り「B級品」「二級品」として受け入れるのですが，当然，合格品と同じ値段であるはずがなく，何らかの基準や方法で値引いて採用することになります。

①は，この「特別採用」の仕組みを規定したものです。

---

① ＜特別採用＞
1．不合格となった目的物のうち，買主が使用可能と認めたものについては，買主は，代金を，売主と協議の上決定した適正な評価額に減額したうえで，これを引き取ること（以下「特別採用」という。）ができる。
2．買主は，特別採用の対象となった目的物の評価・選別及び必要な修理に掛かった費用など，特別採用に要した合理的費用額を，売主に請求することができるものとする。

この①によれば，特別採用された商品の売買価格は，1項に基づき，売主と合意した評価額に減額されることになりますが，それに加え，2項で，通常の受入

検査費用である「商品の状態を評価し選別するための費用」，さらには修理が必要な場合には修理費用を，買主から売主に別途請求できることとされています。

したがって，実際に買主から売主に支払われる商品の対価は，1項で協議して決定された価格から2項に基づき各種費用を控除した価格となり，この2項に基づき買主から要求される各種費用額が大きい場合，現実には，売主の手元にほとんど対価が払われないという可能性もあります。

(2) 買主と売主の協議による価格決定

そのような売主の不利益を解消するため，次の②のような定めが考えられるでしょう。

この定めによれば，検査不合格品も，過納品（契約数量よりも多く納入された商品のこと）も，ともに，買主と売主が協議して定めた値引きが適用されるとしています。

---

② < Special Acceptance >

1. In case that the condition of disqualified Products delivered to the Purchaser is admitted not to be so bad and might be available with the Purchaser's ideas, the Purchaser may purchase the whole or part of such disqualified Products at a discounted price to the order price defined in the Individual Contracts (hereinafter called the "Special Acceptance"). In this case, the Purchaser shall notify the Supplier that the Purchaser will purchase such disqualified Products pursuant to this section.

2. In case of oversupply of the Products, the Purchaser may purchase the whole or part of such oversupplied Products at a discounted price to the order price defined in the Individual Contracts (hereinafter called the "Purchase of Oversupply"). In this case, the Purchaser shall notify the Supplier that the Purchaser will purchase such oversupplied Products pursuant to this section.

3. The discounted price as described in the previous 2 sections shall be determined by both parties' negotiation.

＜特別採用＞

1．購入者は，購入者に納入された本製品の不合格の状態が些細なもので，購入者の工夫により使用可能と認めるときは，個別契約に定める代金の額を値引きして購入できるものとする（以下「特別採用」という。）。

2．購入者は，購入者に過納入された本製品を，個別契約に定める代金の額を値引きして購入することができる（以下「過納品の買い取り」という。）。

3．前2項の場合，購入者は売主に対しその旨を書面で通知するものとし，適用される値引額については，当該通知に基づき両当事者協議のうえ定めるものとする。

(3) 売主の特別採用とは？

特別採用の特別な場合として，「売主」からの特別採用の申し出というものが存在します。

商品を「採用」するかどうかは，その言葉から考えて買主だけが判断できる事柄です。しかし，売主はその取扱商品に関して専門知識を有しており，その観点から「使えるはずだ」と判断することもあると考えられます。

そのような場合を考えて作られたのが次の③の規定ですが，資源の無駄づかい等環境保護の観点からは望ましいとはいえ，後で述べるとおり，売主も慎重に検討しなければならない問題と言えます。

③ ＜売主の特別採用＞

1．売主は，売主の工程内検査若しくは出荷検査，あるいは買主の受け入れ検査において不合格となった目的物であって，買主の検査規格若しくは検査基準に著しく不適合とならないものについて，買主の定める特別採用規定に基づき，買主に対して特別採用の申請をすることができるものとする。ただし，この採否については買主が決定できるものとする。

2．前項において買主が特別採用をすることにより買主に発生した損失の額及びその補塡方法については，両当事者が協議の上定めるものとする。

3．前2項に基づき売主の申請に基づいて特別採用がなされた場合，売主は，その特別採用によって生じる危険について責めを負うものとする。

第5章　商品の受入検査，不良品，保証と瑕疵担保責任　　115

　この規定は，売主側から「この商品は売主又は買主の何らかの検査で不合格とされたが，買主の検査基準に照らせば，買主が特別採用できる程度のものなので，特別採用してほしい」という申し出があった場合，買主は，特別採用するかどうか検討する，という趣旨です。

　契約自由の原則が支配している以上，当事者間に合意さえあればあらゆることがOKになるので，このような例外的な問題が発生した場合は，その都度，当事者で協議すれば良く，契約書に規定せずとも対応可能なように思われます。

　しかし，この条項のポイントは，実は3項の「売主はなお責任を負う」という定めがあることです。

　買主は，この商品を「二級品」「B級品」として買い取るものであり，その商品に何らかの問題があることは当然承知しているはずです。とすれば，通常，問題があることを知って，しかもその分安く購入したのであれば，その商品の使用や販売により何らかの問題が発生した場合，瑕疵を知って購入した買主がその責任を負うべきだと言われても仕方ありません。

　しかし，この3項があることにより，その責任は売主が負う可能性が非常に高くなります。したがって，売主としては，特別採用の申し出を慎重にせざるを得ないこととなります。

3. 保証と瑕疵担保責任

(1) 保証および瑕疵担保責任（契約不適合責任）の考え方

　本章1.では，商品が納入された際の受け入れ検査について説明しました。買主は，受け入れ検査をすることで，商品の数量や梱包に問題がないかをチェックする必要がありますし，高価な商品などでは，納入された全数について一品ごとに検査する場合もあります。

　この3.の「保証」は，上記の受け入れ検査でチェックできないものも含めて，納入された商品がその「仕様」に合致すること（改正民法の言い方では「契約に適合すること」）を，売主が請け負うことを意味しています。受け入れ検査でチェックする内容もこの仕様の一部と言えますが，本項の「保証」は，それよりも広く，いわゆる「隠れた瑕疵（不良）」つまり外側から見ただけでは判断できない不良や一定期間使用してみて初めてわかるようなものを含め，何らかの点で「契約に適合しない」ことに関する責任と言えます（なお，改正民法で「隠れた瑕疵」は「契約不適合」という表現に変わり，その結果，不良などの問題が「隠れている」かどうかは特に問題にされなくなりましたので，注意が必要です）。

　売主の保証（商品が契約に適合している旨の保証）条項には，通常，次の①のように，「仕様に合致」すること，「一定期間内の不良」について責任を負うこと，さらにその「責任の内容」を規定することになります。

---

　①　＜保証＞
　1．売主は，買主に引き渡される目的物が第○条に定める仕様に合致することを保証する。
　2．買主は，目的物の引渡し完了後12カ月以内に本製品に隠れた瑕疵を発見した場合，その旨を売主に通知するものとし，売主は，買主の指示に従い，速やかに当該瑕疵を修補し又は代品と交換するものとする。
　3．前項の期間経過後といえども，売主の責めに帰すべき瑕疵については，売主は前項の責任と同様の責任を負うものとする。
　4．前2項の規定は，買主の売主に対する損害賠償の請求を妨げない。

この①では，保証期間は「引渡し」つまり「受け入れ検査（検収）」完了から12カ月間とされています。商法の瑕疵担保責任は，本章１．で触れた商法526条により「買主が目的物を受領した時から６カ月」ですので，それよりも相当長くなっています。

また，①の保証における売主の責任内容は「瑕疵の修補又は代品との交換」であり，加えて４項に基づいて「損害賠償責任」も併せて負担することになります。

| PICK UP | 改正民法上の「契約不適合責任」

改正民法では，従来の「瑕疵担保責任」が「契約不適合責任」と改められ，買主がその権利を行使できる期間も，明確化されました。

それによると，買主が民法に基づく売主の契約不適合責任（瑕疵担保責任）を追及するためには，買主が契約不適合を「知った時」から１年以内に売主に通知することが必要（改正民法566条）となりました。

この期間は，納入時や検査完了時からではなく「知って」から始まることになります。

また，改正前には「瑕疵を知ってから１年以内に**権利行使**する」必要があるとされていましたが，改正法では単に「**通知**」すれば良いとされました。

「**権利行使**」をしたと言えるためには，**最高裁判所**によれば，「**具体的に瑕疵の内容とそれに基づく損害賠償請求をする旨を表明し，請求する損害額の算定の根拠を示すなどして，売主の担保責任を問う意思を明確に告げる必要がある**」（最高裁平成４年10月20日判決）と判示されており，単なる「**通知**」とは全く異なる次元の（訴訟までも見据えた）行為と覚悟が必要でした。

改正法では「単なる通知」で良いこととなり，また，債権の消滅時効は改正法で「権利行使できることを知ってから５年」となりましたので，結局，買主は契約不適合を知って１年以内に売主に事実を「通知」すれば，その後５年間は権利を行使することが可能となりました。

---

(2) 売主の故意・過失と瑕疵担保責任（契約不適合責任）の関係

上記①の３項では，「売主の責めに帰すべき」瑕疵の場合は，12カ月経過後であってもなお責任を負うとされています。

この書き方から，３項は，２項の責任が「売主の責めに帰すべき事由の有無を

問わない」ことを前提としていることがわかりますが，この点が非常に重要な点であり，「契約不適合責任は，原則として，故意や過失など売主の責めに帰すべき事由がなくても，売主が当然負担しなければならない責任だ」ということなのです。

　その理論的根拠は，次のとおりです。

---

　a）売買契約を結ぶ際，「代金」は「目的物の価値」と「釣り合ったもの」として決定されたはずである。
　b）ところが，目的物に瑕疵，不良などの契約不適合があったため，代金と目的物の価値は不釣り合いになってしまった。
　c）民法や商法の契約不適合責任（瑕疵担保責任）は，この不釣り合いを解消するために認められたものである。
　d）したがって，売主の故意や過失がない場合であっても，売主は，その不釣り合いを解消する責任を負う。

　条項例①の２項の保証期間内の責任が，上記のような理由に基づき，売主に故意や過失があるかどうかにかかわらず，売主が当然に負う責任であることがわかれば，次の３項の責任の意味がおのずと明らかになります。つまり，３項の責任は，売主の通常の契約不適合責任ではなく，売主の故意または過失に原因がある場合の特別の責任だということになります。

　次の②の条項例では，「売主の故意又は過失がある」場合にだけ売主が瑕疵担保責任を負う旨の限定をしています。このような特約ももちろん有効ではありますが，売主の責任が目的物と対価の「不均衡」の解消を目的としたものである，という考え方とは相いれないものであり，当事者の公平という観点からも望ましいとは言えません。買主としては，このような条項案が出された場合には強硬に反対すべきです。

② ＜保証＞

1．（①の１項と同じ略）

2．売主は，本商品の納入の日から<u>３カ月間</u>，<u>売主の故意又は過失による瑕</u>疵について，無償で修理を行うものとする。ただし，買主の責に帰すべき事由により故障などが発生した場合には，売主は買主に対し修理費用の支払を請求できるものとする。

(3) 仕様の定め方

保証に関する規定の前に，まず「仕様」に関する規定を見てみます。

③ ＜仕様＞

1．目的物の仕様（「本仕様」）は次の各号のいずれかとする。

　1）図面，仕様書，諸標準，諸規格，買主の社内規格及びこれらに準ずる書類及び資料（以下「買主書面」という。）。

　2）供給者が作成した図面，仕様書等で買主が受領し承認したもの（以下「供給者書面」という。）。

　3）JIS規格等公に定められた規格（以下「本規格」という。）。ただし，買主書面又は供給者書面と本規格の間に不一致がある場合は，買主書面又は供給者書面が優先する。

2．いずれかの当事者が前項各号の内容に関して疑義を有するときは，遅滞なく相手方に通知するものとし，当該通知があった場合，両当事者は，誠実に協議を行い当該疑義を解決するものとする。

この規定は，買主の仕様に基づいて売主が製造する「製造物供給」的性質をもった売買基本契約のものです。ただ１項２号では売主が仕様を提示した場合，買主がこれを承認することによって，それが仕様になるとされています。その他としては，JIS規格なども仕様として用いることができるとされています。

(4) 保証の内容—性能の保証

次に，瑕疵担保責任を問う根拠となる「保証」自体を見てみましょう。

上記①の例文では商品が「仕様」に合致するとだけ規定されていますので，重要となるのはこの「仕様」の中に何が規定されているか，ということになります。

買主は，仕様書が契約書に添付されている場合はその内容をしっかり確認すること，添付されていない場合は，売主に対し，あらかじめ提出するよう求めるべきです。

もっとも，保証を行う売主側にとっても，仕様の内容は大きな問題です。

仕様書は，契約書に添付されることを想定して作られるものではなく，また，契約書で「製品が仕様書に合致する」と記載されることを前提に作成されるものでもありません。その案件を獲得・受注するための宣伝的な要素もあるため，多少誇張された表現も記載されている可能性があります。

そして，特に問題となるのは，商品の「性能」についての記述です。

実際の仕様書やカタログに，商品の性能に関して誇張気味の記述がある場合，たとえば，時計のカタログに「この時計は，月差プラスマイナス5秒以内の誤差しか生じない優れた性能を持っています」と書かれていたとします。この場合に，契約書上で次の④のような条項を定めたとします。

> ④ ＜保証＞
> 　売主は買主に対し，本商品が本仕様書及び商品カタログ記載の品質，機能を有し，そこに記載された性能を発揮することを保証する。

しかし，すべての商品にこのような高い性能を常に発揮させるのは相当難しいでしょう。「温帯における標準的な気温や湿度という環境の中で使用された場合」といった使用環境の限定がされているならともかく，上記の仕様書やカタログには何の限定も記載されていないため，南極や北極で使用した場合であっても，この性能の発揮が保証の内容とされる可能性もあります。

商品売買ではありませんが，システム開発などでは，システムの仕様書に実に細かな記載があります。その中で，検索スピード，応答速度，処理速度などさまざまな数値が記載されています。

その記述が「性能の保証」と判断されるような記述になっており，契約書で

第5章　商品の受入検査，不良品，保証と瑕疵担保責任　121

「仕様書に定められた性能を有する」ことが保証されていたら，開発側には大変な負担になる可能性があるでしょう。特に最近のインターネットをベースとしたシステムでは，外部の条件の影響を強く受けますので，安易な性能保証は命取りとなりかねません。

　売主側としては，契約を作成する際には，仕様書等に商品の性能などが記載されているかどうかを確認したうえで，契約上は「本商品は**仕様書等に定められた「機能」を発揮する**」と定め，性能保証を除外するような限定的な表現に抑えることが望ましいと言えます。

　また，買主から契約において性能の保証も求められた場合には，仕様書の性能の記述を控えめにするとともに，その性能保証は「ある定められた標準的な使用環境や利用条件において通常の使用形態で使用された場合」に限定するなど，商品に応じて条件を工夫する必要があるでしょう。

(5)　英文例—製造基準や製造過程を含む保証の例

　次の⑤の英文契約例では，売主である製造会社には，厳しい保証が求められています。

---

⑤　＜ Warranty ＞

1. The Supplier hereby represents and warrants to the Purchaser that the Products delivered from the Supplier fully conform to the Specifications of the Products designated by the Purchaser and to the normal standards for structure, function, performance and safety. The Supplier further represents and warrants that it shall have the sole and exclusive responsibility for any claim, loss or damage due to not conforming to such Specifications and/or the standards.

2. The Supplier hereby represents and warrants that, whether or not the Products have been manufactured by Supplier, the Products are free from all defects in title, design, material and workmanship.

3. The Supplier shall, at the request of the Purchaser, provide inspection reports or warranty letters with the Products in each delivery of the Products to the Purchaser based on the inspection method agreed by both

parties.

4. The Supplier shall prepare and maintain proper manufacturing standards (including inspection standards) necessary to warrant the quality of the Products, and shall carry out thorough quality control of manufacturing of the Products based on said standards. The Supplier shall, at the request of the Purchaser, immediately submit the warranty letter of relevant Products to the Purchaser.

<保証>

1．供給者は，購入者に対し，供給者が納入する本製品が，購入者の指定した本製品の本仕様に合致し，また通常の構造，機能，性能及び安全性の基準に適合していることを保証し，かつ本仕様及び／又は当該標準に合致していないことによる請求，損失及び損害に対する単独の排他的な責任を負うものとする。

2．供給者は，供給者がそれを製造したか否かにかかわらず，本製品が所有権，設計，素材，製造技術の面でまったく瑕疵がないことを保証する。

3．供給者は，本製品を納入するに当たり，購入者の要請に従い，当事者が協議して定めた検査方式による検査成績書又は品質保証書を添付しなければならない。

4．供給者は本製品の品質を保証するために必要な製造基準（検査を含む。）等を整備・維持し，これに基づき徹底した品質管理を実施するものとし，購入者から要請があった場合には，当該本製品の品質保証書を直ちに購入者に提出するものとする。

この条項は，たとえば，自動車メーカーと部品メーカーとの間の自動車の安全に関わる部品の製造供給契約などで見られるもので，非常に広範囲で厳しい内容の保証が規定されています。

まず1項では，仕様に加え，標準的な構造，機能，性能および安全性を満たしていることの保証が規定されています。また，2項では，他社の権利が付着していないといった所有権の点についての保証，また，設計についても，素材選択の点でも，さらには完成品の出来栄え（製造技術）の点でも，問題がないことの保証を求められています。

3項では売主側の検査報告書や品質保証書といった書面の添付が求められ，さらに4項では製品の「製造基準」などの品質保証・品質管理体制の整備が求められています。

第5章　商品の受入検査，不良品，保証と瑕疵担保責任　123

(6)　現状有姿「AS IS」での提供

(5)のように非常に厳しい保証が求められる場合がある一方で，「現状」のまま引き渡して終わり，とする契約もあります。

たとえば，基本契約に基づく場合であっても中古車などの販売の場合，「動くこと」は保証の対象になるでしょうが，傷がないことなどについては保証の対象外とするのが普通です。

このような中古物の売買や一度きりの絵画の売買などでは，次の⑥のように，"AS IS"（現状有姿）で販売されると規定されることが多いようです。

---

⑥　＜ Warranty ＞

Unless otherwise described herein, all Products are sold and delivered hereunder to the Purchaser on an "as is" basis, and without any warranty, express, implied or otherwise.

　＜保証＞

　本契約に別段の定めがない限り，本契約に基づき購入者に販売される本製品は，すべて，明示的にも黙示的にも，何らの保証なく「現状有姿」で提供されるものである。

次の⑦は，ソフトウェアのライセンス契約において，ライセンサーは責任を負わない旨の定めです。

---

⑦　＜ No Warranty ＞

THIS SOFTWARE IS DISTRIBUTED 'AS IS' AND THE USER SHALL ASSUME ALL RISKS WHEN DOWNLOADING OR USING IT.

　＜非保証＞

　本ソフトウェアは，「現状有姿」で提供されるものであり，ユーザーは，本ソフトウェアをダウンロードし又は使用するに当たりそのすべてのリスクを引き受けるものとする。

ただし，不動産業者と消費者間の中古住宅の売買契約のケースで，契約書に単に「現状有姿で販売する」とだけ規定され，「売主は一切瑕疵担保責任を負わない」との記載がない場合，裁判所の判断によれば，売主は，住宅の「経年変化」

による劣化について責任を負わないものの，経年変化を超える劣化や不具合については，責任を負うとしているようです。

　このような裁判所の考え方から，売主としては，中古商品の売買契約書には「現状有姿で販売する」とするだけではなく「契約不適合に関する責任を負わない」という記載も行うべきと考えられます。

　なお，⑦が大文字で記されている理由については，126頁も参照してください。

| PICK UP |　消費者契約法に基づく規制

　瑕疵担保責任など売主の責任を「限定」することに関しては，消費者保護のため，消費者契約法において一定の制限が設けられています。

　下記の消費者契約法8条を要約すると，

　　「事業者である売主が，消費者である買主に対し，商品の瑕疵のために買主に生じた損害を一切賠償しないと定められた契約条項は無効（ただし，売主が修理や代品への交換義務を負うとの定めがある場合等を除く。）」

となります。

　事業者間の契約で「一切の瑕疵担保責任を負わない」とすることは問題ありませんが，消費者を買主とする場合には，売主は，賠償責任を否定する場合には，最低でも「商品の修理又は代品の交換は行う」といった義務を負担することが必要となります。

＜消費者契約法8条全文＞

1　次に掲げる消費者契約の条項は，無効とする。

（1号～4号省略）

　　五　消費者契約が有償契約である場合において，当該消費者契約の目的物に隠れた瑕疵があるとき（当該消費者契約が請負契約である場合には，当該消費者契約の仕事の目的物に瑕疵があるとき。次項において同じ。）に，当該瑕疵により消費者に生じた損害を賠償する事業者の責任の全部を免除する条項

2　前項第5号に掲げる条項については，次に掲げる場合に該当するときは，同項の規定は，適用しない。

　　一　当該消費者契約において，当該消費者契約の目的物に隠れた瑕疵があるときに，当該事業者が瑕疵のない物をもってこれに代える責任又は当該瑕疵を修補する責任を負うこととされている場合（2号省略）

4. 保証の否認（Disclaimer）

(1) 保証の否認

売主は，契約上で保証責任を負うだけでなく，民法，商法，特定商取引法，消費者契約法などに基づいた責任を負担する可能性があります。

消費者保護を目的とした規定の多くは「強行規定」ですから，当事者が特約でその法律条項を排除することはできません。

しかし，（定型約款などの一部の定めを除く）民法や商法の規定は任意規定ですから，次のような記載をすることで，法律の任意規定に基づく保証責任の適用を排除することが可能です。

---

① ＜保証責任の排除＞
売主は，本商品に関し，本契約第○条に規定されたものを除き，一切の明示又は黙示の保証責任を負わないものとする。

---

(2) 英米法（UCC）に基づく「黙示的保証」とその否認

また，英米法では，コモン・ローや衡平法といった従来の理論（185頁参照）に基づく各種の責任，あるいはアメリカの商法である「UCC（米国統一商法典）」（244頁も参照）の定めに従い，売主は販売した商品に関して黙示の保証を行ったとみなされる可能性があります。

特に，このUCCの定めによると，売主は，契約に何も記載がなくても，次の3つの「黙示的保証 "Implied Warranty"」の責任を負うとされています（これに対し，契約に明示的に記載された保証を「明示的保証」といいます）。

1）"Merchantability"（「**商品性**」…商品として一般的に有すべき性質，商品としてふさわしいこと）（UCC 2章314条）
2）"Fitness for a particular purpose"（「**特定目的への適合性**」…製品を購入する買主の目的を売主が知ることができた場合にはその製品がその目的に適合していること）（UCC 2章315条）
3）"Non-infringement"（「**非侵害**」…製品が他人の所有権や知的財産権など

を侵害していないこと）（UCC 2 章312条）

　売主は，これらの黙示的保証を契約で排除することも可能ですが，そのために
は，黙示的保証を負わない旨を，売買契約書の中に「**目立つように**」記載してお
く必要があると UCC では規定されています。
　次の②の英文は，本契約の別のところで明記されている「瑕疵担保責任」や
「仕様に従った機能の発揮の保証」などを除いて，どんな保証も行わずあらゆる
保証を否認するという定めですが，UCC を意識して，本条全体を，大文字で目
立つように記載している例です。

---

② ＜ DISCLAIMER ＞
EXCEPT AS EXPLICITLY PROVIDED HEREIN, SUPPLIER MAKES NO
WARRANTIES OF ANY KIND, EXPRESS, IMPLIED, STATUTORY OR
OTHERWISE, AND EXPRESSLY DISCLAIMS ANY SUCH
WARRANTIES, INCLUDING, BUT NOT LIMITED TO, ANY IMPLIED
WARRANTY OF MERCHANTABILITY, FITNESS FOR A
PARTICULAR PURPOSE, TITLE, NON-INFRINGEMENT, OR ANY
WARRANTIES ARISING FROM A COURSE OF DEALING, TRADE
USAGE OR TRADE PRACTICE.

　＜保証の否認＞
　本契約に明記されている場合を除き，供給者は，明示的であるか黙示的である
かを問わず，また法律上のものかそれ以外であるかを問わず，いかなる種類の保
証も行わず，それらの保証を明示的に否認する。

　それらには，商品性，特定目的への適合性，非侵害，権限に関する黙示の保
証，及び取引過程，商慣習若しくは取引慣行から生じるあらゆる保証が含まれ
る。

第**6**章

商品の価格の決め方，
代金の支払い

1．商品の価格は，毎回，交渉して決めるのか？

(1) 価格の決定—都度合意

これまで，**第4章・第5章**と商品の出荷と検査・検収，さらには保証まで説明してきましたが，これと密接に関わるのが，商品の価格決定です。

1件ごとに契約を締結する場合は当然毎回値段を決める必要がありますが，基本契約を締結する場合であっても，製品1個当たりの単価が高かったり，製品ごとに機能を変えるような場合，都度，売主から「見積書」を出してもらったうえで単価を個々の取引ごとに決定する場合には，次の①のような規定の仕方になります。②は，見積書に基づく発注を規定した英文例です。

---

① ＜個別契約の内容＞
1．目的物の名称，数量，単価，納期，納入条件その他個々の取引に必要な事項は，個別契約をもって定めるものとする。
2．目的物の単価及び納期は，買主が売主から提出された見積書に基づき，個々の注文書に規定されるものとする。

---

② ＜Fees＞

The Fees payable by Distributor for the Products shall be the price quoted by Supplier with respect to each applicable accepted Order.

　＜料金＞

　販売店が支払うべき本製品の料金は，承認された注文それぞれに関して供給者が行った見積金額と同額とする。

(2)　価格の決定─契約別紙に添付された価格表による場合

　商品の種類があらかじめ決まっている場合には，基本契約締結時に，製品ごとの価格を定めておき，買主はそれに基づいて発注することが行われます。

　次の③の例は，基本契約の別紙Aに既に販売単価を価格表として定めておくものです。

③　＜目的物の単価＞

１.　売主から買主への本製品の販売単価は，別紙Aの価格表に基づくものとする。

（＊2項以下で価格変更手続が規定されることが多いです）

　このほか，「売主の別途提示する価格表による」という規定方法もあります。

　ただし，価格表を別紙とする場合や売主が別途提示するとする場合のいずれも，次の２.のとおり，価格表の改定の手続と効力発効日を記載することが必要であり，その記載がないと，両当事者は，別途協議して価格表の改定についての合意書を締結する必要が生じます。

　特に販売店契約では，1つの大会社（たとえばスマホ事業者）が，多数の小規模店舗（駅前などの提携スマホ小売店）などと数百，時には1千を超える販売店契約を締結していますので，供給側1社と小売店1千社との間で毎回価格表の改定の交渉と合意書を作成するのは，困難を極めます。

　したがって，特に販売店契約では，供給側に一方的な価格表の改定権を認めていることが多いようです。これについては，本章２.「価格（価格表）の変更の方法」をご覧ください。

(3) 国際売買における価格と貿易条件

④は，国際契約における価格決定の条項です。前述のとおり FOB や CIF といった貿易条件の違いによって，売主の負担する費用，保険料などに違いが生じますので，価格設定の前提として貿易条件を記載することが望ましいと言えます。

---

④　＜ Price ＞

1. The price for the Products sold from the Supplier to the Purchaser shall be set forth in the price lists (hereinafter called the "Price List") described in the Exhibit C. All prices are CIF Tokyo Port, Japan.

　＜価格＞

　１．本製品の供給者から購入者への販売価格は，別紙 C に記載された価格表（以下「本価格表」という。）のとおりとする。すべての価格は，CIF 東京港ベースによる。

この④によれば，価格は CIF 東京港ベースなので，本製品の買主への販売価格は，売主の工場出荷から輸出国の積出港での船積み，さらに目的地港である東京港までの運賃，保険料，輸出国の通関費用など，売主が負担する費用込みの価格となります。

日本民法では「弁済（履行）費用は債務者が負担する」と規定されていることは既に説明しましたが，この考え方に馴染んでいる我々日本人は，ついつい，売主の輸送責任範囲を広げることが買主側に有利だと考えてしまいます。工場渡条件（EXW）などとんでもない，ということになりかねません。

しかし，必ずしもそうではありません。

国内の取引の場合，商品の納入に掛かる費用は売主が負担する，という前提で商品の単価が決められることがほとんどでしょう。買主が自分で輸送ということはほとんど思いもよらないのではないでしょうか。

しかし，国際売買の場合，事情が異なります。

たとえば，「国際物品売買契約に関する国際連合条約（ウィーン売買条約）」の31条では，売買契約が物品の運送を伴う場合，売主の引渡義務は，「特定の場所において物品を引き渡す義務を負っている場合」を除き，「買主に送付するため

に物品を最初の運送人に交付する」までを原則とするとしています。

　つまり，運送を伴う場合，特定の場所—たとえば買主の事業所や工場などで売主が商品の引渡しを行うことは例外的なものであり，原則は，売主が最初の運送人に商品を交付することで，売主の引渡義務は履行されたことになるとしています。

　なお，インコタームズの貿易条件を使う場合は，その貿易条件の種類によって，売主の引渡義務の範囲が異なり，たとえば，FCA や CIP の場合の**引渡義務**は，輸出国の指定引渡場所で買主指定の「運送人」に引き渡すこと，FOB や CIF の場合の引渡し義務は輸出港で本船上に置くことまでであり，危険負担もその時点で買主に移転することとなりますが，**CIP や CIF の場合，売主は，引き渡した後の運賃や保険料をも負担する**ことになります。

　第4章5.の(6)でも述べましたが，国際取引においては，売主に輸送費や保険料を負担させること（CIP や CIF などの条件）が，買主にとって有利とは限りませんので，注意が必要です。

　買主側が，運送業者や海運業者と強いつながりがあったり，本製品以外に大量の商品の輸送ニーズがあることから強いバーゲニングパワーを有している場合などでは，売主の輸送料金よりも安く抑えることが可能な場合があります。

　売主が負担する輸送料金や保険料は，商品価格に上乗せされるのが普通ですので，上記のような買主の場合，輸送の早い段階，たとえば EXW（工場渡）などの条件で，製品単価を決めたほうが得策ということになります。

2．価格（価格表）の変更の方法

(1) 一方的な価格表の変更と，価格変更の効力発生時期

上記1．のように，目的物の価格を契約の別紙として添付された「価格表」によるとした場合，または売主の別途交付する「価格表」によるとした場合，どちらも，当該「価格表」の変更手順と変更が有効になる日を定めておく必要があります。製品の種類がごくわずかであり，また価格は数年に1回しか改定しないので，当事者で協議して価格表を改定すればいい，という場合もあるでしょう。

しかし，製品の種類が多い場合や，競争力を維持するために頻繁に価格を改定する必要があるような場合，変更の都度当事者が協議して合意するのは非常に手間のかかることです。

特に，供給者と「販売店」との販売店契約の場合，供給者は，多数存在する販売店への商品の卸価格を統一したいとするニーズがあります。販売会社が何百，何千とある場合，供給者がその一社一社と協議をするのでは，それだけで1年が終わってしまいかねません。

次の①では，その2項で，原価の変動その他経済変動の場合には，売主が任意に価格表を改定できると規定し，3項では，価格改定の書面による通知を買主が受領した翌日以降に買主が行う発注すべてに「直ちに」適用されるとしています。

---

① ＜販売価格＞

1．売主から買主への本製品の販売単価は，<u>別紙Aの価格表に基づくもの</u>とする。

2．前項にかかわらず，本製品の製造原価の大きな変更があった場合又は経済環境が大きく変化した場合であって，売主が必要と認める場合，売主は，当該価格表を任意に改定することができるものとする。

3．売主が前項に従って価格表を改定した場合，売主は，買主に対して書面にて通知をするものとし，<u>当該通知が買主に到達した日の翌日以降に買主が売主に対して行う注文</u>について，当該改定された価格表が適用されるものとする。

---

(2) 一方的価格変更条項に対する考え方

上記①の条項が，売主＝大手携帯会社，販売店＝街の携帯ショップと置き換えて考えた場合，このような規定を置くことに一定の合理性を認めざるを得ません。

しかし，売主の価格改定権を認めることは仕方ないとしても，販売店側（買主側，携帯ショップ等）としては，**価格改定の通知を受けた日と，当該価格改定が有効となる日との間に，できるだけ日数をもらいたい**ところでしょう。

販売店側は，仕入れ値が改定された結果，顧客への販売額を変更する必要が生じ，急いでチラシ，カタログ，ポスター，店内の値札，POS システム（レジ等による商品管理）などの営業材料，販促資料やシステムを改定しなければなりません。

また，お客様と商談が進んで見積書や価格入りカタログなどを既に提出している場合には，その途中で仕入れ値が変更になったとしても，既に提出した見積書の変更を行うのは困難を極めるでしょう。

たとえば，仕入れ値1台100万円，販売店から顧客への小売り設定価格130万円の機械について，供給者の一方的な通知で仕入れ値が150万円に跳ね上がった場合，販売店側としては，仕入れ値の値上げに1カ月とか2カ月の期間をもらいたいと考えるのが普通でしょう。あるいは，仕入れ値の変更の通知を受けた時点で既に販売店側が商談を開始している顧客向けの仕入れ値は，変更前の価格とする，といった例外を設けてもらうことが，販売店にとっては望ましいでしょう。

このような考えを反映し，次の②は，①と異なり，価格改定通知は，14日以上前になされなければならない，とされています。この期間がどの程度なら妥当かは，営業形態（商談の仕方―店頭販売だけか，顧客と個別に商談し顧客側の意思決定に時間がかかるものか等），商品の種類，価格帯によって大きく変わるものですので，実態と照らして契約に合った通知期間を定めることが必要です。

---

② ＜ Change of Price ＞

The Supplier may from time to time change the Price List described in the Exhibit C at the Supplier's sole discretion, and, in case of change of the Price List, the Supplier shall notify the Purchaser of such change at least fourteen (14) days prior to the effective date of such change by written form.

＜価格変更＞

別紙Cに記載された価格表の変更は，供給者の裁量で行われるものとし，供給者は，新たな価格表が適用となる日の14日前までに，文書をもって購入者に通知するものとする。

(3) 価格変更が遡及的に適用される場合（未出荷在庫への適用）

上記(1)では，商品の価格が，売主側からの通知で一方的に変更される場合があり，このことは販売店契約において特によくみられると書きました。

しかし，実際の実務では，もっと売主側に有利な内容の規定も存在します。

次の③は，製品価格の値上げは，その通知を受けた時点で直ちに有効となるだけではなく，3項では値上げされる前に既に供給者が受注していた注文であっても，現在まだ出荷されておらず，さらに価格変更の発効日から30日より先に出荷予定になっている製品に対しては，値上げされた価格が適用される，とするものです。

このため，販売店は，30日以上先に出荷される未出荷注文について，その発注価格より高い価格で購入する必要があります。この値上げ分を販売店の顧客に転嫁できれば問題ありませんが，顧客がそのような発注済みの注文の値上げを承認するとは到底思われません。

したがって，販売店としては，注文が30日以上未出荷になることが全く考えられない場合など，よほどの理由がない限り，このような規定を承認すべきではないでしょう。

③ ＜ Unit Price ＞

1. The Supplier may from time to time change the Price List described in the Exhibit C at the Supplier's sole discretion, which shall become effective immediately upon Distributor's receipt of notice of such change from the Supplier in writing.

2. Purchase Orders accepted and acknowledged prior to the effective date of any price increase will be shipped at the price previously in effect only

for thirty（30）days of backlog as scheduled by the Supplier.

3. Purchase Orders scheduled beyond thirty（30）days of backlog will be shipped at the new increased price.

　＜製品単価＞

　１．供給者は，供給者の判断で別紙 C に記載された価格表を適宜変更することができるものとし，それは，販売店が供給者からの書面による変更通知を受領した時点で，直ちに有効となるものとする。

　２．価格の増額が有効になる前に承諾され承認された注文は，供給者からの出荷予定期日が30日以内の未出荷在庫に関してのみ，従前の価格にて出荷されるものとする。

　３．出荷予定期日が30日より先の未出荷在庫に関する注文は，増額された新価格にて出荷されるものとする。

3. 代金の支払方法にはどのような種類があるのか？

(1) 前払い

本章1.と2.で，製品の対価（価格）が決定されましたので，今度はその支払方法や支払条件についてです。

単発の売買契約（①の例）や，まだ基本契約を締結して日が浅い場合（①-2の例）には，全額の支払いがなされてから製品の出荷を行う「前払い」の方法が多いと思われます。

---

① ＜代金の支払い＞（単発契約）

1．買主は，本契約締結後7日以内に，前条に規定された本製品の代金全額を支払うものとする。

2．前項の支払いは，売主が別途指定する売主の銀行口座に現金を振り込むことによって行われるものとする。

3．売主は，前2項に基づく買主からの本製品代金の振込みを確認した場合，本製品を速やかに出荷するものとする。

---

①-2 ＜Payments＞（基本契約の場合）

Payments for the Products ordered by Distributor shall be made in advance to Supplier before shipment of the Products, and, after Supplier's receipt of such payments from Distributor, Supplier shall ship the Products to Distributor pursuant hereto.

　＜支払い＞

　販売店が発注した本商品の代金の支払いは，当該本商品の納入に先立ち前金で供給者に支払われるものとし，当該販売店からの支払いを供給者が受領した後，供給者は本契約の定めに従い本商品を販売店に出荷するものとする。

(2) 前払いと後払いの併用

次の②も，単発の売買契約の条項例ですが，次のように前金で半額，残りを，出荷後，売主から買主に送付された「船荷証券」（B/L）に記載された船積日から一定期間内に支払うとした条項例です。

---

② ＜ Payments ＞

1. All payments shall be made in U.S. Dollars by means of telegraphic transfer remittance to such bank account as otherwise designated by the Seller.

2. The payment for the price of the Products by the Buyer to the Seller shall be made in installments in accordance with the following payment schedule:

　　1) Fifty percent（50%）of the Total Price of the Products shall be paid no later than 7 days from the execution of this Agreement, as an advanced Payment.

　　2) The balance of the Total Price shall be paid no later than fifteen (15) days after the date of the bill of lading（B/L）for delivery.

　＜支払い＞

1．すべての支払いは，買主が別途指定する銀行口座に米ドルで電信送金することによって支払われなければならない。

2．買主が売主に対してなす本製品の対価の支払いは，下記に従って，分割してなされるものとする：

　　1) 本製品の合計価格の50％は，本契約締結後 7 日以内に，前払いとして，支払われるものとする。

　　2) 残金：本製品の引渡しに関する船荷証券の日付から30日以内に，支払われるものとする。

第6章　商品の価格の決め方，代金の支払い　137

(3)　銀行振込みによる支払い

　継続的な取引を行う当事者間では，相手の素性がわかっており，信頼を置いているからこそ基本契約を締結したのですから，国内取引であっても海外との取引であっても，製品の納入後に支払うとする例が多くなります。

　なお，理由は不明ですが，海外企業が作成した契約案では，ほとんどの場合，④のように「請求書の日付から30日」など，請求書ごとに支払期日が異なってしまう条件が規定されており，国内の③のように「○○月末締め翌月末払い」といった月単位でまとめて支払うという表現はあまり見かけません（参考まで，月末締め翌月末払いなどの表現を⑤にまとめておきます）。

---

③　＜支払条件＞
　目的物の対価の支払条件は，目的物の納入月末締めにて翌月末払いとし，買主は，売主の別途指定する銀行口座に現金で振り込むことにより支払いを行うものとする。

---

④　＜ Payment Terms ＞
1. Payment for the Products shall be made by the Purchaser by telegraphic transfer to the bank account designated by the Supplier within thirty（30）days after the Purchaser's receipt of the relevant invoice of the Products from the Supplier.
2. Unless otherwise agreed in the Individual Contract, above mentioned payments for the Products shall be made in United State Dollars.
3. Remittance charges, bunk transfer fees, or any other costs and expenses necessary for money transfer relating to the payments for the Products shall be borne by the Purchaser.
　＜支払条件＞
　1．本製品の代金の支払いは，本製品にかかる供給者の該当インボイスを購入者が受領してから30日以内に，供給者が指定した銀行口座に電信送金でなされなければならない。
　2．上述の代金の支払いは，個別契約で別途合意がない限り，米ドルによってなされるものとする。

> 3．本製品代金の支払いに関連する送金ないし振込手数料，その他送金手続に関して発生する一切の費用は，購入者の負担とする。

⑤　参考英語表現

A）製品の納入された日の属する月の翌月末までに：

"by the end of the month following the delivery month" または

"by the end of the month following the month containing the delivery date"

B）請求書を受領した日の属する月の翌月末までに：

"by the end of the month following the invoiced month" または

"by the end of the month following the month containing the date of receiving the invoice"

C）請求書を受領した日の属する月の翌々月末までに：

"by the end of the second month following the month containing the date of receiving the invoice"

または "by the end of the month two months after the month containing the date of receiving the invoice"

(4)　信用状（L/C）による支払い

国際契約においては，銀行振込みが多くなったとはいえ，まだ相当部分を，**信用状**（荷為替信用状，**Letter of Credit，L/C** と略記）による決済が占めていると思われます。

信用状とは，1）**輸入者の取引銀行**（＝信用状発行銀行）が，2）輸出者（売主，代金の受取人）に対して，3）輸入者に代わって，4）**代金の支払いを確約した保証状**のことを言います。

信用状を使うメリットは，

1）輸入者（買主）の信用状態について，信用度の高い銀行がその支払いを保証することで，輸出者は，買主からの代金不払いというリスクを回避することができること，および

2）為替手形を用いて，輸入者が銀行へ代金を支払った時に，同時に貨物を受け取れるようにすることで，輸入者のリスクを回避すること，

第6章　商品の価格の決め方，代金の支払い　139

にあります。

　これにより，売主と買主との間にまだ信頼関係が形成されていない段階でも，リスクを負担することなく貿易取引ができるわけです。

　具体的な手順は，次のとおりです。

　売買契約が締結された後，買主は，買主の取引銀行に「信用状」を発行（開設）してくれるように依頼します。その依頼を受けた買主の銀行は，信用状を発行してそれを，売主の国の銀行に送ります。

　信用状開設の知らせを聞いた売主は，製品を出荷し，為替手形などの書類を船会社などの運送人から取得します（「為替手形」はその製品を引き取る際に必要となる有価証券です）。そのうえで，取得した手形や船積書類を持って自分の銀行に行き，買い取るよう依頼します。銀行はそれを買い取りますので，この時点で，売主は，製品の代金相当額を，売主の銀行から払ってもらえることになります。

　売主から手形などの書類を買い取った売主の銀行は，輸出国にある買主の銀行にその書類を送付し買い取ってもらいます。買主の銀行は，売主の銀行から買い取ったその書類を，買主に対し，製品の売買代金と引き換えに買い取るよう求めます。これに対して買主が代金額を支払えば，買主の銀行も，売主の銀行に支払った買取代金を回収することができます。

　手形などの書類を，買主の銀行から買い取った買主は，買主の国（輸入国）に運送人が到着するのを待って運送人のところへ行き，売主の送った商品を，その手形等の書類と引き換えてもらいます。

　これにより，まず，売主のところへ代金が支払われ，最後に，商品が買主の手元に入ることになるわけです。

　⑥は信用状を用いた支払条項の簡単な例です。より詳細には，必要となる書類とその部数を列挙したり，保険額の下限を設定したり，信用状を維持する期間（たとえば最終船積日から最低30日間など）を定める場合もあります。

⑥ ＜ Payments ＞（信用状 L/C）

At least thirty（30）days prior to the date of shipment of the Products under this Agreement, the Purchaser shall open an irrevocable and confirmed letter of credit, through a prime bank satisfactory to the Seller, which letter of credit shall be in a form and upon terms satisfactory to the Seller and shall be in favor of the Seller and shall be payable in United State Dollars.

＜支払い―信用状による＞

本契約に規定する本製品の船積日の少なくとも30日前に，買主は，売主が満足する一流銀行で，取消し不可能の確認信用状を開設する。信用状は，売主が満足するフォームと条件によるものとし，売主を受益者とするものとし，米ドルで支払われるものとする。

(5) 支払遅延時の遅延損害金の定め

支払条件に関する条項には，次の⑦の２項のような，支払いが遅延した場合の損害賠償を，あらかじめ利率で定めておくことがあります。このような損害賠償を「遅延損害金」，あるいは「遅延利息」と呼びます。

各国には利息制限法などの名称で，高利貸しを制限している強行規定が存在する場合があり，日本にも存在します。

ただし，日本の利息制限法における遅延損害金の制限は，「金銭の消費貸借契約」つまりお金の貸し借りの契約において，損害賠償の予約として定めた場合に限って適用されるものですので，下の⑦のような売買代金の支払いを遅延した場合には，（公序良俗に反するような極めて高い利率の場合，あるいは消費者との契約の場合を除いて）違法とはなりません。

⑦ ＜ Bank Charge, Late Payment ＞

1. All bank charges, commissions and other costs associated with a bank wire transfer relating to the payments under this Agreement shall be for the account of the Buyer.

2. In the event the full amount of the price payable to the Seller hereunder

is not paid by Buyer when due, any unpaid amount shall bear interest from the due date until paid in full, at an interest of fourteen (14) percent per year or the maximum interest rate permitted by the usury law of the Buyer's country, if any, whichever is lower, on the bases of 360 days.

＜銀行手数料，支払遅延＞

1．本契約の支払いにかかわる電信送金にかかわるすべての銀行費用，手数料その他の費用は，買主の負担とする。

2．本契約に基づき売主に支払われるべき価格の全額が買主によって期日に支払われない場合には，当該期日から全額を支払うまで，1年360日として年14％又は買主の国の利息制限法で認められる最高利率のいずれか低いほうの利率により，遅延利息を支払うものとする。

(6) 不動産売買契約における支払時期—登記との関係

中古住宅や土地といった不動産売買の場合は，次の⑧のように，「登記」と「代金の支払い」を同じタイミングで行うことが多いようです。

⑧ ＜引渡し及び移転登記＞

1．本物件の購入代金は，金弐億円とする。

2．買主の売主への代金支払期日，本物件の所有権移転の登記申請期日，及び本物件の引渡期日は，平成〇〇年〇〇月〇〇日とする。

これを理解するために，まず，「登記」という制度の趣旨を説明します。

本来，土地の売買も，他の売買と同様に，当事者の「合意・契約」という意思表示だけで，所有権を売主から買主に移転させることができます。

したがって，売主Zさんと契約を結んだだけで「登記」をしていない買主Aさんであっても，土地の所有権を取得することができます。

しかし，売主Zさんが，その土地を第三者であるBさんに売却した場合，つまりAさんとBさんへ「二重譲渡」した場合，2人とも売買契約を締結しているので，両者とも所有権を取得したと言えそうですが，土地は1つしかありませんので，所有者をどちらかに決めなければなりません。

　その際に用いられるのが、この「登記」なのです。
　「登記」は**「対抗要件」**と呼ばれます。上記のような二重譲渡がなされた場合、「対抗要件」である「登記」を取得していない人は、相手方に対して権利の主張ができないとされます。
　不動産は、高価であるにもかかわらず、その支配・管理が難しいものです。それゆえ、「登記」という制度を設け、「登記」という国の制度に基づく「対抗要件」がない人は、所有権の主張ができないようになっているわけです。
　不動産の売買契約実務では、このような登記制度があるため、通常「代金の支払い」と「登記申請手続」が同時並行で実施されています。
　具体的には、まず、買主の購入資金を預かっている銀行の会議室等に、「買主」「売主」「登記の専門家である司法書士」その銀行の「銀行員」ならびに仲介した不動産屋の「宅地建物取引主任者」などが一堂に会します。
　そのうえで、売主は家の鍵を買主に渡し、買主は銀行員に対し代金の売主口座への振込みを指示します。さらに両者は登記のための委任状を司法書士に提出し、司法書士はその足で法務局（登記所）へ出向き、所有権移転登記の申請を行うことになります。
　このようにして、高価な不動産が、第三者に対抗できる形で、代金を払った買主の元へ移転するようにしているのです。

第6章　商品の価格の決め方，代金の支払い　143

4．「支払金から税金を源泉徴収する」とは？

(1)　源泉徴収税（Withholding Tax）の考え方

　外国企業間の契約では，買主＝代金を支払う側に，買主の国の税法に基づく「税金の源泉徴収」義務が適用される場合があります。

　日本企業が買主となっている場合，日本の所得税法により，外国人や日本に居住していない人（非居住者と言います）に対して支払う金額のうち「国内源泉所得」に該当するものについて，日本の所得税が課せられます。

| PICK UP |　国内源泉所得とは？

　日本企業が支払側の場合に，支払額から控除（源泉徴収）して日本の税務署に収める義務の対象となる「国内源泉所得」とはどのようなものでしょうか？　国内源泉所得とは，外国人や非居住者の所得が生じた場所や原因が日本国内にある所得，日本国内に所得の「発生源泉」がある所得を言います。

　この「国内源泉所得」のうち，日本企業と外国企業との取引契約に関して当てはまるのは，具体的には，おおむね，次のAやBに該当する対価です。

　A．日本国内で行う人的役務（業務・サービス）の提供を事業とする者の，その人的役務の提供の対価。たとえば「芸能人や運動家」「弁護士や公認会計士など自由職業者」「科学技術や経営管理等の専門的知識や技能を持つ人」などの役務（業務，サービス）を提供したことにより受領する対価。

　B．国内で業務を行う者から受ける工業所有権等の使用料，工場所有権等の譲渡の対価，著作権の使用料，著作権の譲渡の対価，機械装置等の使用料で国内業務に係るもの（いわゆるライセンス料）。

　その他税法にはもっと多くの類型が定められていますので，国税庁のウェブサイトや「所得税法161条，法人税法138条」などを確認すべきですが，外国企業と取引契約を締結して源泉徴収が問題になるのは，おおむね上記の2つで，特にBのライセンス料に関する場合が非常に多いようです。

　国内源泉所得は，日本国内に発生源泉があるため，当然，日本国の課税権が働き，所得を得た人や法人が外国人であっても，日本国の所得税を納税する義務を負います。

しかし，この所得は，さらに当該外国の所得税の対象ともなりますので，結果的に，二重課税されてしまうおそれがあります。

　その二重課税を排除するために，下記のとおり，各国間で租税条約を締結しているのです（ちなみに，**2003年の日米新租税条約**に基づき，日米間では，**Bの「ライセンス料」は免税**となり，日本企業はライセンス料から源泉徴収を行う必要がなくなりました）。

　日本企業が，たとえばＡ国の外国企業に支払う「ライセンス料」から，上記に従って所得税の源泉徴収を行った場合，日本企業は，それを日本の税務署に納めます。

　しかし，外国企業は，そのライセンス料収入について，Ａ国の会社の所得としてＡ国の税務当局から，Ａ国の所得税を課税されますので，そのままであれば**日本とＡ国の二重課税**になってしまいます。

　これを避けるため，日本と多くの国（2017年7月現在で68カ国）との間で**二重課税を防止するための租税条約**が締結されています。

　この租税条約の締結国間においては，日本企業がその支払金から源泉徴収し日本で納税した金額については，上記のＡ国の会社は，Ａ国税務署から税額控除を受けることができ，二重課税にならないようになっています。

　そのためには，Ａ国の企業は，日本企業から納税証明書等必要な書類を送ってもらい，Ａ国の税務署に提出すること等の手続が必要となります。

(2)　源泉徴収に関する契約条項例

　源泉徴収の対象となるようなライセンス料の支払い等がなされる場合，条約の趣旨に基づくと，上記のように，日本企業は源泉徴収したあと日本国に納め，税務署からもらった証明書（領収書）を外国企業に送付することになります。外国企業は，その証明書を活用して，当該外国の税金について控除を受けるなどの手立てを講じることになります。

　したがって，契約に規定すべきは，源泉徴収した後，相手方が相手国で必要な控除や還付等の救済を受けられるようにするため，厳選した当事者が速やかに証明書などを送る義務がある，ということが原則であり，これが①です。

第6章　商品の価格の決め方，代金の支払い　145

---

① ＜Withholding Tax＞

1. Any income tax imposed on payment to the Licensor hereunder shall be borne by the Licensee and shall be computed and paid in accordance with the applicable tax laws and any convention, treaty or other agreement relating to taxation between Japan and the Republic of India.

2. In the event that such tax is or should be deducted from the amount of remittance to the Licensor by the Licensee, the Licensee shall furnish to the Licensor a tax certificate showing the payment of such tax without delay.

　＜源泉徴収税＞

　1．本契約に基づくライセンサーへの支払いに付加される所得税は，ライセンサーによって負担されるものとし，適用される税法及び日本とインド国との間の関税に関する協定，条約又は取り決めに従い計算され支払われる。

　2．かかる税金がライセンシーによるライセンサーへの送金から差し引かれ又は差し引く必要がある場合，ライセンシーは，当該税金の支払いを証明する納税証明書を遅滞なくライセンサーに送付するものとする。

　しかしながら，契約で決められた対価全額が「現実に」受け取れるように，総金額を調整すべきとされている契約も多数存在します。

　②では，ライセンシーが日本の税法に基づいて源泉徴収した場合，その対価は「源泉徴収がなかったならばライセンサーが本来受け取っていたであろう金額」まで**増額**されると規定されています。

---

② ＜Withholding Tax＞

1. If Licensee is required by a governmental taxing authority to withhold an amount from any payment of License Fee due hereunder and pay such amount to the governmental authority, the License Fee shall be grossed-up so that the net payment equals the original price.

2. ＜①の2項と同じ。省略＞

　＜源泉徴収税＞

　1．本契約に基づいて支払うべきライセンス料の支払額から一定額を源泉徴収すべきことをライセンシーが税務当局から要求され，ライセンシーがその金額を政

府当局に支払った場合，ライセンス料は，その正味支払額が，元々の金額と同額になるまで，グロスアップ（増額）されるものとする。

　この規定が実際に適用された場合にライセンシーがいくら負担することになるのかについて，例として，ライセンス料が1,000万円，源泉所得税率が20％の場合を考えてみます。

　ライセンシーは，本来，ライセンス料からその20％である200万円を源泉徴収して納税し，残額の800万円を送金すれば足りるはずです。

　しかし，この②の規定により，ライセンサーが現実に受け取る金額を1,000万円にしなければならないため，ライセンシーは，ライセンス料を1,250万円に増額し，その20％である250万円を源泉徴収したうえで残額の1,000万円をライセンサーに送金することが必要になります。

　ライセンサーは，その後，2項に基づきライセンシーが日本国の税務署に収めた250万円の納税証明書をライセンシーから取得し，それをライセンサーの税務当局に提出すると，ライセンサーは，租税条約に基づき，その所得税の税額控除を受けることができますので，ライセンサーは，本来のライセンス料より250万円分得することになってしまいます。したがって，ライセンシーとしては，②ではなく，①の条件を強く主張すべきでしょう。

第 **7** 章

販売権の許諾

1. 販売権の許諾と，販売代理権の許諾の違いとは？

　本章では，販売店契約など，契約の相手方に自社の商品を販売してもらうための契約に特有な条項について，説明したいと思います。

(1) 販売店契約と代理店契約の違い

　この類型の契約には，大きく分けて2つの類型があります。

　1つは「**販売店契約**」，もう1つは「**代理店契約**」です（なお「**仲介契約**」という類型もありますが，これは代理店契約に類似しますので，それと一緒に説明します）。

　「**販売店契約**」（"Distributorship Agreement"）の基本的な枠組みは，供給者と販売店との間の「継続的な売買基本契約」であり，これに加えて，供給者から販売店に対する「販売権の許諾」と，販売店が顧客に販売していく際の条件を規定していくことになります。したがって，販売店契約を締結することによる販売店の「利益」は，供給者からの仕入値と顧客への売値の「差額」となります。

　これに対し「**代理店契約**」（仲介契約を含む）（"Agency Agreement"）では，代理店は供給者のために活動し，商品の売買契約は「供給者」と最終顧客との間に締結されることになりますので，「供給者」と「代理店」の間には商品の売買契約は存在しません。代理店（代理人）の利益は，供給者と顧客との間に売買契約が成立した場合に供給者から支払われる「手数料」（コミッション）となります（これを，顧客から見た場合，販売店契約の場合の商品の売主は販売店，代理

店契約の場合は供給者となります)。

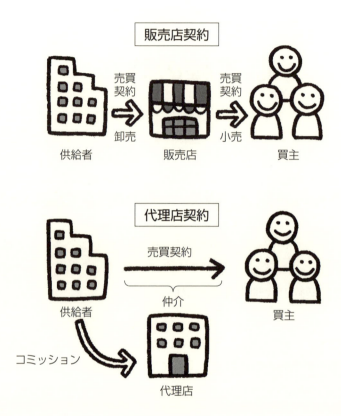

　この2つは，日本においては「販売代理店契約」として一括して呼ばれることも多いのですが，その契約形態は全く異なるものですので，注意して区別してください。契約の表題が「代理店契約」なっていても中身は「販売店契約」の場合もありますので，表題に騙されず中身をよく見ていくことが必要です。
　なお，英文契約の場合，この2つは，上記のとおり"Distributorship Agreement"と"Agency Agreement"に明確に区別されており，表題と中身が食い違うことはあまりないようです。

第7章　販売権の許諾　149

(2)　販売権の許諾（販売店契約）

　販売店契約の大枠は，上記のとおり供給者と販売店との間の売買基本契約ですから，その契約条項の多くは，本書第3章から第6章で述べてきたような「売買」条件に関するものですが，販売店契約の最初には「**販売権の許諾**」という条項があるのが普通です。

---

① ＜販売権の許諾＞（非独占）

　供給者は，販売店に対し，以下の規定に従い，当事者間で適宜合意のうえ決定される製品（以下「**本製品**」という。）を，別紙1に規定する地域（以下「**本地域**」という。）において，非独占的に自らの顧客に販売する権利を許諾する。なお，本地域以外の顧客から本製品に関する引き合いを受けた場合，販売店は，速やかに供給者に通知し，供給者の指示に従うものとする。

---

　①は，非独占的な販売権を許諾する場合の例です。

　「非独占的」な販売権とは，この契約の販売店だけが本製品について販売権を許諾されるのではなく，供給者は，他の第三者に対して本製品の販売権を許諾することが可能となります（独占権，非独占権については，(4)を参照ください）。

　この例では，販売権が許諾される地理的な範囲を「別紙1に規定された地域」に限定しています。この地域割りについては，国単位の場合もありますし「アジア地域」という複数国に及ぶ場合もあります。また，国内の契約では「都道府県単位」や「関東地域」という限定も考えられます。

　さらに，①の「なお」以下で，この地域制限に基づき，地域外の顧客からの引き合い（注文や問い合わせ）があった場合は，供給者に連絡してその指示に従うこととされています。

| PICK UP |　　地域制限に関する独占禁止法の考え方

　独占禁止法（独禁法）に関する公正取引委員会のガイドラインでは，「**流通業者の販売地域に関する制限**」を行う場合，独禁法上問題になる場合があるとしています。

　これは，次のような内容です。

「**市場における有力なメーカー**が流通業者に対し一定の地域を割り当て地域外での販売を制限する，いわゆる「**厳格な地域制限**」を行い，これによって**当該商品の価格が維持されるおそれがある場合**には，拘束条件付取引に該当し，不公正な取引方法として独占禁止法上問題となる。」（公正取引委員会「流通・取引慣行に関する独占禁止法上の指針」から著者引用し加工）

　この記載の中の「市場における有力なメーカー」とはシェア10％以上または国内順位上位３位以内が目安とされています。

　また「価格が維持されるおそれがある」かどうかは，ブランド間およびブランド内競争の状況，流通業者の数やばらつき，その他市場の状況を総合的に考慮して判断する，とされています（同委員会のウェブサイトに掲載）。

　このような厳格な地域制限を規定した販売店契約を締結する場合，自社のシェア，ポジション，取扱商品の競争状態，市場の状態などを検討することが必要な場合もありますので，注意が必要です。

英文では，次の②のような表現となります。

② ＜Distribution Rights＞

Company grants Distributor and Distributor accepts the non-exclusive, non-transferable right to distribute Supplier's products listed on Exhibit 1 attached hereto ("<u>Products</u>" or in the singular "<u>Product</u>") in the geographic area listed on Exhibit 2 attached hereto (the "<u>Territory</u>"). Company may appoint other distributors, representatives, employees or otherwise to distribute and sell the Products within or outside the Territory.

　＜販売権＞

　カンパニーは，販売店に対し，本契約に添付された別紙１に記載されたカンパニーの製品（「<u>本製品</u>」，単数複数を問わない。）を，本契約に添付された別紙２に記載された地域（「<u>本地域</u>」）内で販売する非独占的で譲渡不能の権利を許諾し，販売店はそれを受けるものとする。カンパニーは，他の販売店，代理人，従業員その他本製品を，本地域内又は本地域外で販売する者を起用することができるものとする。

⑶ 販売代理権の許諾（代理店契約）

一方「代理店」契約の場合，代理店は，顧客との間において，供給者を代理して売買契約を締結（仲介の場合は単に供給者と顧客を仲介）します。その結果，売買契約は，供給者と顧客との間に成立することとなります。

> | PICK UP | 代理とは？
>
> 「代理」とは，代理される人（＝本人）のために，本人に代わって，法律上の意思表示を行うことにより，**その法律効果が「本人」に直接発生する**仕組みを言います。
>
> 代理店の活動に即して言うと，代理店が，本人である供給者のために供給者に代わって，顧客との間で「売買契約を締結する」という意思表示をした場合，その売買契約が本人と顧客との間で成立するという効果がある，ということになります。
>
> 「代理」の場合，この意思表示をするかどうかは代理人が決定します。この点が，本人の意思を単に伝達するだけの「**使者**」との違いです。
>
> また「**仲介**」は「**仲立**」あるいは「**媒介**」とも呼ばれ，供給者と顧客の間の契約成立に向けて「尽力」するだけで，契約締結の最終的な意思表示は供給者が行うことになります。

代理店契約では，販売店契約で「販売権を許諾する」と記載されていたように，「代理人に選任する」と規定する次の③のような形にするのが普通です。

③ ＜ Appointment ＞

Supplier hereby appoints Agent as its exclusive agent to solicit orders for the goods designed, manufactured and/or provided by Supplier, which shall be designated by Supplier from time to time and notified to Agent (hereinafter called the "<u>Products</u>,") in Japan and other Asian countries (hereinafter called the "<u>Territory</u>" collectively, including Japan, Hong Kong, Taiwan, the Republic of Korea, the People's Republic of China, Philippines. Malaysia, Indonesia, Singapore, Thailand, Vietnam, Cambodia, Laos and

India), subject to the terms and conditions set forth herein, and Agent hereby accepts such appointment. Agent shall be also granted the rights to declare and announce that Agent is the sole and exclusive agent of Supplier in the Territory.

＜任命＞

供給者は，本契約に定める条項に従い，エージェントを，日本，香港，台湾，韓国，中国，フィリピン，マレーシア，インドネシア，シンガポール，タイ，ベトナム，カンボジア，ラオス，及びインドを含む，日本及びアジア諸国（以下併せて「本件地域」という。）において，供給者によってデザインされ製造され提供される商品であって，適宜，供給者が指定してエージェントに通知する商品（以下「本製品」という。）について，注文を代理仲介する独占的な代理人に指名し，エージェントは，この指名を受諾する。エージェントはさらに，本地域で，自らが唯一の独占的代理人であることを宣言し公表する権利をも許諾されるものとする。

この③のように「エージェント（代理人，代理店）」に任命し，代理人としての権限を与える，という形を取らない場合もあります。

それが，次の④で，代理人としての「販売業務」を「委託する」という「業務委託契約」のような形にしています。

通常の業務委託契約は，印刷業務，コンサルティング業務，下請製造業務などの委託を行う場合に用いられますが，みな，発注者のために業務を提供し，その見返りに報酬をもらう形ですから，代理店が供給者に対し販売業務を提供し，その報酬として手数料を供給者から受領するという形に当てはまります。

次の④の内容は，代理店の行う活動内容を詳細に記載しており，良い参考になると思われます。

④　＜業務の委託＞（仲介の場合）

1．供給者が代理店に委託する業務の内容は，以下のとおりとする。

　1）本商品に関する顧客を積極的に開拓すること。

　2）供給者の指定する契約書，見積書及び設定価格を用い，供給者の提供する本商品の顧客への提案，参考資料の配布，デモなどの営業・宣伝業務を行うこと。

　3）代理店の営業した顧客の担当者，連絡先，所在地等に関する情報を供

第7章　販売権の許諾　153

給者へ連絡すること。
　　4）その他当事者間で別途書面にて合意した業務を行うこと。
　2．本商品の種類，小売価格，提供条件，ライセンス条件，保守条件等は，
供給者が適宜定めるものとする。
　3．代理店は，供給者の指定する顧客間契約書及び本商品の価格表，仕様書
等に記載された諸条件を遵守して，本業務を遂行するものとする。なお，本
商品の顧客への販売等に関する顧客との各種契約は，すべて，当該顧客と供
給者との間で締結されるものとし，代理店は，供給者を代理して契約等の締
結を行う権限を持たないものとする。

　なお，この④は「**仲介**」のみを行う場合で，代理店には供給者を代理して契約
締結の意思表示を行う権限は与えられていない場合ですので，ご注意ください。
　仲介ではなく代理店に代理権を付与する場合，次の⑤の**太字**のように，④の1
項に「契約の締結」を業務内容として加え，3項を「代理店の判断で供給者を代
理して顧客との契約を締結する」という内容に書き換える必要があります。

　⑤　＜業務の委託＞（代理権が付与される場合）
　1．供給者が代理店に委託する業務の内容は，以下のとおりとする。
　　1）本商品に関する顧客を積極的に開拓すること。
　　2）供給者の指定する契約書，見積書及び設定価格を用い，供給者の提供
　　　する本商品の顧客への提案，参考資料の配布，デモなどの営業・宣伝業
　　　務を行うとともに，**自らの判断により**，当該顧客との間で，**本商品に関
　　　する売買契約その他の必要な契約を締結**すること。
　　3）代理店の営業した顧客の担当者，連絡先，所在地等に関する情報を供
　　　給者へ連絡すること。
　　4）その他当事者間で別途書面にて合意した業務
　2．本商品の種類，小売価格，提供条件，ライセンス条件，保守条件等は，
供給者が適宜定めるものとする。
　3．代理店は，供給者の指定する顧客間契約書及び本商品の価格表，仕様書
等に記載された諸条件を遵守して，本業務を遂行するものとする。なお，**本
商品の顧客への販売等に関する顧客と供給者との間の各種契約は**，すべて，

「代理店」が供給者を代理して自らの判断で意思表示することによって締結されるものとする。

(4) 独占的販売権の内容

これまでの条項例でも「独占的に」または「非独占的に」といった文言が記載されています。

(2)でも述べましたが，**独占的販売店契約の場合，この契約の販売店だけが，本地域における本製品に関する販売権を許諾される**，ということですので，供給者は，本地域において他の第三者を販売店として起用することはもちろん，自らも，本地域での販売を行えないことになります（ただし，契約で「供給者は本地域で自ら販売することを妨げられない」と定めることは可能です）。

次の⑥は，独占性について詳しく規定された例です。

---

⑥　< Exclusivity >

1. The Distributor shall sell the products only in the Territory and shall not directly or indirectly sell or export the Products to any customer outside the Territory without a prior written consent of the Supplier.

2. The Supplier shall not directly or indirectly offer, sell, or export the Products to the Territory through any other channel than the Distributor without prior written consent of the Distributor. The Supplier shall promptly refer to the Distributor any and all inquiries or orders for the Products which the Supplier may receive from any prospective customer in the Territory.

　<独占性>

　1. 販売店は，本製品を本地域においてのみ販売するものとし，供給者の事前の書面による承諾なしには，本地域外のいかなる顧客に対しても，本製品を直接又は間接に販売又は輸出してはならない。

　2. 供給者は，販売店の事前の書面による承諾なしには，販売店以外の経路を通じて，本製品を本地域に，直接又は間接に，販売申込み，販売，又は輸出しないものとする。供給者は本地域内のいかなる見込み顧客から受けた本製品についてのすべての引き合い又は注文を販売店に取り次ぐものとする。

2．ミニマムパーチャス

⑴ ミニマムパーチャス（最低購入数量）とは？

　独占的販売店契約が締結された場合，供給者は，その地域におけるその商品の営業と販売すべてを，その販売店に委ねるわけですから，販売店の業績が供給者自身の業績に直ちに結びつきます。

　そのような供給者側の「しっかりやってくれなきゃ困る」という気持ちの表れとして，多くの契約で，いくつかの制約が販売店に課せられる結果となっています。

　最初は「ミニマムパーチャス "Minimum Purchase Quantity"」というもので，販売店が，１年などの一定期間内に，供給者から購入することが義務付けられた最低購入量の規定です。

　販売店は，このミニマムパーチャスを達成すべく営業に励むことになるわけですが，未達成の際の効果として，次の ABC の選択肢が考えられます。

　A：ミニマムパーチャスは「努力義務」であってペナルティがない場合
　B：ミニマムパーチャスが達成できないと，契約解除となる場合
　C：ミニマムパーチャスが達成できないと，独占的販売権から非独占的販売権
　　　への格下げがなされ，さらに未達成が続くと契約解除となる場合

　この３つの違いについて，見ていきましょう。

⑵　努力義務の場合

　次の①は，定めた販売目標を達成すべく努力する旨の定めです（目標ですので，そもそも「ミニマムパーチャス」ではありませんね）。

① ＜販売目標＞

1．乙は，4月から9月及び10月から3月の各期につき，当該半期の始まる前月末までに，半期度ごとの本製品の売上件数及び売上金額等の販売目標を策定し，甲に提示するものとする。

2．乙は，原則3カ月ごとに本製品の販売状況，販売実績，販売目標の達成状況を甲に報告するものとする。

3．本条第1項に規定された半期ごとの販売目標は，努力義務であり，販売店は，販売目標の達成に最善を尽くすものとするが，それが未達成であっても，何らのペナルティも課せられないものとする。

次の②も，＜Forecast＞（受注見込み）という表題で，2行目に「non-binding」（拘束力のない）と記載されている例です。

② ＜ Forecasts ＞

Within fourteen (14) business days after the end of each calendar month, Distributor shall provide Supplier with a non-binding, rolling six-month forecast of Distributor's anticipated orders for the Supplier Products ("Monthly Report.")

Distributor agrees to use its commercially reasonable efforts to submit orders reaching or exceeding, in aggregate, the forecasted quantities of Supplier Products set forth in the Monthly Report.

　　＜受注見込み＞

　　各暦月末から14営業日以内に，販売店は，供給者に対し，販売店が予測する供給者製品の注文に関し，6カ月間のローリングによる拘束力のない受注見込み（「月間報告」）を提供するものとする。販売店は，月間報告に記載された供給者製品に関する見込みを累積で達成又は超過した発注ができるよう商業的に合理的な努力を行うことに同意する。

> | PICK UP | Rolling Forecast（ローリング受注見込み）とは？
>
> この②で，"a non-binding, rolling six-month forecast" という表現がありますが，「rolling」forecast とはどのようなものでしょうか。
>
> 本条では，6カ月間の受注見込みを毎月提出することになっていますので，まず，当初6カ月間（たとえば4月から9月）の受注見込みを策定します。1カ月経過後にはまた新たな6カ月間がスタートしますので，前回策定した6カ月間の受注見込みを再検討しながら，5月から10月までの6カ月受注見込みを策定することになります。
>
> このように，ある一定期間の計画や見込みについて，その期間の途中途中で見直して，経過した期間に相当する期間を新たに加えた修正計画や修正見込みを立てていくことを「ローリング」すると言います。
>
> 計画などの立案に関しては，既に日本語になりつつありますので，ぜひ覚えておいてください。

⑶　ミニマムパーチャスが達成できないと，契約解除となる場合

上記のとおり，ミニマムパーチャスは，販売店に独占権を認めた見返りとして，供給者が販売店に課す制約です。

供給者が販売店に独占権を与えるということは，販売店以外にその地域でその商品を販売してくれる事業者が存在しない，ということにつながります。供給者としては，とにかく，販売店に頑張ってもらうしか手がないわけです。

したがって，販売店がいい加減な販売活動しかしないのなら，供給者は，契約をとっとと解除して，別の販売業者を起用することが必要になります。

次の③は，ミニマムパーチャス未達成の場合，供給者側に，契約を直ちに解除する権利が認められるとしたものです。

---

③　＜ Minimum Purchase Quantity ＞

1. The Distributor shall use its best efforts to sell and distribute the Products and fully to develop the market within the Territory in a reasonable, appropriate method and prices and lawfully.

2. The Distributor agrees to purchase the Products from the Supplier in the quantity not less than 3000 units for any contract year throughout the term of this Agreement (hereinafter called the "<u>Minimum Purchase Quantity</u>").

3. In case the Distributor fails to purchase the Minimum Purchase Quantity for any contract year, the Distributor shall compensate for the shortfall of such Minimum Purchase Quantity to the Supplier. And in such a case, the Supplier may terminate the Agreement without any compensation to the Distributor.

＜最低購入量＞

１．販売店は，本件販売地域内にて，合理的かつ適切な方法と価格で適法に本製品を販売し，十分に市場を開拓するのに最大限の努力をする義務を負う。

２．販売店は，本契約の全期間を通じ，各契約年において３千台（以下「<u>最低購入量</u>」という。）以上，本製品を供給者から購入することに同意する。

３．もし販売店が各契約年の最低購入量を購入することができなかった場合，当該最低購入量に対する不足額を，供給者に補償するものとする。また，この場合，供給者は，何ら販売店に補償することなく，本契約を解除することができるものとする。

この③の３項では，ミニマムパーチャスを達成できない場合，まず，販売店は不足額を供給者に賠償（補償）する義務を負うとされ，さらに，供給者は，契約を解除することも選択できるとされていますので，販売店としては，かなり不利な立場にあると言えます。

(4) 非独占的販売権への格下げ後，契約解除となる場合

販売店がミニマムパーチャスを達成できない場合，いくつかの理由が考えられます。上記③の解除の対象となっても仕方ないような販売店側の怠慢の場合もあるでしょうが，何らかの合理的理由で営業開始が遅れたなど，何らかの事情があるかもしれません。

さらに，販売店は，この商品の販売活動を効果的にかつ手広く実施するために，社員に対する知識や技術の伝授，訓練，ならびに販促材料などの翻訳や作成，そのうえ販売網の整備のための営業マンの雇用や外部の会社との協業の推進など，相応の投資を行っているはずです。

この投資を回収する時間もないまま，最初の1年間におけるミニマムパーチャスの未達成により契約が解除されたのでは，販売店側はたまりませんね。

かといって，独占的販売権の許諾を受けている以上，すべて努力義務とすることも認められにくいでしょう。

そこで，次の④のように解除の前に「独占的販売店」から「非独占的販売店」への「格下げ」という中間段階を設け，解除を避けることが考えられます。

---

④ ＜ Minimum Purchase Quantity ＞

1. The Distributor agrees to purchase the Products from the Supplier in the quantity not less than 3000 units for any contract year throughout the term of this Agreement (hereinafter called the "**Minimum Purchase Quantity**").

2. In case the Distributor fails to purchase the Minimum Purchase Quantity for any contract year, the Supplier may disqualify the Distributor as an exclusive distributor and relegate to a non-exclusive distributor of the Products in the Territory, and if such failure continues for three consecutive contract years after the aforementioned disqualification and relegation, the Supplier may terminate the Agreement without any compensation to the Distributor.

＜最低購入量＞

1．販売店は，本契約の全期間を通じ，各契約年において3千台（以下「**最低購入量**」という。）以上，本製品を供給者から購入することに同意する。

2．もし販売店が各契約年の最低購入量を購入することができなかった場合，供給者は，本地域内における本製品の販売店の独占権をはく奪し非独占的販売店に格下げすることができ，さらに，上記の資格はく奪と格下げ後，当該未達が連続して3年以上継続した場合，供給者は，何ら販売店に補償することなく，本契約を解除することができるものとする。

3．その他の販売店契約特有の規定

(1)　競合品取扱い禁止（Competing Products）

　上記2.の「ミニマムパーチャス」の規定は，販売店が「独占的販売権」を持っており，販売店以外の者がその商品の販売を行えない，という事情に基づき，供給者のために認められることが多いものです。

　同様の趣旨で，販売店には，供給者の製品と「競合する製品」や「類似する製品」の取扱いや販売が禁止されることがあります。

　この制限も，販売店を，供給者が独占販売権を与えている製品の販売に専念させ，その売り上げを確保しようとするもので，①のような表現が普通です。

---

①　＜ Competing Products ＞

The Distributor shall not sell, handle, distribute or otherwise provide any products <u>competing with</u> or similar to the Products in the Territory during the term of this Agreement.

　　＜競合製品＞

　販売店は，本契約期間中，本件地域内において，本製品と競合し又は類似するいかなる製品についても，販売，取扱い，頒布，その他提供を行わないものとする。

---

(2)　顧客との直接交渉の禁止

　ミニマムパーチャスや上記(1)の「競合品取扱い禁止」の定めは，販売店，特に独占権を得た販売店に責任を持ってしっかりと営業してもらいたいと考える供給者側からの要望を反映したものです。

　これに対し，次の②の「直接交渉の禁止」の定めは，販売店側の要望を反映したものです。

　販売店契約には，販売店は，販売店の顧客に関する窓口情報その他の情報を供給者に提供すべしとの規定が多くみられます。

　この場合，供給者が，その情報を利用し，販売店を中抜きしてその顧客に直接営業することが想定されます。

第7章 販売権の許諾　161

　販売店としては，せっかくの営業努力が水の泡となり，またせっかく築いた顧客基盤を失いかねませんので，このような供給者の行動を規制することが必要となります。

　これは，販売店が独占権を得ているか否かには直接の関係はなく，独占，非独占いずれの場合も，供給者の行為を制限することが販売店側のメリットになります。

---

②　< Direct Negotiation >
The Supplier shall not, during the term of this Agreement and after the termination hereof, negotiate directly with the customers of the Distributor to the Products without any direction of the Distributor.
　　＜直接交渉の禁止＞
　本契約期間中及びその終了後においても，供給者は，販売店の顧客に対し，本製品に関して，販売店の指示なしに，直接交渉してはならないものとする。

---

(3)　広告資材および訓練の提供（Advertising Materials and Training）

　販売店が行う製品の営業活動は，基本的に販売店の責任と負担で実行されるものです。

　しかし，営業資料，広告資材などに記載・掲載するための製品の特長，仕様，内部や設計に関する図面や写真などは，販売店が用意するよりも，その製品を設計・製造している供給者または供給者側のメーカー等から出してもらったほうが早く，安く，また的確なものとなるでしょう。

　さらに，販売店は，製品の分解，あるいは機械語となっているコンピュータ・プログラムなどを人間が理解できるような形に変換する手法である逆アセンブルやリバース・エンジニアリングなどが禁止されていたり，知識が不足しているなど，販売店だけでは十分な資料，資材が用意できない場合があります。

　そのため，販売店契約では，供給者に，販売店の営業資料や資材の作成に関して，一定の協力義務が定められるのが普通です。

　また，販売店の営業マンや保守・サポート担当者を上手に育成できるのも，供給者側の営業担当者や技術者ですから，そのような育成，訓練についても，供給者の何らかの協力義務を定めることが多くみられます。

ただし，訓練や教育の費用は，販売店負担となるのが普通ですし，販売店の事業所に供給者のエンジニアなどを招聘して実施する場合，旅費（特約で制限しないと，ファーストクラスを使用），宿泊費（特約で制限しないと，高額なホテルを使用）などに多くの費用が掛かります。

したがって，販売店としては，たとえば「販売店は，その従業員に供給者の訓練を受けさせるものとする」という表現ではなく，「訓練を受けさせることができる」といった販売店側に選択権があるような表現にすることや，上記の費用に金額や利用等級の枠をはめる（国際便，国内便ともにビジネスクラスを上限とする，日本でのホテル宿泊費は１泊２万円までとする，など）ことが必要です。

次の③では「販売店の求めに応じて訓練を提供する」，「費用負担については別途協議」とされており，無難な内容になっていると思われます。

---

③　< Advertising Materials and Training >

1. Upon the conclusion of this Agreement, the Supplier, upon request of the Distributor and at the Supplier's costs, shall provide the Distributor with information, specifications, drawings, material, manuals, and other documents necessary to enable the Distributor to promote and advertise the Products or to perform its obligation under this Agreement. Throughout the term of this Agreement and any extension there of the Supplier shall continue to give the Distributor such assistance as the Distributor may reasonably request.

2. In addition to the foregoing, the Supplier, upon request of the Distributor and the costs of the Supplier, shall provide the Distributor with the samples of the Products necessary to market and promote the Products in the Territory without delay.

3. Upon requests of the Distributor, the Supplier shall also provide necessary technical trainings to the Distributor; provided, however, the details and the bearer of the costs of such technical training will otherwise be agreed by both parties.

　<広告資材及び訓練>

　１．本契約締結後，供給者は，販売店からの要求に基づき，販売店に対して，販売店が本製品の販促及び宣伝をし，また本契約を履行するのに必要な情報，仕様

書，図面，資料，マニュアルその他の文書を提供するものとする。本契約期間及びその更新された期間を通じて，供給者は，販売店に対し，販売店が合理的に要求する援助を継続的に与えるものとする。

2．前項に加え，供給者は，販売店の要求に基づき，販売店に対し，本地域において本製品を広告宣伝するため必要な本製品のサンプルを，供給者の費用負担で，遅滞なく提供するものとする。

3．販売店の要求に基づき，供給者はまた，販売店に対し必要な技術的訓練を提供するものとする。ただし，当該技術的訓練の詳細及び費用負担者については，別途両当事者で合意するものとする。

(4) 供給者の商標の使用許諾

上記(3)の営業資料や販促材料と関連しますが，販売店が本製品の販売等を行うためには，その営業に関連して，供給者の「商標」の使用が必要となりますので，この商標について使用許諾する旨の規定が，多くの販売店契約に置かれています。

次頁の④がその代表的な例といえますが，この条文では，

1）その使用目的を「本地域内の本製品の営業等」に限定すること
2）商標権者を明示し（Ⓡ，™等の）商標に関するマーク（下記 PICK UP 参照）を付けること
3）供給者の商標使用規約（ガイドライン）を遵守すること，そして
4）商標を付した営業資料などを，供給者の事前チェックを受けること

などが，商標使用の条件として規定されています。

| PICK UP |　商標に関するマーク

商標に Ⓡ や ™ というマークが付されているのを見かけますが，この意味は何でしょうか？

Ⓡ は "Registered" の頭文字で「登録済み」であることを示しています。つまり，Ⓡ マークがついた商標は「登録商標」ということになります。

™ は，Trademark の頭文字で，登録出願中のものを含め，未登録の商標であることを意味しています。

時々，Trade と Mark を離して "Trade Mark" と記載している契約を見かけま

す。英語では元々複数だった単語が次第に1つの単語に進化していくことがあり，Oxford English Dictionary や Black's Law Dictionary などの辞書では既に"Trademark" だけしか掲載されていないようです。

　なお，類似した言葉に "Trade Name" がありますが，こちらは「製品名」「ブランド名」を表す場合と「会社名」を意味する場合があります。

---

④　< Trademarks >

1. Subject to the terms and conditions herein, Supplier grants to Distributor a non-exclusive, non-transferable, revocable license, during the term hereof, to use the Marks solely in connection with the marketing, promotion, sale and distribution of the Products within the Territory.

2. Any use of a Mark by Distributor must correctly attribute ownership thereof to Supplier and shall be in accordance with applicable law and Supplier's then-current trademark usage guidelines.

3. Upon Supplier's request, Distributor will submit to Supplier for approval any advertising, marketing or promotional materials in which Distributor uses or plans to use a Mark, which approval shall not be unreasonably withheld or delayed.

　<商標>

　1．本契約の定めに従い，供給者は，販売店に対し，本契約期間中，本地域における供給者製品の営業，販促，販売及び提供に関連してのみ，本商標を使用する非独占的，譲渡不能で取り消し可能なライセンスを許諾する。

　2．販売店の本商標の使用は，すべて，それらについての供給者の所有権に基づくものであることを正しく示したうえでなされなければならず，適用法及び供給者のその時点で最新の商標使用ガイドラインに従ってなされなければならない。

　3．供給者の要求があった場合，販売店は，承認を受けるため，供給者に対し，販売店が本商標を使用し又は使用しようと計画している広告，営業又は販促資料を，提出するものとする。なお，当該承認は，合理的な理由なく拒絶又は遅延されないものとする。

第 8 章

秘密保持

　本章では，各契約に共通する「秘密保持条項」と，「秘密保持契約」に特有の条項について，説明したいと思います。

1．情報開示の背景，目的，定義

(1)　情報開示の目的を秘密情報の定義に入れる場合

　売買基本契約などの1つの条項として秘密保持義務を定める場合，秘密保持の対象になるのは，その契約に関連して開示される情報であることが明らかですから，あまり問題になりません。

　しかし単独の「秘密保持契約」の場合には，開示する理由を明らかにしたうえで対象となる情報の範囲を明確にしておく必要があります。理由や目的も書かずに「当事者間でやり取りされる全情報」を対象範囲としてしまうと，あまりにも広範で漠然としているため，契約の効力が認められるのか怪しくなってきます。

　この「開示理由や背景，範囲」などの記載は，国内の契約と英文契約とでその方法に少し違いがあるようです。

　国内契約では，次の①のように「秘密情報の定義」条項の中に目的や背景を織り込むことが多いようです。

---

①　　　　　　　　　　　　秘密保持契約書
　　甲及び乙は，相手方から開示された秘密情報の取扱いについて，次のとおり秘密保持契約（以下「本契約」という。）を締結する。

第1条＜秘密情報＞

　「秘密情報」とは，<u>甲及び乙が行う＜製品名やプロジェクト名＞に関する</u>
<u>協業の可能性に関しての検討（以下「本目的」という。）に関して，甲又は</u>
<u>乙がそれぞれ相手方に開示する情報（であって……）</u>を意味する。

　なお，①の最後の「（であって）」の後には，秘密情報の詳細な内容や「書面開
示」等の開示形態などが規定されます。この部分は，本章2.をご覧ください。

(2) 情報開示の目的を，前文などに記載する場合

　英文契約では，第3章で説明しました「前文」（Recital 条項）で，情報開示の
背景や目的を記載することが一般的です。

②　　　　　　　　　　　　　RECITAL:

WHEREAS, the Parties each possess certain valuable, proprietary and
confidential information and material which includes, but is not limited to,
information of both a technical and financial nature relating to its business
operations; and

WHEREAS, each Party desires to disclose to the other Party certain
proprietary and confidential information and material for the sole purpose
of enabling the Parties to enter into discussions regarding a potential
business relationship for the distribution of AAA services and products
(referred to herein as the "<u>Purpose</u>").

NOW, THEREFORE, in consideration of the disclosure by each Party to
the other Party of such proprietary and confidential information and
material and the covenants set forth herein, the Parties, intending to be
legally bound, agree as follows:

前文

　両当事者は，それぞれの事業運営に関する技術的性質及び財務的性質を有する
情報を含め，ある種の価値のある専有かつ秘密の情報及び資料をそれぞれ保有し
ており，

　各当事者は，両当事者が AAA というサービス及び製品の提供に関する今後の

事業関係に関連した協議（以下「**本目的**」という。）を可能とするため，他方当事者に対し，ある種の専有かつ秘密の情報及び資料を開示することを希望している。

　よって，それらの専有で秘密の情報及び資料を一方当事者から他方当事者に開示することその他本契約に規定された約束を約因として，両当事者は，以下の通り合意し，それに法的に拘束されるものとする。

(3) 書面開示に限定した秘密情報の定義

　次に，情報の開示方法を含めた秘密情報の「定義」について考えます。

　これは，単独の秘密保持契約の場合と，基本契約などの一条項として規定される場合の両者に関するものです。

　上記①の例文で，「本目的に関して各当事者が開示する情報」（下線部分）と記載された後には，秘密情報の内容や開示の形態が規定されます。

　開示形態については，受領側としても，また開示側としても，秘密情報の管理の観点から見て，以下のように，原則として，秘密である旨が明示された書面で開示された情報だけを秘密情報とすることが望ましいと言えます。

③　第1条＜秘密情報＞
　「秘密情報」とは，甲および乙……の検討（以下「**本目的**」という。）に関して，甲又は乙がそれぞれ相手方に開示する当該当事者の**事業方針**，**事業計画**，**仕様書**，**設計図**，**技術資料**，**研究**，**開発及び事業活動に関する情報で**あって，**秘密である旨が明示された書面で開示された情報**，並びに秘密である旨を指定して口頭で開示された情報であって，**開示後14日以内に書面で秘密である旨が確認された情報**を意味する。

　上記の定義では，開示の形態として，1）秘密と明示された書面による場合，および，2）秘密である旨指定して口頭で開示され，その後書面で確認がなされた情報のいずれかに限られることになります。

(4) 広い範囲を秘密情報とした場合の問題点

　③のように書面開示を原則とした定義のほか，次の④のように，開示形態に制限を設けずに「開示された一切の情報を秘密情報とする」旨が，多くの秘密保持

契約や秘密保持条項で規定されています。

> ④ 「秘密情報」とは，当事者並びにその取引先及び顧客に関する技術上，業務上及び営業上の一切の情報をいう。

このような定め方のほうが，開示側の情報の保護の観点から望ましいという意見もあるでしょう。

たとえば，**工場見学**の際に見学者に提出させる「秘密保持誓約書」の場合，あるいは，システム開発契約のうち，**開発側が顧客の執務スペースに入って行う作業やヒアリング**などが想定される場合には，このような「情報すべてが秘密だ」とするのもやむを得ないと思います。

しかし，協業検討を行う際の情報開示や，販売店契約に伴う情報開示の場合にまで，書面開示に限定せずに開示されたすべての情報が秘密だとするのは，開示側の秘密情報の管理のあり方として，問題があると考えます。それは，**不正競争防止法**上の**営業秘密の保護を受けるための条件（要件）**と関連するものです。

不正競争防止法では，企業の**営業秘密**が保護されるとしていますが，秘密として保護されるためには，次の**3つの要件**を満たすことが必要とされています。

① **秘密管理性**：客観的に秘密として管理されていることが必要
② **有用性**：有用な営業上または技術上の情報であることが必要
③ **非公知性**：公然と知られていないことが必要

これを踏まえると，秘密保持契約における情報の開示側が，自分の情報について上記のような営業秘密として保護を受けるようにするには，「相手にいつどのような情報を開示したのか」をきちんと把握しておくとともに，相手にもそれが秘密情報であることが明確にわかるような形で，また相手がそれを管理可能な形で，提供することが望ましいと言えます。

したがって，「見聞きした全部が秘密である」とせざるを得ない工場見学のような場合を除き，契約上は，③のような書面開示（口頭開示は後日書面確認が必要）に限定していくことが，開示者にとっても必要だと考えられます。

(5) 英文例

次の⑤は，上記③と同様に，書面開示を原則とした英文契約の条項例です。

---

⑤ ＜Confidential Information＞

In this Agreement, the "Confidential Information" shall mean any and all information, technical or otherwise, including without limitation any trade secrets, know-how, data, formula, processes, methods of operations, marketing information, business policy, business plan, specification, design, technical material, which is in connection with discussions on the Deals, (a) disclosed by a party to this Agreement (hereinafter called the "Disclosing Party") in writing and is marked clearly as confidential, or with a similar legend, or which is (b) disclosed orally, visually or in any other manner and is identified as confidential at the time of disclosure and is also summarized and designated as confidential in a written memorandum delivered to the party receiving such information (hereinafter called the "Receiving Party") within thirty (30) days of the disclosure.

Notwithstanding above, the Confidential Information shall also include the existence and the contents of this Agreement and the existence of the discussion relating to the Deal between the parties.

＜秘密情報＞

　本契約において「秘密情報」とは，技術的か否かを問わず，営業秘密，ノウハウ，データ，公式，プロセス，操業方法，市場情報，事業方針，事業計画，仕様書，設計図，技術資料に限定されないがこれらを含む情報であって，本取引に関連するものであり，(a)本契約の一方当事者（以下「開示当事者」という。）から書面で明確に秘密である旨又は類似のマークが記されて開示された情報，又は(b)口頭，映像その他の方法で開示され開示の際に，秘密である旨が指定され，さらに情報の受領当事者（以下「受領当事者」という。）に対し秘密である旨の指定をした要約書面を開示後30日以内に交付したものをいう。上記にかかわらず，秘密情報には，さらに，本契約の存在及びその内容並びに本取引に関して両当事者間に議論が存在したことを含むものとする。

---

2. 秘密情報の「例外」

(1) 情報の例外1 ─既知，公知の情報，第三者から取得した情報

　上記の1.で定義された秘密情報には，実際には「既に多くの人や企業が知っている情報」あるいは「情報を受領した当事者が既に知っている情報」なども含まれています。

　それにもかかわらず，情報を受領した当事者が開示された情報のすべてについて秘密保持義務を負うとした場合，情報の受領側当事者は，たとえば元々知っていた情報を使用することができなくなるなど，必要以上にその自由を妨げることになりますので，通常は「例外」となる範囲を定めることになります。

　この「例外」には，①のように，少なくとも，次の3つが考えられます。

---

① ＜秘密情報の例外＞
　次の各号に該当するものは，秘密情報に含まれないものとする。
　a．相手方から知得する以前に既に保有していたもの
　b．相手方から知得する以前に公知であったか，又は相手方から知得した後に自らの責によらずに公知となったもの
　c．正当な権限を有する第三者から秘密保持の義務を負わず知得したもの

　これらは，上から順に「既知」「公知」「第三者からの取得」などと呼ばれることの多いもので，必ずと言って良いほど秘密保持契約に登場する例外です。

　b．の「公知」の情報のうち，開示者から開示された後で公知になった場合であっても，それが受領者の責任によるものであれば，例外とはなりません。受領者が自らの契約違反が原因で公知になってしまった情報を自由に使えるというのは，信義に反します。

　また，c．は，第三者から開示を受けた情報であっても受領者が秘密保持義務を負っているのであれば，その情報は，依然として，開示者，受領者およびその第三者の中でしか知られていないものです。

　したがって，秘密情報の例外には該当しません。

第8章　秘密保持　171

(2)　情報の例外 2 ―独自開発した情報

　秘密情報の例外に当たるものとしては，上記 a . 〜 c . の 3 つのほか，「**受領者が独自に開発・知得した情報**」が考えられます。①とあわせて，英文例で見てみましょう。最後の d . が①に付け加わった「独自開発」の情報です。

---

②　< Exceptions >

The following shall not be considered as the Confidential Information:

 a. information that was already lawfully known to the Receiving Party at the time of disclosure by the Disclosing Party;

 b. information that is, or through no fault of the Receiving Party becomes, generally available to the public;

 c. information that is disclosed to the Receiving Party by a third party who had the right to make such disclosure without any confidentiality restrictions; or

 d. information that is independently developed by the Receiving Party without access to, or use of, the Disclosing Party's Confidential Information as evidenced by written records.

 <例外>

 以下の情報については，秘密情報とはみなされないものとする。

 a.　開示者から開示を受けた際に受領者が既に合法的に知っていた情報，

 b.　公知の情報，又は受領者の違反によらずに公知になった情報，

 c.　受領者が，秘密保持義務を課せられることなく，秘密情報の開示を行う権利を有する第三者から開示された情報，又は，

 d.　開示者の秘密情報にアクセスし又は使用せずに，受領者が独自に開発した情報であって，書面による記録により証明できるもの。

---

　d . の例外は「独自開発」などと呼ばれますが，この例外を認めない秘密保持契約もかなり多いようです。

　a . の「**既知**」の情報は，情報の開示を受ける前から知っていたものが対象です。

　しかし，d . の「**独自開発**」は，常に，開示者の秘密情報を受領した「後に」開発（発見を含む）した情報が問題となりますので，開示者としては「開示者の秘

密情報にアクセスし利用したのではないか」という疑念を持ちたくなるのも，無理はありません。

したがって，開示側は「独自開発」という例外を認めないことが多く，認める場合であっても，上記 d. の最後のフレーズのように，「それが記録で証明できる場合」と限定を付けて，受領者の安易な「独自開発」の主張をできるだけ抑止しようとしているわけです。

この例外を入れるかどうかについては，次のような事項などを整理し，「独自開発」の定めがある場合とない場合で，自分の会社にどのようなメリットとデメリット・リスクがあるのかを検討してみる必要があるでしょう。

1）双方向の秘密保持契約の場合において，自社は開示者となる場合が多いのか少ないのか（開示者となる場合が多いのであれば，この例外規定は拒否）
2）自社において独自開発の可能性がどの程度あるのか（独自開発の可能性が高いのであれば，この例外規定を認容）
3）独自開発した場合，その情報の価値は大きいのか（大きければ認容）
4）自社内の研究開発部門（特に別の事業部などの研究部門）で類似の開発がなされている危険性はないか（他部門で類似開発がなされている可能性が高ければ，この例外規定を認容）

(3) 情報の例外 3 —官公庁からの開示要求の対象となった情報

上記の a.～d. のほか，秘密情報の例外に関しては，「**裁判所や官公庁からの開示要求があった情報**」をどうするかが問題になります。

裁判所の証拠や文書の提出命令，あるいは役所からの書類の提出の要求があった場合，それが法に基づいた適切なものである場合，要求を受けた当事者がその情報を開示しないと，法に違反することになります。しかし，逆に裁判所や政府機関にその情報を開示してしまった場合，相手方との契約に基づく秘密保持義務違反となり，いわゆる「二律背反」の状態に陥ってしまいます。

これを避けるため，「**裁判所や官公庁からの開示要求があった情報**」を，「秘密情報の例外」として，上記 a.～d. に加えて規定する場合も見られます。

しかし，秘密情報の例外としてしまうと，裁判所等から開示の要求がなされた情報は，その時点でもはや「秘密情報ではない」ということになってしまいます。

秘密情報でなくなってしまうのであれば，それ以降，受領者はその情報をどのように利用しようと，また開示しようと，自由ということになってしまいます。

したがって，裁判所等から要求された情報が「秘密情報の例外」に該当すると規定するのではなく「**利用方法の例外**」として位置付けるべきだと思います。

「**利用方法の例外**」という意味は，この開示要求のあった情報は，依然として秘密情報に含まれるものの，裁判所等に提出するという形での「利用・開示」を行っても構わないことにする，ということです（下記例文③）。

秘密情報は，秘密保持契約に規定された目的に関してのみ使用が許される，とされるのが普通です（後述3．を参照してください）が，裁判所等から開示要求があった場合，その限度で，その情報を，契約で決められた目的ではない「裁判所への提出」という目的のために使用しても良い，ということにするわけです。

このように「利用方法の例外」とすれば，「秘密情報の例外」としたわけではないので，その情報は依然として「秘密情報」の一部であり，受領者の守秘義務の対象であり続けることになります。

---

③ ＜ Exceptions ＞

The Receiving Party may disclose Disclosing Party's Confidential Information to the extent that such disclosure is required by law or by the order of a court or similar judicial or administrative body; provided that the Receiving Party notifies the Disclosing Party in writing promptly after Receiving Party first becomes aware that such disclosure may be required and cooperates with the Disclosing Party, at the Disclosing Party's reasonable request and expense, in any lawful action to contest or limit the scope of the required disclosure.

　＜例外＞

　受領者は，法律又は裁判所命令若しくは類似の司法又は行政機関の命令により開示を要求された場合，その範囲内で，開示者の秘密情報を開示することができる。ただし，当該開示が必要になることを受領者が最初に知ってから速やかに，開示者に書面でその旨を通知するとともに，開示者の合理的な要求に基づき，開示者の費用負担で，開示者が，開示要求に異議を申し立て又はその開示範囲を制限するために行う合法的な行為に，受領者が協力することを条件とする。

ただし，この例外については，最後に「条件」が付いています。

受領者（契約に基づき情報を受領した者）は，開示者（契約で情報を開示した者）の情報を裁判所等に開示してもいいけれども，それは，以下を遵守することを条件とする，というものです。

1）受領者は，要求があった範囲内に限って開示すること
2）開示者に対し，そのような要求があったことを速やかに通知すること
3）開示者が，裁判所等の開示要求に対する異議申立て，開示範囲を狭める旨の要求，あるいは裁判であれば非公開手続（**インカメラ手続等**（下記 PICK UP 参照））の要求など，法律で認められた申立てや請求を行う場合，受領者は，それに協力すること

たとえば，日本では，裁判は公開が原則です（**日本国憲法82条**－裁判の対審および判決は，公開法廷でこれを行う）。

したがって，営業秘密などが含まれた情報を，裁判所の命令で開示する場合においては，裁判を非公開としたり，情報の開示範囲を最小限にすることを情報の提供者に認めている制度があるならば，それを利用するべきであり，上記の2）や3）の迅速通知義務と協力義務は，それを支援するための条件と言えます。

第8章　秘密保持　175

| PICK UP |　インカメラ手続

　「インカメラ手続」とは，米国の制度上は「裁判官が法廷ではなく裁判官室で審理を行う」ことを指しますが，日本法では次のような制度のことを指します。

　民事訴訟法や特許法などの知的財産権関連法では，裁判所は，一定範囲の文書（特許法では「必要な文書」）の所持者にその提出を求めることができるとされており，これを「**文書提出命令**」と言います。特に，特許法等では，次のとおり，広い文書提出命令が認められています。

　特許法105条1項　「裁判所は，特許権又は専用実施権の侵害に係る訴訟においては，当事者の申立てにより，当事者に対し，当該侵害行為について立証するため，又は当該侵害の行為による損害の計算をするため必要な書類の提出を命ずることができる。」

　しかし，「文書の所持人が提出を拒むことについて**正当な理由**があるとき」には，**文書提出命令を拒否できる**とされており（同条1項ただし書），正当な理由として「営業秘密が記載されている」ことなどが主張されるようです。

　ただ，本当にそれが「正当な理由」に該当するかどうかは，内容を見てみないと判断できない場合がありますので，裁判所は，裁判所にだけその文書を開示させ，正当な理由の有無の判断手続を実施することになります。この手続が「インカメラ手続」です。

3．秘密保持義務の内容

　上記のとおり，秘密情報を定義した後は，本題の「秘密保持義務」の内容を定めることになります。秘密保持義務の具体的な内容としては，「不正開示の禁止」「目的外使用の禁止」「従業員の秘密保持の徹底」「第三者への開示条件」「秘密管理の徹底」「無断複製の禁止」「資料の返却」などが挙げられます。

(1)　不正開示の禁止

　まず，不正開示の禁止です。なお，受領者の従業員や役員も，会社自体とは別の存在（別の法人格）であって，秘密保持契約の当事者ではない「第三者」ですので，従業員に開示することは第三者への開示となります。したがって，下記①では，それを例外として扱っています。

---

①　＜ Restriction ＞

The Receiving Party shall not disclose or permit the disclosure of any of the Disclosing Party's Confidential Information to any third-party individual, corporation, or other entity (other than directors, officers, and employees of the Receiving Party) without a prior written consent of the Disclosing Party.

　　＜秘密保持義務＞
　　受領当事者は，開示当事者の事前の書面による同意なくして，開示を受けたいかなる秘密情報も，第三者たる個人，会社その他の法人（受領当事者の取締役，役員，従業員を除く。）に対して開示したり開示をすることを許諾したりしてはならないものとする。

---

(2)　従業員の秘密保持の徹底

　上記①の規定の後には，通常，従業員に情報を開示する場合の条件や制約についての規定が続きます。

第8章　秘密保持　177

---

② ＜Limited Disclosure to Employees＞

The Receiving Party shall limit its disclosure to directors, officers, and employees of the Receiving Party, having a need to access to such Confidential Information and require all of such persons to maintain the confidentiality of such Confidential Information on terms and conditions comparable to this Agreement.

　＜従業員への制限付き開示＞

　受領当事者は，その取締役，役員及び従業員への開示についても，当該秘密情報にアクセスする必要がある者に対してのみこれを行うものとし，また，それらすべての者に対し，当該秘密情報につき本契約と同等の条件によって秘密情報を秘密に保持させることを求めなければならないものとする。

　上記のとおり，従業員は「第三者」であって契約当事者ではありません。したがって，契約に「従業員は秘密を遵守するものとする」と書いてしまうと，従業員が契約当事者のようになってしまいますので，これはできません。

　その代わりに，上記のように，受領者が従業員に秘密保持義務を遵守「させる」義務を負うという表現により，その徹底を図っています。

(3)　第三者への開示の条件

　契約の目的の達成のために起用した下請業者などの（従業員以外の）第三者に，秘密情報を開示することが必要な場合，次のような事前承認と契約締結義務の定めがなされます。

---

③ ＜第三者への開示＞

１．受領者は，本目的に関し，受領者の業務の一部を第三者に再委託し，かつ当該再委託先に秘密情報を開示しようとする場合には，あらかじめ当該再委託先の名称を書面により甲に通知するものとする。

２．受領者は，前項に基づき第三者に受領者の業務の再委託を行う場合，当該第三者に対し，本契約に定められたものと同等の秘密保持義務を課すものとする。

　英文では，次のようになります。

④　< Disclosure to Third Party >

If the Receiving Party desires to disclose the Confidential Information to any third party or person by necessity, the Receiving Party shall, upon obtaining the Disclosing Party's prior written consent, only disclose the necessary part of the Disclosing Party's Confidential Information to a third party requiring such third party to maintain the confidentiality of the Confidential Information on the same or comparable terms and conditions as or to this Agreement, and in such a case, the Receiving Party shall fully remain responsible for any and all acts of such third party in relation to handling the Confidential Information.

　　<第三者への開示>

　受領当事者がやむを得ず秘密情報の第三者への開示を希望する場合，開示当事者の事前の書面による同意を得たうえで，さらに当該第三者に対し，当該秘密情報につき本契約と同等の条件で秘密情報を秘密に保持させることを求め，必要な範囲だけを開示するものとし，また，受領当事者は，秘密情報の取扱いに関する当該第三者の全行為について全責任を負うものとする。

　この④では，最後に，第三者の情報取扱いに関する全行為について，受領者が全責任を負うとされています。第三者の「unauthorized disclosure（不正開示）」などだけではなく，すべての「行為」が対象になっていますので，第三者の正当な行為であっても受領者の責任が問題となる場合がありますので注意が必要です。

(4)　秘密管理の徹底

　⑤は，秘密情報の管理レベルについて規定しています。国内の契約であれば「秘密情報及び秘密情報を記憶した媒体を厳重に管理・保管するものとする」程度の記載が普通ですが，英文の場合は，次の⑤のように「自己の秘密情報を保護するのと同レベル」であって，かつ「合理的なレベル」での保管を義務付ける場合が多いようです。

第8章　秘密保持　　179

⑤　＜ Storage and Management ＞

The Receiving Party shall protect the Disclosing Party's Confidential Information by using the same degree of care, but no less than a reasonable degree of care, to prevent an unauthorized dissemination or publication thereof as the Receiving Party uses to protect its own information of a like nature. In addition, the Receiving Party shall manage and keep the Disclosing Party's Confidential Information distinctively from the Receiving Party's own information.

　＜保管及び管理＞

　　受領当事者は，開示当事者の秘密情報が不正に開示され又は不正に公表されないようにするため，自らの同様の性質を有する情報を保護するために用いられるのと同等の注意義務をもって，しかし合理的な注意を下回ることなく，秘密情報を保護するものとする。また，受領当事者は，開示当事者の秘密情報を自己の情報と区別して管理し保管するものとする。

(5)　無断複製の禁止

秘密情報は，書面やディスク，メモリなどの何らかの媒体に記載または記憶されています。受領者の従業員が情報の共有を図る場合，どうしても媒体の複製が必要です。

次の⑥は，複製を原則として禁止するとともに，複製物についても「秘密情報」と同じレベルの管理を行うことを求めています。

⑥　＜ Copy ＞

The Receiving Party shall not copy, reproduce, adapt, modify or translate the Disclosing Party's Confidential Information without prior written consent of the Disclosing Party. Any and all information in such copies so reproduced, adapted, modified and/or translated upon obtaining the prior written approval of the Disclosing Party shall be handled and kept confidential in the same manner as of the Confidential Information.

　＜複製＞

　　受領当事者は，開示当事者の書面による承諾を得ることなく，開示当事者の秘密情報を，その方法のいかんを問わず複製・翻案・翻訳をしてはならない。ま

た，承諾を得て行った当該複製・翻案・翻訳等に含まれた情報についても秘密情報と同様に取り扱うものとする。

| PICK UP |　　複製・翻案・翻訳

「複製」は「コピー」することで，英語では copy または reproduce を使います。
「翻案」は「表現形式を変形」することの「総称」で，他の言語へ変形する「翻訳」のほか「脚色」「編曲」「映画化」なども含みます。

---

(6)　目的外使用の禁止

目的外使用の禁止は，協業その他の何らかの取引の検討など，秘密情報が開示された当初の「目的」以外に秘密情報を利用することを規制するものです。

特に，共同開発契約に付随する秘密保持条項や，将来の協業に備えて互いに自社の製造ノウハウや製品仕様などを公開し合うための秘密保持契約では，この目的外使用を厳しく制限することとなります。

---

⑦　＜目的外使用の禁止＞

甲又は乙は，事前に相手方の書面による承諾を得ることなく，相手方の機密情報を，自己の商品又はその開発における使用など，本目的の検討・評価以外の目的に転用及び流用してはならないものとする。

---

⑧　＜ Unintended Use ＞

The Receiving Party shall not use or permit the use of any Confidential Information disclosed by the Disclosing Party for any purpose other than for the Purpose.

　　＜目的外使用＞

受領当事者は，開示当事者から開示されたいかなる秘密情報も，本目的以外の目的に使用し又は使用することを許諾してはならない。

4．その他秘密保持契約に特有の条項

(1) 資料の返却

　利用する必要がなくなった場合，あるいは開示者がもはや相手に情報を保持させたくないと判断した場合，秘密情報を含んだ資料を，受領者から返却してもらう必要があります。

　なお，次の①の下線部のように，媒体の返却に加え "destroy"（破壊，破棄）することを要求できる旨が多くの契約で規定されます。

　最近のように，電子媒体が普及し，紙という媒体を使わずに情報がどんどん流通してしまう環境では，開示者としては，紙や媒体を返却してもらったとしても安心できるわけではなく，情報が記憶された媒体の破壊やデータの完全な消去のほうがむしろ重要と言えます。

　ただ，そうはいっても，データが完全に消去されたことを，開示者自ら確認する手段もありませんので，紙の返却同様，開示者が安心できないことに変わりはありません。

　この条項の重要な点は，むしろ，最後にある「破棄を証明する受領者の役員が署名した書面」によって，受領者にしっかりと「保証」してもらうことだと言えます。

　保証という特別な行為を通じ，受領者の「情報の不正利用を防止する」という意識を高めることができるでしょうし，不正利用があった場合には受領者に対する責任を追及しやすくなる可能性もあります。

---

① ＜ Return ＞

Upon request from the Disclosing Party, or upon termination of evaluation and discussion concerning the Purpose, the Receiving Party shall return and deliver to the Disclosing Party or <u>destroy</u> (in the sole discretion of the Disclosing Party) any and all Confidential Information possessed and/or controlled by the Receiving Party, including, but not limited to any copies, summaries, compilations or analyses thereof, in whatever form maintained. In addition, the Receiving Party shall delete any and all Confidential

Information recorded in any electronic or magnetic media, and, in accordance with the Disclosing Party's instructions, shall issue to the Disclosing Party a certificate evidencing such deletion in writing signed by its officer.

　　＜返却＞

　　開示者から要求がある場合，又は本目的に関連する評価及び交渉が終了した場合，受領者は，当該受領者がその時に保有しているか，又はその他実際に若しくは解釈上受領者が保有し，管理し，又は支配している本秘密情報のすべてを，開示者に返却するか，（開示者の単独の判断に基づき）それを破壊するものとする。返却又は破壊されるものには，いかなる形態で維持されていようとも，本秘密情報のコピー，要約，編集物又は分析物を含むものとする。さらに，受領者は，電子的記録については抹消し，開示者の求めに応じ，その旨を証明する書面であって受領者の役員が署名した書面を，開示者に発行するものとする。

(2)　情報に関する保証の否認

　秘密保持契約，特に，今後，協業していくことを検討するような場合，各当事者は，会社運営，財務状況，技術，市場その他に関して，かなり広範な情報を開示し合うことが予想されます。

　したがって，開示者に対し，開示する情報すべてについて，「正確であること」「一切誤りがないこと」などを要求することには無理があり，開示者にそのような保証を要求することにより，逆に，必要な情報が開示されなくなり，協業検討が頓挫する可能性も高くなってしまいます。

　そこで，このような協業検討の際の秘密保持契約では，次の②のように「情報」の正確性などについては「一切保証しない」と規定されることが多いようです。

② ＜ Disclaimer ＞

Neither Party makes any representation or warranty as to the accuracy of the Confidential Information it provides hereunder and the Disclosing Party will not have any liability to the Receiving Party for any damages that may arise as a result of the Receiving Party's use of Confidential Information.

＜否認＞

　いずれの当事者も，本契約に基づいて自らが提供する秘密情報が正しいことにつき，何らの表明も保証も行わない。また，開示当事者は，受領当事者に対し，秘密情報を受領当事者が使用したことに起因して生じたいかなる損害についても責任を負わないものとする。

(3) 契約成立に関する保証の否認

　上記(2)と同じ「保証」という用語が使われている事項ですが，ここでは，情報の正確性等に関するものではなく，この契約で検討課題とされた「協業」や何らかの「取引」が成立することについて，保証しない，というものです。互いに大いなる期待をもって情報交換をし，それなりに労力を掛けるわけですが，当然のことながら交渉が不調となる可能性もあります。

　したがって，次のような定めは，当然のことをダメ押しで規定したものと言えます。

③ ＜ No Binding Obligation ＞

This Agreement is not intended to and does not create any binding obligations of any kind (including, but not limited to, any obligation to negotiate or enter into a business relationship of any kind), other than the commitments set forth herein.

＜拘束力ある義務の否認＞

　本契約は，本契約で規定された約束以外に，（どのようなものであろうとも事業上の関係について交渉したりそれを構築したりする義務を含め）何らの義務をも創出するものではなく，またそれを意図したものではない。

(4) 差止請求

　当事者が契約上の何らかの義務に違反した場合，通常は，損害賠償によって相手方の損害を埋めることとなります。

　しかし，秘密情報は，公に開示されてしまった場合，その瞬間に価値を失ってしまうため，秘密情報の所有者である開示者には，損害賠償では補えないような損害が発生する可能性があります。

　このため，秘密保持義務の違反に関しては，損害賠償だけでなく，その不正開示行為自体を中止させる「差止請求」が認められる旨の定めが，特に多くの英文契約で規定されています。

　日本の法制度では，契約上特段の定めがなくとも，法律の要件さえ満たせば，この「差止請求」を裁判所に請求することができます。

　しかし，英米法では，この差止請求など，損害賠償以外の救済手段については，「損害賠償では債務者の救済にならないという限定的な場合」（名誉棄損や情報漏えい等の場合）にしか認められないのが原則となっています。

　そのため，契約で，差止請求などを求めることが可能であることを明記しておく必要があります。

　次の④は，差止請求に関する条項例です。

---

④　＜ Injunctive Relief ＞

The Parties agree and acknowledge that any breach of this Agreement may cause the Disclosing Party irreparable harm for which monetary damages would be inadequate. Accordingly, the Disclosing Party will be entitled to seek injunctive or other equitable relief to remedy any threatened or actual breach of this Agreement by the Receiving Party.

　＜差止めによる救済＞

　両当事者は，本契約に違反した場合，金銭賠償では埋め合わせることができない回復不可能な損害が開示者に生じる可能性があるにつき同意し了解している。

　したがって，開示者には，受領者が本契約に実際に違反し又はそのおそれがある場合には，その救済のために差止命令その他衡平法上の救済を求める権利を持つものとする。

第8章　秘密保持　185

| PICK UP | コモン・ローと衡平法（エクイティ）
"Remedies available at Law or in Equity"

　英文契約では「Law」と「Equity」が併記された表現が多用されます。これは「法と正義で認められた救済」という意味でしょうか。

　実は，「Law」は「コモン・ロー」，「Equity」は「衡平法（エクイティ）」という体系を表しているため，上記は**「コモン・ローまたは衡平法で認められた救済」**と訳す必要があります。これについて，概要を理解しておくことは，英文契約の理解に非常に有益ですし，必須とも言えます。以下，簡単に説明します。

　コモン・ローは，11世紀以降，イギリスの王立裁判所の判例法として発展してきた法制度・救済制度ですが，このコモン・ロー上の救済は**「損害賠償（金銭賠償）」**に限定されることになっています。

　この不都合を解消しようと別途発達し集積されてきたのが，**大法官**という国王評議会の議長的立場の役人によって認められた救済制度で，これが**エクイティ＝衡平法**と呼ばれるものです。その内容は，個別の事情に応じて決定され実施されてきたものであって，**「特定履行」**（特定の行為の履行を命じること。物の引渡し等）や**「差止請求」**などが含まれます。これにより，損害賠償以外の救済が認められることになったわけです。

　この影響のため，現代においても，**差止請求や特定履行は，損害賠償では債権者の救済にならないという限定的な場合（名誉棄損や情報漏えい等の場合）にしか認められないのが原則**とされていますので，差止請求をするには，契約上でこれらを求めることが可能であることを明記しておく必要があります（厳密に言うと，英文契約に「エクイティによる救済が受けられる」と記載されていれば，英米法上の例外であるエクイティによる救済を受けることができますが，そのような記載がない場合，エクイティによる救済が受けられるか否かは，裁判官の判断によることになります）。

　なお，日本法に準拠する場合，特定履行や差止請求の可否は法律要件の充足のみで判断されるため，契約上の定めは必要ありません。

第9章

知的財産権

1．知的財産権とは？

(1)　所有権と知的財産権（Intellectual Property Rights）

これまで「所有権の移転時期」や「所有権留保」などに関して説明してきたとおり，売買基本契約や販売店契約に基づき，個別の商品の売買契約が締結され履行された場合，商品の「**所有権**」は，（既述のとおり，その移転時期にはいろいろな定め方がありますが）最終的には売主から買主に移転します。

では，商品に関連した「**特許権**」「**実用新案権**」「**意匠権**」「**商標権**」「**著作権**」などの「**知的財産権**」はどうなるのでしょうか？

そもそも「知的財産権」はどのようなものなのでしょうか？

「**所有権**」の意味するところは，商品という「**物体**」「**有体物**」を排他的に支配できる権利や権能のことを言います。

これに対し「**知的財産権**」は，その商品に表現されまたは具体化・具現化されている発明，考案，技術，方法，表現，形態，マークといった人間の「**観念**」つまり「**無体物**」に対して成立する権利です。

第9章 知的財産権　187

> | PICK UP |　知的財産権に含まれる権利とは？
>
> 知的財産権には，以下の権利などが含まれます。
> - 「発明」に対して成立する「特許権」および「実用新案権」
> - 「物の形状，模様，色彩やこれらの結合」に関して成立する「意匠権」
> - 商品やサービスを他人の商品と識別するために使用される「文字や図形などの識別標識（マーク）」について成立する「商標権」
> - 思想または感情を創作的に表現した「文芸・学術・美術又は音楽などの著作物」について成立する「著作権」
> - 「半導体回路配置」について成立する「回路配置権」
> - 「植物の新品種」に関して認められる「種苗法上の育成者権」
> - 企業が秘密として保有している営業上ないしは技術上の情報である「営業秘密に関する権利」

　これらは，上記のとおり「観念的」な「無体物」，「表現」等に関して認められている権利であり，特定の具体的な「物体」「有体物」に結びついているものではありません。

　したがって，1つの同じ特許権を，Aという商品にもBという商品にも適用することができますし，1つの同じ著作権の下にあるソフトウェア（コンピュータ・プログラム）を，複数のユーザーが使用することも可能となります。

　逆に，商品という物体が売買されたからといって，観念的な存在である知的財産権が，物体と一緒に買主に移転するわけではありません。知的財産権を移転するには，知的財産権自体の譲渡契約が必要です。

(2) 著作権（Copyrights）と産業財産権（Industrial Property Rights）

　知的財産権は，大きく「著作権」と「産業財産権」の2つに分けることができます。

　「著作権」は，上述のとおり「文芸，学術，美術，音楽」など「思想や感情の創作的な表現」に対して認められる権利であり，「文化的な所産」を保護するための権利です。

| PICK UP | ベルヌ条約による無方式主義と内国民待遇

　著作権は，世界的な著作権に関する条約である「**文学的及び美術的著作物の保護に関するベルヌ条約**」（1886年締結，1899年日本批准，加盟国数は2016年2月時点で169カ国）によって，全世界的な保護が図られています。

　ベルヌ条約では，著作権は，何らの方式も必要とせずに発生すること（「**無方式主義**」）を原則とし，またある国の法律で著作権が認められた著作物は，他国でも著作権を認める，という「**内国民待遇**」を原則としています。日本の著作権法も無方式主義を採用していますので，"© Jun Teramura 2018, All Rights Reserved"という表示がなくても，日本で著作権は認められますし，ベルヌ条約の加盟国でも，同様に著作権が認められることになっています。

　もう1つの括りである「**産業財産権**」は，「**産業上利用される知的財産**」に関する権利を意味しており，既述の知的財産権全体から著作権を除いたものと考えれば良いと思います（なお，産業財産権は，2002年以前「**工業所有権**」と呼ばれていました。ただし，英語は同じ"Industrial Property Rights"です）。

| PICK UP | 産業財産権—各国独立の制度

　特許権や商標権に代表されるこの「**産業財産権**」は，基本的に各国が独立した制度を取っており，ある国において権利を取得するためには，その国で登録を受けることが必要です。

　成立している**条約**（たとえば，特許協力条約（PCT）など）もありますが，前記のベルヌ条約のように，一国で認められた権利が他国でも自動的に認められるといった効果はなく，あくまで「**手続の簡略化**」を図るためのものです。

　したがって，「国際出願」を行うことによって，**複数の国に特許を出願したと同様の効果が認められる場合などがありますが，ある国で特許権が成立したからといって，他国に登録出願せずに特許権が認められることはありません**。

第9章 知的財産権 189

2. 知的財産権の移転および利用

(1) 知的財産権の移転

1.で述べたとおり，知的財産権は，物が売買されたからといって，買主に移転するものではありません。また，販売店契約によって販売権を認められたからと言って，自動的に，その商品に関する商標権や著作権が，販売店に移転することもありません。

このことを，誤解の生じないように明確化するため，次の①のような「知的財産権の非移転」条項を記載する場合もあります。

---

① Nothing herein contained shall be construed as granting a license for or implying the transfer of any patent, trademark, copyright, design, pattern or other intellectual property rights (hereinafter called the "Intellectual Property Rights") relating to the Products; the owner for such rights shall under all circumstances remain with the true and lawful owners thereof.

　本契約に含まれる条項は，本製品に関する特許，商標，著作権，意匠その他の知的財産権（以下「知的財産権」という。）のライセンスの許諾，又は黙示の譲渡を意味するものとして解釈されてはならず，それらの権利の所有権は，いかなる状況下でも，正規の所有者のもとに残るものとする。

---

(2) 知的財産権の無断利用禁止

また，知的財産権は「無体財産」ですので，所有物のように権利者が物理的に「独占」し他者を排除することが難しいものです。権利の内容は（営業秘密を除いて）公表されているものですから，第三者がその知的財産権の使用や活用を行うと思えばできるわけです。

特に，何らかの契約関係にある当事者間では，その契約に関連して相手方の知的財産権に触れる機会が多く，無断で利用してしまう可能性も大きくなります。

したがって，次の②のように，無断使用を明確に禁止する規定も存在します。

> ② 乙は，予め甲の承諾を得なければ，甲の特許権，実用新案権，意匠権，商標権，著作権，ノウハウ等の知的財産権を使用しないものとする。

(3) 相手の情報を元に生み出された知的財産 1 —相手に帰属

　売買契約や販売店契約であっても，一方当事者は，相手方から，商品に関する仕様書，設計書，カタログ，パンフレット，各種データなどの形で，技術的な情報を得ることは十分考えられます。

　では，一方当事者が，相手方からこのように提供された情報をベースにして，別の発明や考案を行い，あるいは著作物を創作した場合，その権利は，誰に帰属するのでしょうか。

　法律上は，発明に関する権利や著作権を取得するのは，その発明や著作を行った人です。しかし，改良発明についての特許を実施するためには，最初の特許権者の承諾が必要ですし，二次的著作物を作成するには，その元の著作権者の承諾が必要とされています。

　二次的に発生した知的財産を上記のような法律の定めに委ねた場合には，当事者間で複雑な権利関係になるおそれがあります。また，情報の出し手としては，自分の情報を独占することによって大きなメリットがあるため，二次的な権利についてもすべて自分に帰属することを希望する場合も多いでしょう。一方，相手の情報をベースにしたとはいえ，それなりの付加価値を付けた二次的な創作者にとっては，自分の権利を認めてほしいところでしょう。

　このような利害の対立などが予想されるため，契約であらかじめ権利者を定めておく場合があります。次の③は，相手方の情報に基づいて発明などを行った場合，その権利は情報を出した相手方に帰属するとしています。

> ③　＜知的財産権の取扱い＞
> 　乙が，甲から開示された図面，仕様書，ノウハウ，アイデア，データその他の技術情報に基づいて，発明，考案等をなした場合，その発明，考案等に関する知的財産権は，甲に帰属するものとする。

(4) 相手の情報を元に生み出された知的財産2─共有

これに対し，次の④は，購入者が供給者（製造側）に製品の仕様などを提供し，製品を製造させたうえで製品を購入するという契約の場合で，ここでは，購入者の情報に基づいて供給者が生み出した知的財産は，**両者の共有**になるとしています。

---

④ ＜Intellectual Property Rights＞

1. The Supplier shall immediately inform the Purchaser of any invention, device, design, copyright, and any other intellectual property right (hereinafter called the "Intellectual Property Rights") created by the Supplier with respect to the know-how, ideas, drawings, specifications, manufacturing methods, etc. provided by the Purchaser (hereinafter called the "Technical Information"), and shall obtain the Purchaser's written consents for taking the procedures of applications and ownership of such industrial property rights.

2. Any Intellectual Property Rights created by the Supplier based on the Purchaser's Technical Information shall be jointly owned by the Supplier and the Purchaser.

　＜知的財産権＞

　1．供給者は，購入者の提示したノウハウ，アイデア・図面・仕様書及び制作方法等（以下「技術情報」という。）に関して，発明・考案・意匠，著作権その他の知的財産権（以下「知的財産権」という。）の創作を行った場合は，直ちに購入者に通知し，出願の方法及び当該発明等に基づく工業所有権の帰属その他につき購入者の文書による承諾を得るものとする。

　2．供給者によって創作されたいかなる知的財産権も，購入者の技術情報に基づくときは，供給者と購入者の共有に属するものとする。

上記の定めによって財産を共有することにより，両当事者が共に満足のいく結果のようにも思われます。しかし，実は，共有という選択肢には大きな問題が存在します。

それは，その知的財産権に関して**共有者が「単独で」実行できる行為**につき，各国でまったく異なった法制度になっているという点です。

まず，日米中の3ヵ国の特許法では，共通して，その**特許発明の「実施」**することについては，各共有者が単独でできるとされています。

しかし，それ以外については，日米中で，次のように異なった扱いになっています。

＜共有者の単独行為に関する法制度の違い＞

1）共有者は，単独で第三者に**実施許諾（ライセンス）**できるか？
　　→日本法：**不可，**　米国法：可，　中国法：可

2）共有者は，単独で，第三者にその**持分を譲渡**できるか？
　　→日本法：**不可，**　米国法：可，　中国法：**不可**

3）共有者は，単独で，第三者に対し，**差止請求や賠償請求**できるか？
　　→日本法：可，　　米国法：**不可，**　中国法：**不可**

したがって，契約の準拠法（その契約に適用される法制度）がどの国になるかによって，共有者各自のできる行為の内容が違ってしまいます。

この法制度は（一部を除いて）任意規定であって排除可能なので，当事者は，契約で共有者が単独でできる行為を明示し，明らかにしておくことが望ましいでしょう。

3．第三者の知的財産権を侵害した場合の責任

⑴　供給者側が全責任を負担

　買主側が仕様を出して供給者に作らせるといった「製造物供給契約」ではなく，売主が自ら設計・開発した商品を販売する「通常の売買契約」や「販売店契約」では，買主や販売店は，通常，購入した商品が第三者の権利を侵害して製造されたか否かについて知りえませんし，メーカーより技術的専門性も劣ることが普通ですので，商品を見てもそのような侵害があるとはわかりません。

　したがって，「通常の売買契約」などでは，商品が第三者の知的財産権などの権利を侵害していた場合，すべて，供給側が責任を負うべきと考えられます。

　次の①の条文は，この考え方に基づくものです。

---

①　1. The Supplier warrants to the Purchaser that the Products are free from infringements or violations of any patent, copyright, trademark or other Intellectual Property Right of any third party.

2. Should any claim arise by a third party against the Purchaser that the Products infringe upon any Intellectual Property Rights by any reason, the Supplier shall, pursuant to the directions of the Purchaser, defend and settle such claim at the Supplier's costs. The Supplier shall indemnify and hold the Purchaser harmless from and against any liability for infringement of any of the Intellectual Property Rights relating to the Products by any reason attributable to the Supplier.

　1．供給者は本製品が第三者のいかなる知的財産権をも侵害していないことを保証する。

　2．本製品が知的財産権を侵害している旨の第三者からの請求が購入者に対してなされた場合，その理由を問わず，供給者は，自己の費用で，購入者の指示に従い，当該請求を防御し解決するものとする。供給者は，本製品に関する供給者の責に帰すべき知的財産権の侵害によって生じた責任に関し購入者に賠償し免責するものとする。

---

(2) 供給者の責任の例外—購入者の仕様に起因

　上記のとおり「通常の売買契約」では，商品の知的財産権紛争については，供給者が全責任を負うべきです。

　しかし，「通常の売買契約」ではなく，(1)で述べたような買主側が仕様を出して供給者に作らせるといった「製造物供給契約」（売買基本契約に製造委託契約が加味されたもの）の場合には，供給者は，買主側の仕様などを理由に発生した知的財産権侵害について，すべての責任を負うとするのは問題でしょう。

　次の②は，最後のただし書で，このような場合を除外しています。

---

②　本商品に関し，購入者と第三者との間で知的財産権に関する紛争が発生した場合，供給者は，自己の責任と負担においてその解決にあたるものとする。また，当該紛争により購入者が損害を被ったときは，供給者はその損害を賠償するものとする。ただし，購入者が指定した仕様，商標等に起因する紛争についてはこの限りではない。

---

(3) 供給者が責任を負う条件および例外—購入者の協力義務

　上記①の２項が想定している状況は，知的財産権侵害に基づく第三者からの請求や訴えが「購入者」に対してなされている場合ですので，供給者は，当該請求の相手方でもなければ訴訟の被告でもありません。それゆえ，そのままでは，第三者からの請求の内容も，その理由付けもわからない状態にあります。

　したがって，供給者が①の責任を果たすためには，購入者から，その請求や訴えに関する情報を教えてもらう必要があります。

　また，請求の対象となっている知的財産権侵害が，購入者の行為に起因する場合にまで，供給者としては責任を負えません。

　たとえば，購入者が，その商品と他の商品を組み合わせたことが，第三者の特許権を侵害してしまったような場合です。特許制度上，複数商品の「組み合わせ」や「方法」といったものも発明となり，それに基づき特許権が認められる場合もあります。したがって，購入者が購入した商品だけでは問題にならない場合であっても，他の物と組み合わせたことにより，第三者の権利を侵害する可能性があるわけです。

次の③は，１項で，供給者が知的財産権侵害に責任を負う場合であっても，購入者からの情報提供がなされなければ，責任を負わない旨が規定されています。また，２項では，購入者による商品の改変など，購入者の行為が原因となっている場合，供給者は免責される旨を規定しています。

③　＜知的財産権上の紛争＞
１．本製品につき，購入者と第三者との間で知的財産権に関する紛争が発生した場合，購入者は，次の各号に従い行動するものとする。
　　１）購入者は，速やかにその旨を供給者に通知するものとし，供給者から要求があった場合には，当該訴訟その他紛争の処理に関する全権限を供給者に与え，かつ必要な援助を行うものとする。
　　２）購入者は，供給者が当該訴訟その他紛争を処理するか否かを決定するまでの間に当該訴訟その他紛争に関し何らかの措置を講ずる場合には，事前に供給者と協議し，かつ供給者の承認を得るものとする。
２．供給者は，購入者が前項の定めに従って行動する場合，本製品に関する購入者と第三者との訴訟その他紛争処理に参加するとともに，当該訴訟その他紛争の解決に要した費用及び購入者が第三者に支払うべき損害賠償額を負担するものとする。ただし，次の各号の一に該当する場合を除く。
　　１）購入者と第三者との間の紛争が，購入者の指定した仕様，商標等に起因する場合
　　２）購入者と第三者との間の紛争が，購入者が本製品を他の製品やソフトウェアと組合せて使用したことに起因して生じた場合
　　３）購入者と第三者との間の紛争が，供給者が購入者の要求に基づいて本製品を改変したこと又は当該改変がなされた本製品を購入者が使用したことに起因して生じた場合
３．前項の規定に基づき，供給者が紛争処理に参加した場合を除き，本製品に関する購入者と第三者との間の知的財産権上の紛争は，購入者の責任と負担で解決されるものとする。

4. 製造物責任とは？

(1) 法的な責任が発生する「2大理由」―不法行為責任と契約責任

世の中にはさまざまな原因で法的な責任が発生するように思われます。しかし，責任が発生する（責任を負担する）法的理由（法的根拠）を整理すると，多くの責任は，次の2つに分類されてしまいます。

① **契約責任**：契約を締結した当事者が，契約に基づいて負担する責任
② **不法行為責任**：ある「行為」をしたことに基づいて負担する責任

「契約責任」は，契約を締結している当事者にだけ発生する責任で，「商品を納入する義務」「代金を支払う義務」などの契約上の債務の履行を怠った場合に，相手方に対し負担する損害賠償責任などを指します。

これに対し**「不法行為責任」**は，契約関係の有無を問わず，ある人が何らかの**行為**を行い，これにより他の人に損害を与えた場合に，行為者に**「故意」**または**「過失」**があることなどを条件として課せられる責任で，自動車を運転中に歩行者をはねてしまった場合に，運転手が歩行者に対して負担する責任などを指します。

ここで説明しようとしている**「製造物責任」**も，契約関係にない「製造会社」と「購入者（消費者）」間の問題ですので，この**不法行為責任の一類型**といえます（なお，これ以外の責任には，家族の扶養義務など親族関係をベースに発生する責任や，物を管理しはじめた人が負う「事務管理責任」などがあります）。

(2) 不法行為責任と契約責任の重大な相違点

この2つの責任の大きな違いは，**「故意」**や**「過失」**がなければ責任を負わないかどうかという点です（「故意」とは「その行為から結果が生じることを知りながら，あえてその行為を行うこと」を意味します）。

① 契約責任 ―「故意」「過失」は原則として不要

多くの国の法律やウィーン条約では，契約上の義務の履行を怠った場合，債務者は故意や過失などの**「帰責事由」**がなくても債務不履行責任を負うとされてい

第9章　知的財産権　197

ます（ただし「不可抗力」の場合は除外されます）。

　従来の日本民法では，債務者は，その責めに帰すべき事由によって債務を履行しない場合に責任を負う，つまり，**債務者に帰責事由があることが責任を負う必要条件であるかのような定めになっていましたが，実際の判例などでは，上記とは逆に，「債務者が自分に帰責事由がないこと」を立証しない限り，責任を負う**とされてきました。

　これを踏まえ，改正民法では，次のように裁判例と同様の規定がなされました。

＜改正民法415条＞（太字は筆者）

　債務者がその債務の本旨に従った履行をしないとき又は債務の履行が不能であるときは，債権者は，これによって生じた損害の賠償を請求することができる。ただし，その債務の不履行が契約その他の債務の発生原因及び取引上の社会通念に照らして債務者の責めに帰することができない事由によるものであるときは，この限りでない。

　この条文が意図していることは，「債務不履行の成立条件として，**債権者は，債務者に帰責事由があることを立証しなくても，債務者の責任を追及することができる**」ことが原則的であって，その例外として「**不可抗力など，その不履行が債務者の責任によらないことを債務者が立証できた場合には，債務者は責任を負わない**」とするもので，従来の裁判所の判断をおおむね踏襲したものと言えます。

②　不法行為責任─「故意」または「過失」がないと責任を負わない

　上記の契約上の責任とは異なり，不法行為は，行為した人に「故意」や「過失」がない限り責任を負いません。しかも，「故意」や「過失」があったことは，責任を追及する側（被害者側，債権者側）が立証しなければなりませんし，さらに，「行為と損害との間に因果関係があること」と「損害の範囲」の立証責任も被害者側が負担します。

　このような不法行為制度のため，特に「公害」や「製造物責任」など，消費者と企業との間の問題の場合，被害者側である消費者が企業の故意や過失を立証するのは，とてつもなく難しい作業と言えます。

「公害問題」については，1970年代の公害訴訟を経て，立証責任の緩和などの法改正がなされてきていますので，その負担は少し軽くなったと言われています。

しかし，製造物の欠陥によって被害を被った場合の「**製造物責任**」に関しては，原則として一般の不法行為と同じ扱いでした。

米国では，1960年代に企業側に「過失」がなくても責任を負うという「厳格責任」を規定した Product Liability Act（製造物責任法，PL 法）が制定され，EU 諸国でも類似の法律が制定されており，日本では，1994年（平成 6 年）になってようやく製造物責任法（PL 法）が制定されました。

製造物責任法が制定された結果，被害者側が「メーカー側に過失があること」ではなく「**商品に欠陥があること**」を立証すれば，メーカー側（日本に最初にその商品を輸入した者を含みます）等は責任を負うことになりました。ただ，米国ほど徹底した厳格責任ではなく，「欠陥があること」と「欠陥と損害の間に因果関係があること」の立証責任は被害者側が負担することになっています。

(3) 企業間の契約における製造物責任条項の意義

さて，上記の契約責任と不法行為責任（製造物責任）の性質を踏まえ，本題の契約における製造物責任条項の意味について説明します。

製造物責任は，あくまでも，製造者が被害者に対して負担する「**法律に基づく責任**」ですので，製造者と被害者との契約でその責任を排除することはできませんし，そもそも，本書の企業間の取引契約の問題ではありません。

では，企業間の取引契約になぜ製造物責任条項を置くのでしょうか？

購入者が供給者（製造者，メーカーなど）から商品を購入し，**購入者がそのまま消費者に転売**した後でその商品が爆発し，消費者が製造物責任訴訟を提起したとします。

この場合，製造物責任法によれば，メーカーである供給者が，消費者に対して製造物責任を負うことになり，上記契約の購入者は責任を負わないのが原則です。ただ，供給者としては，製造物責任訴訟に関して購入者が情報を持っているのであれば速やかに通知するなど，契約上に「**購入者の協力義務**」を定めることには意味がありそうです。

次に，購入者が購入した商品（**部品**）を，**購入者の完成品に組み込んで**販売したところ，その**部品が爆発**して消費者がけがをした場合を考えてみます。

第9章 知的財産権　199

　この場合，部品の供給者も完成品の販売者も，共に，製造物責任法上の製造者に該当しますので，被害者に対する関係では双方とも責任を負うことになります。

　ただ，この法律はあくまで被害者との関係を規定しているに過ぎませんから，**部品の供給者と完成品の販売者の内部でどのように損害賠償を負担するか**，ということまで規定しておらず，内部での負担について契約に何らかの定めがあれば，それに従うことになります。

　このように，売買契約や販売店契約などでは，製造物責任問題が発生した場合における「**供給者と購入者間の協力義務**」「**両当事者の責任負担の割合**」「**一方当事者が免責されるための条件**」などが，契約上の検討対象となります。

(4)　供給者と購入者間の協力義務

　まず，両当事者間の協力義務に関する条項例を見てみましょう。なお，次の①に規定された「目的物」は，購入者の完成品に組み込まれる部品を想定していると考えてください。

---

①　＜製造物責任問題に関する協力義務＞
1．売主が買主に納入した目的物が，第三者の生命，身体又は財産に損害を及ぼすことが予想される場合，売主は買主に速やかに連絡するものとし，当該連絡を受け，両当事者は誠実に協議のうえ対応を決定するものとする。
2．目的物（買主が目的物をその製品に組み込んで完成品として販売した場合を含む。）が，第三者の生命，身体又は財産に損害を及ぼし，買主と第三者との間に紛争が生じた場合，売主は，買主の指示に基づき買主の紛争解決に協力するものとする。

　1項では，目的物（＝部品）自体に問題があることを，部品メーカー自身で気づいた場合における部品メーカーの「報告義務」を規定しています。

　また，2項では，部品，または部品を組み込んだ完成品について，「完成品メーカー」と「消費者等」との間で製造物責任などに関する問題・紛争が発生した場合，部品メーカーに協力義務が課せられています。

　この段階では，部品がその原因なのか，完成品の中の当該部品以外が原因なのかが不明な場合が多いでしょうから，両者が真相究明について協力するというの

は，合理的で当然の規定と言えます。

(5) 供給者の賠償義務の例外

この契約では，上記①に続いて，次の②のような定めがなされていました。

---

② ＜賠償責任＞

　目的物が第三者の生命，身体又は財産に損害を及ぼした結果，買主が当該第三者に対して損害賠償の支払その他費用の負担が課せられた場合，あるいは本製品を市場から回収することになった場合，それらにかかる一切の賠償額及び費用は，売主の負担とし，買主が支払を行った場合は，その全額を売主に求償することができるものとする。

　売主が，買主がそのまま転売するための「完成品」を，買主に販売していたのであれば，このような条項も承認せざるを得ないでしょう。

　しかし，この契約は(4)のとおり「部品」の供給契約ですから，買主が転売したのか，完成品を販売したのかは明らかではありません。

　それにもかかわらず，②では，この場合に売主が全責任を負うと規定していますので，売主は，自分の提供した部品以外に起因して生じた製造物責任をも負担する可能性があります。

　したがって，売主としては，次のような例外条項を入れるよう主張すべきでしょう。

---

③ ＜例外＞

　前条（②を指す）にもかかわらず，前条に規定された損害が売主の設計又は製造に起因する欠陥ではないこと，及び売主に故意又は過失がないことを売主が証明した場合，売主は，当該賠償額及び費用に関して一切責任を負わないものとする。

第9章 知的財産権 201

> | PICK UP |　部品・原材料製造業者の抗弁および開発危険の抗弁
>
> 　部品メーカーが収めた部品に欠陥があると認定された場合でも，その部品が完成品の部品または原材料として使用された場合であって，その**欠陥が専ら当該他の製造業者が行った設計に関する指示に従ったこと**により生じ，かつその欠陥が生じたことにつき過失がない場合には，責任を免れることができます。これを「**部品・原材料製造業者の抗弁**」と言います。
>
> 　また，製造物に欠陥があると認定された場合でも，その「欠陥」が当時の科学・技術の知見によっては認識できなかったことを証明すれば，製造業者は責任を免れることができます。これを「**開発危険の抗弁**」と言います。

第**10**章

契約期間，解除，
期限の利益の喪失

　本章では，契約の期間と終了についての定めについて説明します。

　契約の多くは，その有効期間に制限を定めています。期限のない契約も存在します（正社員の雇用契約などが典型例）が，企業間の取引契約では，1年とか3年といった短期の契約期間を定めることがほとんどです。

　これは，契約期間ごとに，契約の対象となっている取引の状態や売上高，市場の動向，さらには相手がその義務を誠実に履行しているか等を確認し，その状況に合わせて契約を改定したり終了させたりできるようにすることなどが理由です。

1．契約期間と更新

(1)　通常の売買基本契約の場合

　買主側が仕様を出して供給者に作らせるといった「製造物供給契約」や販売店側が営業網を整備する必要のある「販売店契約」の場合の契約期間は，別途検討する必要がありますが，そのような契約ではなく，売主が自ら設計・開発した商品を販売する「通常の売買基本契約」の契約期間は，1年程度と定められることが多いようですし，それであまり問題もないと思われます。

　また，次の①のように，契約が自動的に更新されるのを拒否する意思表示の通知期間を，期間満了の「1カ月前」までとするなど，それ程厳しい条件ではない場合が多いようです。

① ＜ Term ＞

1. This Agreement shall remain in full force and effect for an initial term of one (1) year after the execution hereof, unless earlier terminated as provided in this Agreement.

2. Notwithstanding the foregoing, this Agreement shall be automatically renewed for additional periods of one (1) year, unless either party hereto gives a notice to terminate this Agreement to the other party one (1) month prior to the expiration of the initial term or any subsequent term.

　＜契約期間＞

　１．本契約は，本契約の規定に基づき早期に解除されない限り，締結日から１年間有効としこれを当初期間とする。

　２．上記にもかかわらず，本契約のいずれかの当事者が，当初期間又は更新期間の満了する１カ月前までに相手方に対し本契約を終了する旨を通知しなかった場合，本契約は自動的にさらに１年間ずつ更新されるものとする。

(2)　製造物供給契約の契約期間

(1)のような「通常の売買基本契約」の場合ではなく，買主側が仕様を出して供給者に作らせるといった「製造物供給契約」の場合で，自分が供給者側に立った場合，(1)とは異なった判断が必要になります。

「通常の売買基本契約」は，売主側が一般的な商品を複数の買主に向けて販売するような場合です。

しかし，「製造物供給契約」の場合，供給者が製造して納品する製品は，その買主にしか提供されないのが普通です。買主の仕様に基づいて製造しているためその買主にしか適合しないでしょうし，あるいは，仕様という買主の情報をベースにしているため他の顧客に販売することが買主から禁止されていることも多いでしょう。

この場合，供給側は，その商品の製造を行うため，金型を作ったり製造工程を改造したり，その他その商品向けに，いろいろな投資や出費を行っているはずです。そのような投資や出費にもかかわらず，製造物供給契約を１年で更新がされない場合，供給者は大きな損失が発生するおそれがあります。また，更新の１カ月前という直前に更新を拒絶されたのでは，売れ残りが生じる可能性もあります

が，他に転売できるわけでもなく，それらはただの損失となってしまいます。

したがって，製造物供給契約の場合，供給者側としては，次の②のように，できるだけ長期間の契約とし，また，更新拒絶の通知期間もできるだけ早くするように条項を修正したいところです。

---

② 本契約は，契約発効日に有効となり，当該契約発効日から3年間有効とし，その後，本契約は，いずれかの当事者が，各期間が終了する少なくとも90日前までに書面による解除通知を送付した場合を除き，1年ごとに自動的に更新されるものとする。

---

(3) 販売店契約，代理店契約の契約期間

また，「販売店契約」や「代理店契約」における販売店側となる場合も，製造物供給契約における供給者と同様の判断が必要です。

販売店は，供給者から提供される商品を，自分の販売地域内で販売するための投資が必要になりますが，その投資には，商品の営業マンや技術スタッフの雇用とその教育・訓練，販促材料の作成・翻訳，販売網の整備のための子会社の設立や協業の推進，ショールームの設置，展示会への出展など，実に幅広いものが含まれることになります。

このような多くの投資を行っているため，もし，販売店契約が最初の1年で更新拒絶された場合は，販売店にとって非常に大きな損失となります。

また，上記「製造物供給契約」においては，それなりに資本力のあるメーカーが供給者となることが多いことに比べ，販売店はそもそも資産が少ない企業が多いため，販売店契約の更新拒絶がその販売店にとって致命的な打撃となる場合も想定されます。

したがって，販売店としては，できるだけ契約期間を長期化し，更新拒絶の通知期間も前倒しにすることが必要になります。

また，このような販売店・代理店保護の必要性に基づき，**EU，中南米，中近東，インドネシア**など多くの国において，**販売店や代理店を保護する法制度**が採用されています。また，米国ではコモン・ロー上「契約解除に合理的期間が要求」され，中国では契約法で「正当な理由なしに継続的な契約を解除するときは，補償請求が可能」とされているなど，継続的契約の安易な解消を阻止する傾

向にあると言えます（日本においても，継続的な製造物供給契約や販売店契約を，短期の通知で一方的に解除する場合，正当な理由がない限り，信義則違反であるとして損害賠償の対象とする判決もあります）。

国によって，より脆弱な「代理人」「代理店」だけを保護する場合もありますし，その内容もかなり違いがありますが，上記のような多大な投資を行う自国の販売店を保護する，という考え方は同じと言っていいでしょう。

上記の販売店／代理店保護法制を採用している国の企業が販売店の場合，解除や更新拒絶に関して特約を結んでいても，供給者側には，解除や更新拒絶が無効とされ，正当な理由がない解除は認められず，契約終了時に補償金の支払いが義務付けられるといった制限や制裁の対象になる可能性があります。

したがって，日本企業が供給者側の場合，安易な契約解除条項を定めるべきではなく，更新拒絶の予告期間を長期とし，あるいは正当な解除事由がない場合には，合意によってのみ解除・非更新とすることを原則にするなどの対応が必要です。

(4) 秘密保持契約の契約期間

秘密保持契約の期間は，①情報の開示行為を行う期間と，②秘密保持義務を負う期間の２つを考える必要があります。

①の期間については，たとえば「協業の検討」を目的とした秘密保持契約であれば協業検討を行う期間を前提に契約期間を定めることになりますし，継続的な取引に付随して情報を継続して開示するのであれば，その取引が終了するまでが秘密保持契約の期間となるでしょう。

ただ，契約全体の期間を①のように定めたとしても，②の秘密保持義務を負担する期間を，それと同じにする必要はなく，また望ましくもありません。秘密保持義務の期間は，情報の性質などに応じ，たとえば「契約期間終了後も○年間存続する」とする場合や，契約期間とは無関係に「情報の開示後○年間存続する」とする場合，さらには「すべての情報が公知になるまで存続する」とする場合などがあります。

次の③の例では，契約全体の有効期間を１年としたうえで，いつでも中途解約が可能であること，秘密保持義務は，最後の情報開示から５年間継続することが規定されています。

③ <Term>

This Agreement shall become effective from the Effective Date and expire one (1) year thereafter (the "Term"). At any time prior to the expiration of the Term, this Agreement may be terminated by either Party by giving thirty (30) days' prior written notice of termination to the other Party. Notwithstanding the expiration or termination of this Agreement, the non-disclosure obligations of the Receiving Party hereunder shall survive such expiration or termination and continue for five (5) years from the date on which Confidential Information is last disclosed hereunder.

＜期間＞

本契約は，発効日から1年間（「本契約期間」）有効とする。各当事者は，本契約期間の満了前において，相手方に30日前までに書面で通知することにより，いつでも本契約を解除することができるものとする。ただし，本契約が期間満了し又は解除された場合であっても，本契約に基づく受領当事者の秘密保持義務は，本契約に基づき最後に秘密情報が開示された日から5年間存続するものとする。

また，④では，契約全体の期間を特に定めることなく，秘密保持義務の期間を秘密情報のすべてが公知となるまでと定めています。

④ <Term>

The obligations of the Receiving Party hereunder shall survive until such time as all Confidential Information of the Disclosing Party disclosed hereunder becomes publicly known and made generally available through no action or inaction of the Receiving Party.

＜期間＞

受領当事者の本契約に基づく義務は，本契約に基づき開示された開示当事者の秘密情報のすべてが，受領当事者の作為又は不作為によることなく，公知となるまで存続するものとする。

2．契約終了後も有効な定め―残存条項
(1) 残存条項を定める目的

　契約が期間満了で終了したり，相手方の債務不履行に基づいて契約を解除した場合，その契約で規定されていた権利や義務は，消滅してしまうのでしょうか？
　原則的な法律論によれば，契約が解除されるとその契約は「過去に遡って無効」となる，とされています。
　たとえば「単独の売買契約」つまり基本契約に基づく個別契約ではなく「不動産」や「絵画」といった特定物に関する1回限りの売買契約の場合，その契約が解除されれば，法律上，各当事者は契約締結時の状態に戻す義務（これを「原状回復義務」と言います）を負うこととなり，引渡しを受けた不動産や絵画を売主に返還し代金を買主に返金する必要がありますが，それ以外の契約上の定めは，原則として無効になると考えられます。
　もっとも，上記のような単発の売買契約ではなく「売買基本契約」が解除された場合，それに基づく個別契約は基本契約とは別の契約と考えられますから，個

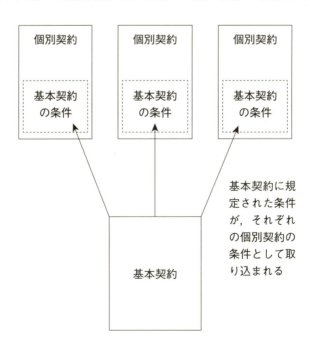

基本契約に規定された条件が，それぞれの個別契約の条件として取り込まれる

別契約までもが無効になるわけではありません。したがって，個別契約に基づき納入された商品を売主に返還したり，代金を買主に返金する必要はないと考えられます。

しかし「売買基本契約」自体は解除によって無効となりますので，その基本契約に規定されていた各種の権利や義務は，消滅すると考えられますが，原状回復義務以外，契約に規定されていたすべての権利や義務が消滅してしまうとすれば，当事者は非常に大きなリスクを負担することになります。

たとえば，第8章で説明した「秘密保持義務」が契約解除と同時に消滅するとすれば，情報の開示者には莫大な損害が発生するでしょう。

そのほか，第11章で説明する「裁判管轄」条項も問題となります。この条項には，通常「本契約に関する紛争はすべて東京地方裁判所で解決される」といった趣旨の規定がなされていますが，この規定も契約解除に伴って消滅してしまうとすると，この契約に関する紛争解決は，民事訴訟法の定めに従うこととなり，東京地裁ではなく札幌地裁等での裁判になる可能性もあります。そもそも裁判管轄条項は，損害賠償請求といった契約解除後の利用を想定したものですので，その条項が無効になるのでは，それを規定した意味がありません。

国内契約であれば，東京地裁が札幌地裁になるだけとも言えます。

しかし，国際契約の場合，第11章で説明するように，その契約に適用される法律（これを「準拠法」と言います）をどこの国の法律にするのか，さらには，日本企業と米国企業の紛争をシンガポールの仲裁手続で解決しよう，といったことを契約で多大の労力を使って決めていますので，この「準拠法」や「仲裁」に関する条項が契約解除時に無効となってしまうことを何としても避ける必要があります。

このような必要性から，契約の終了・解除後にすべての条項を無効とするのではなく，当事者の「特約」によって特定の契約条項を有効なまま残すことが可能と考えられており，実際相当な割合の契約で「残存条項」の定めが記載されています。

そのほか，考えられる残存条項は，次のようなものです。

Warranty（保証）

Continuous Supply（継続的供給）

Defect Liability（瑕疵担保責任）

Direct Negotiation（直接交渉）

Intellectual Property Right（知的財産権）

Confidentiality（秘密保持）

Product Liability（製造物責任）

Survival（残存条項〜この条項のこと）

Termination-Indemnification（解除における損害賠償規定）

Acceleration（期限の利益の喪失）

Effect of Termination（解除の効果）

No Waiver（権利非放棄）

Severability（分離解釈）

Governing Law（準拠法）

Arbitration（仲裁）

または Dispute Solution（紛争解決）

または Jurisdiction（裁判管轄）

Entire Agreement（完全合意）　など

(2)　通常の残存条項

　一般的な残存条項の規定は，通常，「契約終了の効果」の条項，または「契約期間」の条項に記載されます。

---

①　< Survival >

The provisions of the following Articles of this Agreement shall respectively survive such termination or expiration;

Article 17（Warranty）, Article 19（Repair Part Supply）, Article 20（Defect Liability）, Article 27（Direct Negotiation）, Article 28（Intellectual Property Right）, Article 29（Confidentiality）, Article 30（Product Liability）, Article 37（Governing Law）, and Article 38（Arbitration）

<残存条項>
以下の条項は本契約の解除あるいは終了後においてもなお有効とする。

第17条（保証），第19条（補修部品の供給），第20条（瑕疵担保責任），第27条（直接交渉），第28条（知的財産権），第29条（機密保持），第30条（製造物責任），第37条（準拠法），及び第38条（仲裁）

この一覧を見ると，残存条項は，保証や瑕疵担保責任，知的財産権侵害時の責任など，数カ月～数年先に商品に問題が生じた場合や，他人の権利侵害の原因となった場合に，仮に契約が終了していたとしても，なお責任を追及可能なものとするためであることがわかります。

また，秘密保持条項を残す必要性は前述のとおりです。

(3) 基本契約の場合の残存条項―未履行の個別契約の扱い

上述のとおり，個別契約は，基本契約をベース・土台として成立するものですが，基本契約とは別の契約です。

したがって，基本契約が終了，解除されても，既に成立している個別契約（たとえば，注文書に対して受注者が承認のうえで注文請書が発行されている場合）の効力には影響を与えないと考えられます。

ただ，基本契約の終了時点で，受注はされているもののまだ製造や出荷が行われていない注文の処理をどうするかが問題となります。

法的には，上記の個別契約は既に成立済みですから有効のまま存続するとも考えられますが，しかし，当該個別契約の出荷条件や支払条件などは，解除・終了によりその効力がなくなった基本契約の定めに委ねられているため，個別契約をどのように履行するか，あいまいになっていることは否定できません。

このような場合に備えて，基本契約終了時の個別契約の扱いを規定したのが，次の②のような条項です。

② ＜解除時の個別契約の効力＞
本基本契約が失効した時点において存する個別契約は，なお有効に存続するものとし，本契約はその履行のために必要な範囲内では，なお効力を有するものとする。

②によれば，基本契約の終了後も成立済みの個別契約はすべて有効で，その個別契約に関する限り，基本契約の出荷条件や支払条件などがそのまま適用されることになります。

これにつき，「売主」としては，③のように，未出荷の個別注文について，売主の判断で「そのまま履行」するか「取り消して出荷しない」のいずれかを選択できる，とすることがベストだろうと思います。売主は，解除時点でその商品が転売可能かどうかなどを考慮したうえで，自分に有利な条件を選択できるからです。

---

③　＜解除時の個別契約の効力＞

　本基本契約が解除され又は終了した場合，その理由を問わず，その時点で未履行の個別契約は，売主の判断により取消し又は存続を選択することができるものとし，本基本契約は，存続すると選択された個別契約の履行のために必要な範囲内では，なお効力を有するものとする。

ただ，このような売主の選択権が，売主の債務不履行に基づいて買主が基本契約を解除したような場合にまで認められるのは，合理的ではありません。したがって，次のような例外を規定すべきでしょう。

---

④　前項（③を指す）に基づく売主の選択権は，本基本契約が売主の債務不履行を理由として買主によって解除された場合には，適用されないものとする。

あるいは買主側の選択権を認める規定としては次の⑤のようなものとなります。

---

⑤　買主の責めによらずに本基本契約が解除・終了した場合，その時点で未履行の個別契約は，買主の判断により取消し又は存続を選択することができる。

次の⑥は，上記の③と類似した内容の英文例です。

⑥ < Effect of Termination >

The provisions of this Agreement shall, in the event of expiration or termination thereof, continue to apply to the rights and duties of the parties existing under this Agreement or Individual Contracts thereunder, at the time of termination or expiration of this Agreement; provided, however, that Purchaser shall have an option to cancel without any liability the order accepted but not performed before such termination or expiration.

<契約終了の効果>

　本契約の条項は，契約満了や契約終了の場合にも，その満了又は終了の時に存在する本契約あるいはそれに基づく個別契約のもとでの両当事者の権利及び義務に引き続き適用される。ただし，本契約終了又は満了以前に引受済みの注文であってまだ実行していないものについては，購入者は，責任を負うことなくそれを取り消すことができる権利を有するものとする。

3．契約の解除

⑴ 「催告すればどんな契約違反でも解除できる」とする民法の問題点

　契約解除は，上記の契約期間が満了する前に，一方当事者に何らかの事情（不履行や倒産など）が生じた場合，相手方が契約を終了させ，その関係から離脱できるようにする仕組みです。

　まず，相手方が契約に違反した場合の解除を検討します。

　日本民法の原則は，**民法541条**で「**一方がその債務を履行しない場合において，相手方が相当の期間を定めてその履行の催告をし，その期間内に履行がないときは，相手方は，契約の解除をすることができる**」と規定しています。

　民法によれば，解除側の当事者は「**履行の催告**」をしたうえで「**相当期間**」の間，相手の不履行状態が解消されるのを待たないと解除できないことになります。

　この規定については，まず「**相当期間**」がどれくらいなのかが明確でない，という問題が挙げられます。法律の定めは，どちらかというと，行為がなされた後で，裁判官がその行為を評価する際の基準として機能するという面が強いものと言えます。この「相当期間」も，裁判官が，その取引の実情，業界慣行，当事者のそれまでのふるまいなどを考慮したうえで「相当」と判断される期間が「相当期間」とされます。

　過去に出された判例は数多くありますが，判例の基礎となった事実関係は千差万別ですので，これから契約を締結しようとしている当事者が「この契約における相当期間は判例により○○日だ」と明確に言えるようなピタッと当てはまる判例など存在しないのが普通です。

　それゆえ，契約においては，相当期間を，具体的な日数で表記し，実際に業務を回していく中で，契約の定めを準則として利用できるようにすべきです。

　もう１つ，民法上問題となるのは，「**履行の催告**」さえすれば，どんな些細な債務不履行であっても「**必ず**」解除できるという点です。民法の定めに従い，たとえば何らかの重要でない報告義務の遅延とか誤記といったほんの些細な違反に過ぎない場合でも解除事由となってしまうのでは，当事者がせっかく多くの時間と膨大な資本を投入して築き上げてきた当事者の関係があっという間に失われて

しまい，解除された側はもちろん解除した側にとっても，思わぬ損害となる可能性があります。

したがって，契約に規定する解除条項は，民法のように「なんでもかんでも催告すれば解除可能」という考え方ではなく，「催告期間」を「相当期間」ではなく「**具体的な日数**」で定めたうえで「**重大な債務の不履行**」の場合だけに解除を認め，重大とは言えない債務不履行については解除事由とはしない，といった工夫をすることが望ましいと思われます。

(2) 重大な違反だけを解除事由とすること

次の①は，英文契約において，重大な条項の違反の場合に限って，解除を認めるとする内容で，標準的なものと言えます。

---

① ＜Termiation-1＞

1. Either Party may terminate this Agreement, at any time, if the other Party breaches any **material term** of this Agreement and fails to cure that breach within thirty（30）days after notice thereof.

　＜解除＞

　1．各当事者は，他方当事者が本契約の何らかの重大な条件に違反し，それについての催告を受けてから30日以内に当該違反を解消できなかった場合，いつでも，本契約を解除することができるものとする。

ただ，ここで使われている，"material terms"（「重大な条件」）の意味するところは，上記の「相当期間」の解釈と同じように，それほど明確なものとは言えません。

一応，契約の骨格的な義務，すなわち上記のような売買の場合は「商品出荷義務」「代金支払義務」「商品保証義務」，販売店の「営業義務」「秘密保持義務」「知的財産の不正利用禁止義務」などは，重大な条件とすることに，当事者間ではあまり意識の差はないように思われます。

そして，この条件の良いところは，material terms 以外の**些細な条件の違反の場合は，契約解除の対象にならない**ということです。このような定めにより，当事者が契約締結や契約実行のために費やした投資を無駄にすることなく，些細な違反を乗り越えて企業間の関係を継続していくことが可能になると思われます。

第10章　契約期間，解除，期限の利益の喪失　215

　なお，実際の契約では，上記①の次に②が規定されていました。上記では「対価支払義務」は"material term"（重大な条件）だと説明しました。この②では，支払義務違反の場合，催告期間が30日から10日に短縮されていますので，支払義務は"material terms"の中でも特に重要な義務だという売主からの主張が反映されたのではないかと思われます。

---

②　2. Supplier may also elect to terminate this Agreement, at any time, if Distributor breaches any of its payment obligations under this Agreement and fails to cure that breach within ten (10) days after notice thereof from Supplier.

　２．供給者は，さらに，販売店が本契約に基づくその支払義務に違反し，供給者からの催告から10日以内に当該違反を解消できなかった場合，いつでも，本契約を解除することができるものとする。

---

(3)　「無催告解除」条項のデメリット

　上記の①や②では，重大な条件の違反時であっても，催告後「30日」（②では「10日」）の猶予期間が認められていましたが，この定めを，次の③のように「無催告」とする場合も存在します。

---

③　Either party may, without prejudice to any other rights or remedies, forthwith terminate this Agreement <u>upon written notice to the other party</u> without any compensation in any of the following;
(i) The other party fails to perform any **material obligations** hereunder or breaches any covenant, representation or warranty contained in this Agreement;

　以下のいずれかの事由の場合，いずれの当事者も，<u>相手方に対して書面で通知</u>することにより，他の権利や救済方法を失うことなく，また賠償することなく，本契約を直ちに解除することができるものとする：

　(ⅰ)　他方当事者が本契約に基づく重大な義務を履行せず，又は契約に規定された約束，表明又は保証のいずれかに違反した場合

216

　この条項に「相手方に対して書面で通知」とありますが，これは「催告」ではなく「解除通知」を指しています。つまり「重大な義務に違反した場合，書面で解除通知を出しさえすれば（催告のうえ治癒期間を与える必要なく）直ちに解除できる」という趣旨の定めです。

　このような解除を「**無催告解除**」と言い，日本民法上では，債務を履行することが「不可能になった場合」（「**履行不能**」と言います）には，この無催告解除が可能だと規定されています。

　しかし③では，履行不能の場合に限らず，あらゆる（重大な）債務の履行遅滞の場合に，無催告解除が可能と規定されているため，債務者が，たとえば対価の支払いを１日でも遅延したら，直ちに，債権者側に解除権が発生することになります。当事者は「ミスしたら大変だ」と常にびくついていなければならず，当事者間の関係が極めて不安定なものとなります。

　したがって，やはり①のように，重大な違反（重大な条件や義務の違反や不履行）の場合に，催告をしたうえで解除できるという規定が望ましいと思われます。

(4) 破産したら解除できるという定めは，常に有効か？

　解除が可能な「**解除事由**」としては，多くの場合，債務不履行の場合だけでなく，相手方についての倒産手続の開始（破産法，会社更生法，民事再生法等），第三者との吸収合併や株式譲渡などによる支配状態の変動，裁判所による財産の差押や，税務署による租税滞納処分があった場合なども規定されます。

　次の④は，比較的簡単な英文契約例ですが，内容は広い範囲に及んでいます。

④　In the event that any proceeding for insolvency or bankruptcy is instituted by or against either party or a receiver is appointed for such party, or that either party is merged, consolidated, sell all or substantially all of its assets, or implements or undergoes any substantially change in management or control, the other party may forthwith terminate this Agreement.

　当事者のいずれかにより若しくはこれに対して倒産又は破産手続が開始されるか，又は財産管理人がその当事者のために選任され，若しくは販売店が吸収，合併され，実質的にすべての財産を譲渡し，又は経営若しくは会社支配に重大な変

第10章　契約期間，解除，期限の利益の喪失　　217

> 更がなされた場合，相手方当事者は，直ちに本契約を解除できる。

　また，国内の契約では，⑤のように細かく規定することが多いようです。

---

⑤　＜解除＞

１．甲及び乙は，相手方が次の各号のいずれかに該当した場合，あらかじめ何らの通知催告をなすことなく本契約又は個別契約の全部又は一部を解除できるものとする。

　　１）所有物件又は権利につき，差押，仮差押，仮処分，競売の申立又は租税公課の滞納督促若しくは滞納による保全差押を受けたとき（ただし，第三債務者として差押又は仮差押を受けた場合を除く。）

　　２）支払停止があったとき又は破産，民事再生若しくは会社更生の手続開始の申立があったとき

　　３）手形交換所から不渡報告又は取引停止処分を受けたとき

　　４）監督官庁から営業の取消，停止等の命令を受けたとき

　　５）営業の廃止，重要な営業の譲渡又は会社の解散を決議したとき

　　６）上記のほか，財産状態が著しく悪化し，本契約の履行が困難であると認められるとき

２．甲及び乙は，相手方が本契約又は個別契約に違反した場合，あらかじめ相当期間を定めた催告を行ったうえで，当該催告期間に当該違反が解消されなかった場合，本契約又は個別契約の全部又は一部を解除することができる。

３．前２項に定める契約の解除は相手方に対する損害賠償の請求を妨げない。

　これらの解除事由のうち「**倒産解除**」の定めについては，注意が必要です。

　「**倒産解除**」とは，日本法で言えば，破産，民事再生，会社更生または会社法上の特別清算の手続が開始された場合に契約解除ができる旨の定めで，⑤の１項２）が該当します。

　このうち「破産法」は，会社財産を債権者に分配して会社を消滅させることを目的としていますが，民事再生法や会社更生法は，会社の債務を整理したうえ

で，再度，その会社の事業を再生または更生させることを目的としています。そして，それらの手続において，その財産を管理する管財人に大きな権能を認め，手続が円滑に進むようなさまざまな工夫がされています。

このような事業の再生や更生を目的とし，あるいは管財人に強い権限を認めている倒産法の趣旨から，会社を存続させるためまたは倒産手続を円滑に進めるために，契約上の倒産解除条項を無効とした判例が存在しています。

裁判所によってその判断内容は異なり，統一された状態ではありませんが，特に，会社の存続を前提とし，かつ管財人に最も強い権限を認めている会社更生手続に関しては，最高裁判例を含め，その手続開始を理由とした相手方からの解除を認めないとする判例が多くなっています。

このような判例にもかかわらず，ほとんどの契約書では，従来通り倒産解除条項を規定していますが，無効とされる可能性がありますので，他の解除条項とあわせて総合的に検討しておくべきでしょう。

(5) 差押，仮差押，不渡り，支払停止

上記⑤の1項では，1）で「差押・仮差押」，3）で「不渡報告又は取引停止処分」が解除事由として規定されています。

「差押」は，債権者が債務者の特定の財産に対して「強制執行」を行おうとする場合，あらかじめ，その執行を行う機関（執行官，執行裁判所）が，債務者にその財産の処分を禁止すること（処分権能のはく奪）を言います。債権者が実際に強制執行手続を行った際に，その財産がどこかへ処分されてしまっており，手続が空振りに終わることの防止を目的としています。

したがって，自分の財産に「差押」がなされたということは，その所有者が自分の負担する債務を履行しておらず，そのために強制執行の対象となっていることを意味していますので，契約の相手方としては，契約を解消し，一刻も早く自分の債権の回収に動く必要があると言えます。

「仮差押」は，まだ強制執行がされていない段階で，財産が処分されてしまうのを防止するためにその財産の処分を禁止するものです。

上記のような強制執行を申し立てるには，確定判決，仲裁判断，裁判上の和解調書などの「債務名義」というものが必要です。つまり，債権者は，自分の債権を強制的に取り立てるためには，まず訴訟等を行い，そこで得た確定した判決などの「債務名義」を強制執行担当の「執行裁判所」へ提出することが必要となり

第10章 契約期間，解除，期限の利益の喪失　219

ますので，実際の執行までに時間がかかってしまうのが普通です。

その間に執行の対象となると予想される者の財産が散逸することを防ぐため，この仮差押などの制度が存在しているのです。

仮差押があった場合もその財産の所有者が自分の債務を履行していない状態にありますので，差押と同じように，契約の相手方は解除が必要になります。

一方，「**不渡り**」とは，債務者が発行した（振り出した）手形を債権者が銀行（正確には手形交換所）に支払提示をしたところ，お金に換えてくれなかったという事態を言い，手形を振り出した債務者に資金が不足している場合に発生します。

一度不渡りとなりその報告がなされた者が，6カ月以内に，再度不渡りを出すと，その者は「**銀行取引停止処分**」を受けることになります。

銀行取引停止処分を受けた者は，2年間，銀行と当座預金の取引を行うことや貸出を受けることが禁止されるため，その経済活動は事実上不可能となりますので，いわゆる「事実上の倒産」という事態になります。

銀行取引停止処分になれば，明らかにその者の経済的信用がなくなるため解除事由とされますが，⑤の1項3）のように1回目の不渡報告がなされた段階でも解除事由に挙げる場合も多く見られます。

(6) 期限の利益を喪失するとどうなるのか？─期限喪失条項

「期限喪失条項」は，解除条項と一緒に規定される場合が多いもので，解除事由と同様の事由が発生した場合，契約が解除されたかどうかを問わず，債務者の「期限の利益」が失われる，とするものです。

「期限の利益」とは，債務者にとって「**債務の履行期限までは，債務を履行しなくても構わない**」という利益をいいます。

たとえば，売買契約の買主は，契約で定められた支払期限までに代金を支払う義務を負っていますが，逆に言うと支払期限より前には代金を払わなくても責任を問われない，という期限の利益を持っていることになるわけです。

期限の利益を喪失した場合には，たとえば，分割して返済することになっている「金銭消費貸借契約」では，直ちに，残額全額を支払う必要が生じます。

期限の利益の喪失事由については，次のような定めが民法に置かれています。

＜民法137条＞

次に掲げる場合には，債務者は，期限の利益を主張することができない。

一　債務者が破産手続開始の決定を受けたとき。

二　債務者が担保を滅失させ，損傷させ，又は減少させたとき。

三　債務者が担保を供する義務を負う場合において，これを供しないとき。

2号と3号は，債務者が債権者に対して，質権の対象となる質物や抵当権の対象の不動産など，何らかの担保物を提供する義務を負っている場合の事由です。

1号は，解除で説明した「倒産解除」と同じ趣旨で，債務者に破産手続が開始されたということは債務者に財産がないことを示しているので，契約を解除することとは別に，今債務者が負担している債務を直ちに支払ってもらうことが必要になります。

民法のこの条項があるため，当事者が契約上で特段の定めをしていない場合であっても，この3つの事由が生じた場合は，債務者は期限の利益を失うことになります。

ただ，契約当事者としては，もう少し広範な期限の利益の喪失事由とすることを検討すべきで，解除事由と同じにすることが普通です。

ただし，解除事由のように，催告を必要とすべきでありません。催告して猶予

期間を与えることは，期限の利益を与えることと同じようなものであり，期限の利益を喪失するとした意味が失われるからです。

次の⑥は，期限の利益喪失条項例です。

---

⑥　甲又は乙について次の各号の一に該当する事由が生じた場合には，何らの通知催告をすることなく，甲又は乙は，本契約及び個別契約上の債務全額について期限の利益を失うものとする。

1）所有物件又は権利につき，差押，仮差押，仮処分，競売の申立又は租税公課の滞納督促若しくは滞納による保全差押を受けたとき

2）破産，民事再生若しくは会社更生の手続開始の申立があったとき

3）手形交換所から不渡報告又は取引停止処分を受けたとき

4）監督官庁から営業の取消，停止等の命令を受けたとき

5）営業の廃止，重要な営業の譲渡又は会社の解散を決議したとき

6）第三者格付会社・機関の評価が相当程度低下するなど財産状態が著しく悪化し，本契約の履行が困難であると認められるとき

7）本契約又は個別契約上の何らかの義務に違反した場合

第11章

その他の一般条項

1．地震，材料不足，ストライキで納入が遅れた場合
—不可抗力

(1) 不可抗力とは？

　もし，商品を買主に納入する義務を負っている売主が，商品を出荷しようとしていたところ，震度7の地震が発生したため，倉庫が倒壊し商品がすべて壊れてしまったという場合，売主は商品を再度納入する義務を負うのでしょうか？

　また，商品が届かなかった場合に買主は代金を支払う必要があるのでしょうか？

　この地震のように，取引上あるいは社会通念上，債務者が普通に要求される注意をしたり予防策を講じたとしても，その損害の発生を防止できない事象を「不可抗力事由」と言います。

　第9章4.の製造物責任に関する記述の中で（**第9章4(2)①**）説明したとおり，多くの国の法律やウィーン条約では，債務者に**故意や過失**などの「**帰責事由**」がなくても債務不履行責任を負うとされていますが，「不可抗力」の場合は除外されています。

　日本においては，民法に「不可効力」そのものの規定はありませんが，民法419条3項には，「（金銭債務については）債務者は不可抗力をもって抗弁とすることができない」と規定されており，これを踏まえて解釈すると，民法上，金銭債務でない債務，たとえば商品を納入したり製造したりする債務については，不可抗力による免責を受けることができると考えられています。

また，改正民法（415条1項ただし書）では，「**債務の不履行が契約その他の債務の発生原因及び取引上の社会通念に照らして債務者の責めに帰することができない事由によるものであるとき**」は，責任を負わないとされています。

この改正民法の太字部分が「不可抗力」そのものを示しているかどうかは明らかにされていませんが，おおむね，上記の不可抗力の定義と重なるのではないかと思います。

ただ，依然として「不可抗力」という用語が「**具体的に何を意味するのか**」については，どこにも定めがありません。

したがって，契約上で単に「不可抗力の場合には免責される」とだけ規定した場合には，後で揉めるおそれがあります。

地震や洪水，戦争などが不可抗力に該当することについては問題はないと思われますが，たとえば，「労働争議（ストライキ）」とか「ロックアウト」により債務者の工場が稼働できない場合，あるいは「下請業者」や「部品の納入業者」からの部品等の配達遅延によってメーカーである債務者が製品を製造できなかった場合，不可抗力と言えるでしょうか？

契約実務としては，実際に問題が生じた場合であっても直ちに判断が可能なように，**不可抗力事由を「具体的に特定する」**ことが極めて重要です。

│ PICK UP │　改正民法415条と不可抗力

改正民法では，「債務の不履行が<u>契約その他の債務の発生原因及び取引上の社会通念に照らして債務者の責めに帰することができない事由</u>によるものであるときは，」債権者は，これによって生じた損害の賠償を請求することができないという内容が追加されました。

これまでは，債務不履行の要件に関し，

① 債務者は，その責めに帰すべき事由（これを「帰責事由」と言います）がなければ，債務不履行について責任を負わない，そして

② その帰責事由とは債務者の「故意又は過失」と同じである，

と解釈されてきました。

さらに，条文の書き方から，

③ 債務者側に帰責事由＝「故意又は過失」があることを裁判で立証する責任を負うのは債権者側である，

と言われて（解釈されて）きました。

この点につき，日本以外の多くの国や国際取引では，契約上の債務は（不可抗力の場合を除き）どんなことがあっても履行されるべきだ，という考え方が支配的で，日本のような解釈を採用しているのは稀有といえます。

今回の民法改正では，上記のような表現が追加され，**「債務者の責めに帰することができない事由」**であるかどうかは，**債務者自身が立証する責任**を負うことになりました。

しかも，債務者に責任がないといえるかどうかを，**その債務の発生根拠となっている契約の趣旨やその取引に関する社会通念に照らして**，判断することとなりました。したがって，「不可抗力」という用語は依然として使ってはいませんが，この改正された規定は不可抗力を表したもの（もっと言えば「原因」や「取引上の社会通念」という言葉により不可抗力の判断基準を示したもの）と考えて良いと思います。

(2) 不可抗力条項の比較

国内の契約では，次の①のように「不可抗力」という用語を，何ら定義することなく，また，その内容の例示をすることなく，使用していることが多いようです。

---

① ＜不可抗力＞

いずれの当事者も，本契約に基づく義務の不履行又は履行遅滞が不可抗力による場合，当該不履行又は遅滞の責任を負わないものとし，当該不履行又は遅滞は本契約の違反とはみなされない。

これに対し，英米から出される英文契約案では，次のように，詳細に規定している場合がほとんどです。

---

② ＜ Force Majeure ＞

Neither party shall be liable to the other party for any delay or failure in the performance of its obligations under this Agreement if and to the extent such delay or failure in performance arises from any cause or causes beyond the reasonable control of the party affected (hereinafter called the "Force Majeure"), including, but not limited to, act of God; acts of government or governmental authorities, compliance with law, regulations or orders, fire, storm, flood, or earthquake; war (declared or not), rebellion, revolution, or riots, strike, lockout or delay in delivery of materials from contractors.

<不可抗力>

　いずれの当事者も，本契約上の義務の履行が遅滞し又は履行がなされなかった場合，当該遅滞又は不履行が影響を受けた当事者の合理的な制御を超える事由（以下「不可抗力」という。）により引き起こされた場合，その限度において，相手方に対し責任を負わないものとする。かかる事由には，天災地変，政府又は政府機関の行為，法律・規則・命令の順守，火災，嵐，洪水，地震，戦争（宣戦布告の有無を問わない），反乱，革命，暴動，ストライキ，ロックアウト，下請けからの材料の納入遅延を含む（がこれらに限定されない）。

　この条項例①と②を比べることにより，①の問題点が浮き彫りになると思います。

　②では，不可抗力を「影響を受けた当事者の合理的な制御を超える事由」と定義しています。これが完全無欠の定義であるとは思いませんが，その用語の範囲を画するものですので，必要な定めだと思います。

　そのうえで，「天災地変，政府の行為，法律・規則・命令，火災，嵐，洪水，地震，戦争，反乱，革命，暴動」という例示をしていますので，不可抗力事由がなんであるかがわかりやすくなっています。さらに，(1)で問題に上げた「ストライキ」「ロックアウト」「下請けからの材料の納入遅延」も，不可抗力事由に含まれるとされています。

　本書の前半で述べたことの繰り返しになりますが，契約実務においては，契約当事者が考えている内容に齟齬がないこと，その考えている内容が契約に明確に表現されていること，そして，第三者がその契約を読んだ時も同じ理解ができることが重要です。

　不可抗力に限った話ではありませんが，契約にある程度細かく具体性を持たせて記載することにより，初めて，その内容がイメージ可能となるのだと思います。特に，不可抗力のようにその内容が法律に何も記載されていない用語に関しては，②のように具体化することが肝心でしょう。この条項案を見て，初めて，相手の考えが自分と違うことに気づくこともあるはずです。これは，英文契約に

限ったことではなく，国内の契約であっても同様です。

　供給側が，この条項案を購入側に提出することで，購入側は，供給側が「下請けからの納入遅延」を不可抗力と考えていることを知り，それに関して協議が行われるきっかけになるのであり，契約交渉を通じて相手をよく理解することにもつながるように思われます。

　なお「ストライキ」などの労使紛争を不可抗力とする定めは，特に米国からの契約案に多いようですが，このことは，米国の労働組合が，産業別に編成されていることと無関係ではないと思われます。日本のように企業別労働組合が主流で，ストライキなどがある業種全体（たとえば鉄道職員，電力職員，鉄鋼業職員などの単位）で実施されることが考えにくい国の経営者と，百万人単位で一斉にストライキが行われる米国の経営者が，ストライキに対して相当異なったイメージを抱くのも無理はないでしょう。

　上記はたまたま日米間の契約についての事例ですが，国内外を問わず，当事者にはこのような相互の認識の差が存在している可能性があります。契約交渉を通じてこのような認識の差を埋めていくことが，契約実務の非常に重要なポイントです。

(3)　金銭債務と不可抗力

　金銭債務については，次の③のように，不可抗力の場合であっても責任を逃れることはできないとすることが多くみられます。

---

③　＜不可抗力＞
　いずれの当事者も，金銭債務を除き，本契約に基づく義務の不履行又は履行遅滞が不可抗力による場合，当該不履行又は遅滞の責任を負わないものとし，当該不履行又は遅滞は本契約の違反とはみなされない。

　また，民法419条3項では「（金銭債務については）債務者は，不可抗力をもって抗弁とすることができない。」と規定されています。これは「金銭はすぐ借りられるので，履行不能になることはないから，不可抗力免責は受けられない」という理由から規定されたと言われています。

　この点につき，改正民法でも変更はありませんでしたし，また，諸外国の法律の考え方も同様と言われています。

しかし，契約締結後に契約相手の政情が不安定になり，日本との銀行送金について政府の介入がなされるといった事象が全く発生しないとは言い切れません。

したがって，場合によっては，金銭債務についても不可抗力免責が受けられる旨を明記していくことが必要と考えられます。

| PICK UP |　不可抗力事由（Force Majeure events）の例

act of God（天災）（英語で「不可抗力」の意味もあるが，不可抗力はフランス語を起源とする「**Force Majeure**」と記載されることが多く，Act of God は「天災」と訳すべき場合が多い）

acts of government or governmental authorities（政府や政府機関の行為）

compliance with law, regulations or orders（法規制の遵守）

fire（火災）　　storm（嵐）　　flood（洪水）

earthquake（地震）　　　　　　Tsunami（津波）

war（declared or not）（戦争―宣戦布告されたか否かを問わない）

rebellion（反乱）　　revolution（革命）　　riots（暴動）

strike（ストライキ）　　lockout（ロックアウト＝工場閉鎖）

explosion of the factory（工場の爆発）

direction or guidance of any governmental or regulatory authorities（政府の行政指導）

prolonged failure or shortage of electric power（長期間にわたる電力不足）

shortage of petroleum, gas, or other energy sources（石油，ガスなどのエネルギー不足）

shortage of raw materials（原材料不足）

refusal to issue license（政府許可の発行拒絶）

computer malfunction（コンピュータの故障）

breakdown of public common carrier or communications facilities（公共の交通または通信手段の障害）

---

(4)　不可抗力発生時の行動義務に関する規定

なお，不可抗力事由が生じた場合，単に「責任を負わない」という定めだけでなく，その事態に対応するため，次の④のように，相手方に対する通知義務を定めたり，納入に最善を尽くす義務を入れたり，さらには，事態の打開を図るた

め，解除権を認めたりする内容を入れることも考えられます。

④　1. On the occurrence of any event of Force Majeure, causing a failure to perform or delay in performance, the party affected shall immediately provide written notice to the other party of such date and the nature of such Force Majeure and the anticipated period of time during which the Force Majeure conditions are expected to persist.

2. The party so affected shall make all reasonable efforts to reduce the effect of any failure or delay by any event of Force Majeure.

3. The provisions of this Article shall not relieve either party of obligations to make payment when due under this Agreement.

4. If the Force Majeure conditions in fact persist for ninety (90) days or more, either party may terminate this Agreement upon written notice to the other party.

　１．契約の履行を困難にし又は遅延させる不可抗力事態が発生した場合，影響を受けた当事者は相手方に対して，当該不可抗力の発生日と予想される継続期間を書面により直ちに通知するものとする。

　２．影響を受けた当事者は，不可抗力事態の発生による不履行又は遅滞の影響を軽減するよう合理的なあらゆる努力を尽くすものとする。

　３．本条の規定は，本契約により期日が到来した支払債務からいずれの当事者も解放しないものとする。

　４．不可抗力事態が実際に90日以上継続した場合は，いずれの当事者も，相手方に対する書面の通知により，本契約を解除することができる。

第11章　その他の一般条項　229

2．契約そのものや権利・義務の譲渡は自由？
―債権譲渡禁止条項

(1)　債権譲渡・債務引受・契約上の地位の譲渡の違い

　債権という言葉は，第1章の最初で説明したとおり，人に対する請求権のことを指します。したがって，契約上で定められる当事者間の権利・義務の関係は，相手に対する債権とその債務だということになります。

　この債権を他人に譲渡することを「**債権譲渡**」といい，債務の履行を他人に委ねることを「**債務引受**」といいます。

　契約で問題になるのは，当事者が，この債権譲渡や債務引受を自由に行うことができるのか，さらには債権と債務を含んだ「契約上の地位」というものを第三者に譲渡できるのか，という点です。

　これについては，債権と債務の性質を踏まえ，民法上は次のような解釈がなされています。

　まず「**債権**」は，「相手方に代金支払いを請求してそれを受領する権利」などのことですから，相手方である「債務者」から見た場合，債権者が他人に代わっても，債務者として行うべき債務の内容にあまり違いはありません。債権者であったAさんに代金を支払う代わりに，債権譲渡を受けたBさんに代金を振り込めばよいだけですので，債権者がその債権を第三者に譲渡しても，債務者にはあまり迷惑は掛からないことになります。

　したがって，民法上，債務者の承諾がなくても，債権譲渡は自由にできることになっています。

　一方，「**債務**」は，「代金を支払う義務」「商品を納入する義務」ですから，相手方である債権者からみて，債務者に代金を支払うための資金力があるか，あるいはその商品をきちんと作って納期までに収めてくれるかどうか，といった「**債務者の資力**」や「**能力**」の有無が非常に重要となります。したがって，債権者としては，債務者がその債務を第三者に自由に委託する（引き受けさせる）ことは認められないことになります。

　「契約上の地位の譲渡」は，契約上の一方当事者の債権と債務をすべて，一括して，第三者に譲渡することを意味しますので，契約上の地位の譲渡には債務全部の第三者への委託が含まれていることになります。したがって，上記の「債務

引受」と同じ考え方から，債権者の承諾がないと契約上の地位の譲渡はできない，ということになります。

(2) いろいろな債権譲渡禁止条項

以上のように，法律上の考え方は，債権譲渡は自由ですが債務引受は債権者の承諾が必要とするものです。

しかし，実際には，次の①のように，多くの契約で「債権譲渡」も「債務引受」もどちらも禁止されています。債権が第三者に譲渡されれば，契約当事者以外の者が取引関係に入ってくることになりますので，それを嫌うことがその原因のようです。

---

① ＜ Assignment ＞
Neither party shall assign this Agreement or its rights hereunder, or delegate its obligations hereunder, to any third party or person without the other party's prior written consent. Any attempt to assign or transfer this Agreement in violation of this Section shall be null and void.

第11章　その他の一般条項　231

> <譲渡>
> 　いずれの当事者も，相手方の書面による事前の同意なしに，本契約又は契約上の権利をいかなる第三者にも譲渡したり，本契約上の義務を引き受けさせたりしないものとする。本条に違反した本契約のいかなる譲渡の試みも無効とする。

　上記①のように全面的に債権譲渡と債務引受を禁止することが多いのですが，たとえば，どちらかの当事者に企業再編がなされる見込みがある場合，あるいは製造業務を下請けに出す必要がある場合などには，別途相手方の承諾を取るのは手間が掛かり，また相手の承諾が拒絶される可能性もありますので，最初から契約に「譲渡可能」という文言を織り込んでおく場合もあります。

　次の②は，一方当事者だけが譲渡禁止の義務を負い，他方は，相手方の承諾なく，自由に譲渡・移転ができる，とする場合です。

> ②　< Assignment and Delegation >
> Distributor shall not sell, transfer or assign any of its rights hereunder, or delegate or subcontract any of its obligations hereunder.
> Company may, in its sole discretion, sell, transfer or assign its rights, or delegate or subcontract its obligations hereunder without the consent of Distributor.
> 　<譲渡及び債務引受>
> 　　販売店は，本契約に基づくその権利を販売し，移転し又は譲渡しないものとし，また，本契約に基づくその義務を引き受けさせ又は下請けに出さないものとする。
> 　　カンパニーは，販売店の同意なく，その単独の判断で，本契約に基づくその権利を販売し，移転し又は譲渡することができ，また本契約に基づくその義務を引き受けさせ又は下請けに出すことができるものとする。

　③は，供給者側が，製品の製造業務の一部をその下請業者に委託することが可能としているものです。ただし，この場合，下請業者が義務を履行することについて，供給者は下請業者と連帯して責任を負うことが条件とされています。

③ ＜No Assignment＞

Neither party shall assign this Agreement or its rights hereunder, or delegate its obligations hereunder, to any third party or person without the other party's prior written consent.

Notwithstanding the foregoing, the Supplier may subcontract any part of the manufacture or assembly of the Products to any third party (hereinafter called the "Subcontractor") without prior consent of the Purchaser; provided, however, the Supplier shall impose the Subcontractor the same obligations of the Supplier as described in this Agreement, and shall remain responsible for any and all performances of the obligations delegated to said Subcontractor, jointly and severally with such Subcontractor.

　＜譲渡禁止＞

　いずれの当事者も，相手方の書面による事前の同意なしに，本契約又は契約上の権利をいかなる第三者にも譲渡したり，本契約上の義務を引き受けさせたりしないものとする。

　上記にもかかわらず，供給者は，購入者の事前の承諾なく，本製品の製造又は加工の一部を第三者（以下「下請業者」という。）に請け負わせることができるものとする。ただし，供給者は，当該下請業者に対し，本契約における供給者の責任と同等の義務を負わせるとともに，当該下請業者に委託した義務の履行について当該下請業者と連帯して責任を負い続けることを条件とする。

　④は，一方当事者の関連する会社（親会社や子会社など）に対しては，自由に譲渡できるとするものです。また，⑤は，組織再編や事業譲渡の場合には譲渡が可能とするものです。

④ ＜Assignment by Company＞

Company may assign this Agreement, without consent of Distributor, to (i) a parent or subsidiary, (ii) an acquirer of assets, or (iii) a successor by merger or other operation of law.

　カンパニーは，販売店の承諾を得ることなく，次の者に本契約を譲渡することができるものとする：(i)親会社又は子会社，(ii)資産の取得者，又は(iii)合併又はその他法の作用による承継人。

第11章　その他の一般条項　233

---

⑤　＜ Assignment ＞

Company may assign or transfer this Agreement without Distributor's consent only in connection with any merger, reorganization, or sale of all or substantially all the assets or equity of Company.

　＜譲渡＞

　カンパニーは，合併，組織再編又はカンパニーの資産又は株式のすべて又は実質的にすべての譲渡に関連してのみ，販売店の承諾なく，本契約を譲渡又は移転することができるものとする。

---

⑥は，2つ目の文で，「支配権の変更」がなされた場合，「譲渡」があったものとみなされることになります。したがって，相手方の承諾がなければ，支配権の変更があった場合には，この譲渡禁止条項に違反することになります。

---

⑥ Neither Party may assign or transfer this Agreement, in whole or in part, whether by operation of law or otherwise, without the other Party's prior written consent.

For purposes of this Agreement, a change of control will be deemed to be an assignment.

　いずれの当事者も，法の作用かそれ以外かを問わず，他方当事者の事前の書面による承諾なく，本契約の全部又は一部を譲渡し又は移転することはできない。

　本契約において「支配権の変更」は「譲渡」とみなされるものとする。

3. 紛争解決，準拠法条項

(1) 紛争が起きたときのために―協議交渉と裁判管轄

国内の契約では，最終条項に，次の①のような「協議条項」を独立して規定することが行われます。

---

① ＜協議＞
　甲及び乙は，本契約に定めのない事項又は本契約に関する解釈上の疑義については，甲乙協議のうえ解決するものとする。

このような「お互いに協議して疑義を解決しよう」とする条項がある一方，その前には，次の②のように，裁判管轄の規定が存在しますので，何か矛盾しているようにも感じられます。

---

② ＜専属的合意管轄＞
　本契約に関する訴訟については，東京地方裁判所をもって第一審の専属的合意管轄裁判所とする。

この2つの条文の解釈としては，①はいわゆる「紳士協定」であって，法的には効力を持たないものとされ，当事者間の紛争は②に基づいて解決されるとするのが学説・判例の考え方です。

①のように法的効力のないとされる規定が契約に存在していることに驚きを感じ，また，「協議条項」があるから紛争になりにくいという幻想を抱いている当事者が結構存在することにも，驚きを感じます。

しかし，実は，この①と同じような内容が英文契約にも規定される場合があります。しかも，それは紳士協定や無効なものではありません。

それは，次の③のように，裁判や仲裁という公的な紛争解決手段を取る前段として，期間が限定された当事者の交渉義務として規定される場合です。

第11章　その他の一般条項　235

③　＜ Informal Dispute Resolution ＞

The Parties shall attempt to resolve all disputes, claims, or controversies arising under or related to this Agreement or its subject matter or any right or obligation created by this Agreement ("Dispute") through bona fide negotiations conducted by the representatives of the Parties. The Party asserting the Dispute will give prompt notice to the other Party describing the Dispute in reasonable detail.

If such Dispute has not been resolved within one (1) month from such notice of Dispute (including the case no negotiation has been conducted within such period), both party shall submit such Dispute to the binding arbitration as provided in Section XX.

　＜非公式紛争解決＞

　両当事者は，本契約若しくはその主題若しくは本契約により設定された権利若しくは義務に基づき又はそれに関連して，紛争，請求又は論争（「紛争」）が生じた場合，それらすべてを，両当事者の代表者による誠実な交渉を通して解決するよう試みるものとする。紛争を主張する当事者は，他方当事者に対し，速やかに，相当な程度まで詳細に当該紛争の内容を記載した通知を行うものとする。

　当該紛争の通知がなされてから1カ月以内に当該紛争が解決されない場合（交渉が開始されない場合を含む），両当事者は，当該紛争を，第XX条に規定された拘束力ある仲裁に付託するものとする。

　この規定は，当事者の協議・交渉に関して時間的期限を設け，仲裁による紛争解決との間に優先順位を付けている点が，日本国内の①や②と異なる点です。

　契約では，頻繁に「○○の定めにかかわらず」とか「○○の場合を除き」など，規定間の優先順位をはっきりさせる表現が使われますが，それは優先順位が明確でないと，その条項が無効とされるおそれがあるからです。

　①と②の関係は，無効とされるまさにその例であり，ほとんどの国内の契約において，未だに同じ形で協議解決と裁判管轄が規定されているのは，何とも不思議な気がします。

(2)　合意管轄とは？—国内における紛争解決

　さて，上記②の国内契約の紛争解決に関する定めには，「東京地方裁判所を

もって第一審の専属的合意管轄裁判所とする」とされています。

日本の民事訴訟法では，「一定の法律関係」に基づく訴訟に関しては，第一審についてだけ，当事者は書面で合意することにより，その訴訟を管轄する裁判所を定めてもよい，とされています（民事訴訟法11条）。こうして定められた裁判所を「**合意管轄裁判所**」といいます。

なお，「一定の法律関係」が決まっていることが必要ですので，「この契約から生じる一切の訴訟」とすることは問題ありませんが，「ＡとＢの間で生じる一切の訴訟」と規定することはできません。

合意管轄裁判所には，2種類が存在します。

1つは②のとおり「**専属的**」合意管轄裁判所，もう1つは「**付加的**」合意管轄裁判所です。

「専属的」合意管轄の場合，合意された裁判所だけがその紛争について管轄権を持つことになります。

これに対し「付加的」合意管轄の場合，合意された裁判所のほかに，民訴法等に基づいて他の裁判所に管轄権があるとされる場合（「義務履行地」や「被告の住所地」など），その裁判所にも管轄権が認められることになります。

そして，当事者が「専属的」と規定しない場合は「付加的」な管轄の合意になるとされていますので，契約条項を作成する場合，専属的合意管轄とする必要があるか，それとも付加的でよいかを検討する必要があります。

その考え方としては，「本社のある東京地裁以外では裁判は絶対にしたくない」と考えれば，専属的合意管轄にする必要がありますが，「自分が訴訟をする場合にだけ東京地裁に提起できればよく，相手が訴訟をどこに提起しても構わない」と考えるのであれば「付加的」合意管轄にすることになります。また，金銭消費貸借契約などのように訴訟を提起するのは貸主しか考えられないという場合，貸主としては付加的管轄で問題ないと考えられます。

(3) 仲裁と裁判のどちらを選択すべきか？―国際契約と紛争解決

外国企業間で紛争が生じた場合，それを全世界的に統一して解決することができる裁判所などは存在しません。裁判制度はあくまでも各国家が運営しているものですので，国際契約であっても，それに関する裁判は，いずれかの国に提起せざるを得ないのが，現時点の状況です。

ただ，実は，国際契約に関してはもう1つ選択肢があります。それが「仲裁

（Arbitration）」という制度です。

仲裁とは，当事者の合意により定めた特定の人に紛争解決の判断を委ね，下された判断が当事者に対して拘束力を持つという紛争解決手段を言います。

｜ PICK UP ｜　仲裁機関

　仲裁を行う機関を「**仲裁機関**」といいます。仲裁機関はあくまで「私的な民間の機関」であって国家機関ではありません。
　主な仲裁機関には，次のようなものがあります。
- 国際商業会議所の国際仲裁裁判所（International Court of Arbitration of ICC）（パリ）
- ロンドン国際仲裁裁判所（LCIA）
- 米国仲裁協会・紛争解決国際センター（AAA/ICDR）
- シンガポール国際仲裁センター（SIAC）
- 中国国際経済貿易仲裁委員会（CIETAC）（北京）
- 香港国際仲裁センター（HKIAC）
- 日本商事仲裁協会（JCAA）

　では，なぜこのような私的機関である仲裁機関による手続が，国際紛争の解決手段として利用されることが多いのでしょうか？

　裁判制度は各国家が運営しているものだ，と最初に書きました。国家が運営している裁判所が行った判断（判決）は，その国において絶対的な効力を持ち，その判決に基づいて被告に強制執行することができます。

　しかし，ある国の判断である判決を他国で執行できるかというと，それは簡単ではありません。そこには「**国家主権**」という壁が存在しており，ある国の判決に他国が従うかどうか，ある国の判決通りに他国が強制執行するかどうかは，他国が独自に判断すべき事柄となります。したがって，日本の判決を中国で執行しようとしても，別途中国の国家なり裁判所なりの承認がなされない限り，その実行はできないことになります。

　現実にも，米国の知的財産権法でのみ認められている「**三倍賠償制度**」に基づいてなされた米国の判決を，日本で執行しようとしたところ，「当該判決の基礎となった三倍賠償制度は，日本の公序良俗に反する」という理由で，日本の裁判所から強制執行の承認は得られなかったという事例も存在します（**三倍賠償制**

度：故意等により他人の知的財産権を侵害した場合，実損の3倍までの懲罰的な損害賠償が課せられるとする制度）。

このような「裁判手続」に対し，「**仲裁手続**」は，上述のとおり私的な機関が運営するものですが，130カ国以上が加盟している「**仲裁条約**」（正式には「外国仲裁判断の承認及び執行に関する条約（ニューヨーク条約）」）により，仲裁機関の行った仲裁判断は各国で尊重されることになっていますので，どこでなされた仲裁判断であっても，それを被告の国で容易に執行することが可能です。

仲裁手続のメリットには，「**非公開で秘密が守れる**」「**一審制で上訴がないため迅速に解決できる**」「**仲裁人に専門性のある人を選任できる**」等もありますが，何といってもこの「**執行が容易であること**」が最大のメリットと言えるでしょう。

契約で仲裁手続に合意する場合，仲裁機関，準拠する仲裁規則，仲裁場所，使用言語を契約書に記載しておく必要があり，また仲裁人の数も指定しておくことが望ましいでしょう。

なお，以下の仲裁条項は，仲裁機関が自ら発表している「モデル仲裁条項」の例です。契約で採用しようとしている仲裁機関に合った条項を選択することが望ましいと言えます。

---

④ ＜Arbitration＞（ICC のモデル仲裁条項）

All disputes arising out of or in connection with the present contract shall be finally settled under the Rules of Arbitration of the International Chamber of Commerce by one or more arbitrators appointed in accordance with the said Rules.

　本契約から生じたあらゆる紛争は，一方の当事者の書面による要求により，ICC（国際商業会議所）の調停・仲裁規則に従い同規則により任命された1名又は複数の仲裁人による仲裁によって最終的に解決されるものとする。

なお，この後に続けて「仲裁地」が定められますが，次の④−2のように，特定の場所ではなく「**被告の所在地**」を仲裁地とする場合もあります。

第11章　その他の一般条項　239

④-2　＜Arbitration＞（ICC のモデル仲裁条項）

The place of arbitration shall be Tokyo, Japan, in case Distributor is the respondent, and Los Angeles, California, USA, in case Company is the respondent. The arbitration proceedings shall be conducted in English. The award shall be final and binding both parties. Judgment upon the award may be entered in any court having jurisdiction thereof.

仲裁の場所は，販売店が被請求人のときは日本国東京とし，カンパニーが被請求人のときは米国カリフォルニア州ロサンゼルスとする。仲裁手続は英語でなされるものとする。仲裁判断は最終的とし，両当事者を拘束する。仲裁裁定における判断は，管轄権を有するいずれの裁判所からも執行判決を得ることができる。

⑤　＜Arbitration＞（SIAC のモデル仲裁条項）

Any dispute arising out of or in connection with this contract, including any question regarding its existence, validity or termination, shall be referred to and finally resolved by arbitration in Singapore in accordance with the Arbitration

Rules of the Singapore International Arbitration Centre ("SIAC Rules") for the time being in force, which rules are deemed to be incorporated by reference in this clause. The Tribunal shall consist of (one) (three) arbitrator(s). The language of the arbitration shall be (English).

この契約からまたはそれに関連して生じるすべての紛争（この契約の存在，有効性または終了に関する紛争を含む。）は，その時点で施行されているシンガポール国際仲裁センターの仲裁規則（SIAC 規則）（引用されることにより本条項に組み込まれる。）に従いシンガポールにおける仲裁に付託され，それにより最終的に解決されるものとする。仲裁廷は，(1)(3) 名の仲裁人により構成される。仲裁言語は，（英語）とする。

⑥　＜Arbitration＞（AAA のモデル仲裁条項）

Any controversy or claim arising out of or relating to this contract, or the breach thereof, shall be settled by arbitration administered by the American Arbitration Association in accordance with its Commercial [or other] Arbitration Rules, and judgment on the award rendered by the arbitrator(s) may be entered in any court having jurisdiction thereof.

本契約又はその違反から又はそれに関連して生じたあらゆる紛争又は請求は，米国仲裁協会（AAA）の商事仲裁規則（又はその他の機関の仲裁規則）に従い，AAA の実施する仲裁によって解決されるものとし，仲裁人によってなされた判断は，管轄権を有するいずれの裁判所からも執行判決を得ることができるものとする。

---

⑦ ＜Arbitration＞（JCAA のモデル仲裁条項）

All disputes, controversies or differences which may arise between the parties hereto, out of or in relation to or in connection with this Agreement shall be finally settled by arbitration in (name of city), in accordance with the Commercial Arbitration Rules of The Japan Commercial Arbitration Association.

この契約から又はそれに関連して当事者の間に生じたすべての紛争，論争又は意見の相違は，一般社団法人日本商事仲裁協会の商事仲裁規則に従って，（都市名）において仲裁により最終的に解決されるものとする。

---

(4) 準拠法として何を指定するのか？

上の(1)から(3)で「紛争解決」に関して，裁判所を合意で定めることや仲裁の制度があることを説明してきました。

これらの裁判や仲裁は「手続」に関すること，つまり当事者間の紛争を解決する「審理の方法」をどのようにするか，ということです。

法律名でいうと「民事訴訟法」みたいなものです。

これと，これまでも頻繁に登場している「民法」や「商法」という法律とは，どういう関係なのでしょうか？

法律用語としては「民法」や「商法」のことを「**実体法**」といい，どのような場合に「どのような権利」が発生し「どのような義務」を負うのかを定めたものです。これに対し，民事訴訟法のような法律を「**手続法**」といい，実体法で定められた権利や義務の発生の有無について，どのような手順で確定するのかを定めたものです。

準拠法とは，「**国際的**」な法律関係や法律問題・紛争などの判断の「**拠り所となる法**」，その紛争解決の「**基準となる法**」のことを指し，上記の実体法も手続

法も，ともに準拠法に含まれることになります。

　ただ，注意すべきは，実体法と手続法は異なる国の法律となる可能性があるということです。

　実は，これまでの長い歴史の中で「どの国の手続法によるか」はその「**手続が行われる場所の手続法による**」という暗黙の了解が各国間で成立しており，国際取引契約で「**東京地裁で裁判を行う**」と決めれば，**手続法は，当然「日本の民事訴訟法」**によることになります。

　しかし裁判を東京でやると決めたからといって，「**実体法**」に関して**日本の民商法が準拠法になると決まったものではありません**。

　当事者が「米国法を準拠法とする」と指定すれば，日本の民事訴訟法に基づいた手続により開かれる裁判において，米国法を実体法とする裁判が行われることになるのです。

　仲裁の場合，仲裁は裁判手続ではありませんから，そもそも「手続法」は無関係であり，契約条項で仲裁機関を指定すれば，その仲裁機関の「仲裁規則」に従って手続がなされることになります。

　一方，「**実体法**」については，仲裁の場合でも，裁判の場合と同様，実体法を指定する必要があります。東京で仲裁をするからといって日本法が実体法として当然に適用されるわけではなく，他国の法律を指定しても構いません。極端な場合，日米の企業間の契約において，シンガポールでの仲裁を行うこととし，準拠法はイギリス法とすることも可能なわけです。

　次の⑧は，日本法に準拠する旨の定めです。

---

⑧　＜ Governing Law ＞

This Agreement and all individual contracts entered into between the parties pursuant to this Agreement shall be governed by and construed in accordance with the laws of Japan, without reference to principles of conflicts of laws, or the United Nations Convention on Contracts for the International Sales of Goods（1980）.

　＜準拠法＞

　本契約及び本契約に従って当事者間で締結されるすべての個別契約は，日本法に準拠し，同法に従って解釈されるものとする。法の抵触に関する原則（抵触法ルール）及び「国際物品売買契約に関する国連条約（1980年）」の適用は排除さ

れる。

ところでこの⑧の規定には，その後半で「**法の抵触に関する原則**」あるいは「**抵触法ルール**」という言葉が出てきます。

これは「**国際私法**」を指し，日本の法律では「**法の適用に関する通則法**」という法律（2006年に「**法例**」が全部改正で改称された）がこれに該当し，先ほどから出てきている「**国際的な法律関係や法律問題・紛争などの判断の基準となる法**」つまり「**準拠法**」を決定するための法律です。

この法律によれば，当事者が契約で準拠法を定めればそれが最優先されます。契約で準拠法を定めなかった場合には，**その法律行為と最も密接に関連した土地（最密接関連地）の法律によることとされます。**

また「**国際結婚**」などに関し「**その結婚を有効に成立させるために必要な行為**」は「**婚姻挙行地の法による**」などと規定されていますので，日本で結婚式を挙げた場合は，役所に婚姻届けを出すことによって婚姻が成立することになります。

条項例⑧では，この抵触法ルールの適用を排除して，当事者の合意で定めた法を準拠法とすることになります。

また，「**国際物品売買契約に関する国際連合条約（1980）**」（いわゆる**ウィーン売買条約**）の適用も排除されています。

この条約は，**第1章**でも述べましたが，契約当事者双方が条約の加盟国に所在していれば自動的に適用されることになりますが，当事者が適用を排除すれば適用されないと規定しています。

この条約については，**第1章4.**で説明したとおり，条約の条文がどのように裁判などで解釈されるのかがまだあまり明らかになっていませんので，当面は，各国企業ともその適用を排除する傾向にあり，この⑧の条項例も，これを排除しています。

第11章　その他の一般条項　243

４．責任の制限・限定，付随的損害，派生的損害とは？

　当事者が契約上の何らかの債務の履行を怠り，相手方に責任を負う（賠償責任を負う）場合，その範囲は，原則として準拠法として指定された法律に基づいて定められることになります。

　ただ，法律の定める賠償範囲は，あまり明確とは言えませんし，かなり広い範囲の賠償義務を定めている場合もあります。

　日本法（民法）では，債務不履行時の損害賠償の範囲として「**通常損害**」と「**予見すべきであった特別損害**」（416条参照）とされていますが，通常損害，特別損害の具体的な範囲は，解釈，すなわち裁判所の判断に委ねられていると言って良いでしょう。また，損害と不履行の間に「**因果関係**」が必要ですが，日本では，単なる因果関係では足りず「**相当因果関係**」が必要であると一般には解釈されており，その具体的内容を知るには，数多くの判例を検討する必要があるといえます。

｜ PICK UP ｜　通常損害，特別損害，相当因果関係

　「**通常損害**」とは，債務不履行や不法行為といった原因によって，その損害の生じることが一般的で通常であると考えられる損害を言います。

　これに対し「特別損害」とは，通常損害以外の損害，つまり「特別の事情によって生じた損害」のことです。

　この「**特別損害**」のうち，民法に基づいて賠償の対象となるのは，賠償者がその発生を実際に予見していた損害と，賠償者は実際には予見していなかったが，一般人であればその発生を予見することができた損害の２つで，この２つをあわせて「**予見可能性のあった特別損害**」とも言います。

　また「**因果関係**」とは，Ａという事実がなければＢという事実もなかったであろうという関係を指しますが，因果関係のある損害すべてが含まれるのでは，「風が吹けば桶屋が儲かる」ではありませんが，際限なく賠償範囲が広がってしまいます。

　たとえば，売主がＡという食品の納入債務を怠ったため，買主がその代わりとしてＢという食品を購入しそれを食べたら買主が食中毒になった場合，債務不履

行と食中毒との間に因果関係は存在することになりますが，売主に食中毒の責任まで負わせることは妥当とは考えられないでしょう。

このような不合理な事態を回避し，因果関係を限定するために法律解釈上採用されてきたのが「**相当因果関係**」という学説であり，上記のような因果関係があるさまざまな事実のうち「相当と考えられる範囲」の事実だけを賠償の対象とする，という理論です。従来の判例もこれに基づいていると考えられています。

ただ，「因果関係のある事実のうち賠償義務を負わせることが妥当な場合を相当因果関係がある」と言い換えているだけのようでもあり，この「相当」の範囲を判断することは過去の判例の詳細な検討などが必要となります。

米国では，下記のとおり，**米国の統一商法典（UCC）**のもと，買主には「**付随的損害賠償**」「**派生的損害賠償**」「**懲罰的損害賠償**」などを請求できる権利が認められていますので，その範囲はかなり広く賠償額も高くなる可能性があります。

| PICK UP |　**米国「統一商法典（UCC）」**

米国の法律には，合衆国（連邦）全体に一律に適用される分野（知的財産権等に関する法律など）と，州ごとにそれぞれの州政府が定める分野があります。このうち，企業間の「**商取引**」に関する法律分野は，連邦法の対象ではなく州法の対象分野ですので，原則として各州政府がその法律を定めることになります。

しかし，州ごとに法律が異なるのでは，州と州をまたがった取引（「州際取引」）の場合に「どちらの州の法律によるのか」などまるで国際取引のような面倒な問題が発生します。このような「州際取引」の円滑化を図るため，連邦政府が商取引の「**モデル**」として制定したものが，この統一商法典（UCC）です。

このUCCはあくまでモデル法であり，各州はUCCの採否を独自に決定し，採用する場合でも，適宜修正を加えることが認められています。したがって，日本民法のように全国一律に適用されるものとはその性格を異にしています。

現在，ルイジアナ州以外の49州でUCCが採用されていますが，各州で修正が加えられているため，名称は同じでも州ごとに内容が異なる場合があります。また，裁判所の判断も州ごとになされますので，州が異なれば異なる判決が下される可能性もあります。

第11章　その他の一般条項　245

　以上のような背景から，**賠償範囲を明確にするとともに**，**当事者の賠償範囲を制限する**ことを目的として，契約では，次の①のような「**責任の制限**」が規定される場合が多くなっています。

---

①　< Limitation of Liability >

1. Nothing in this Agreement is intended or shall be construed to limit either party's liability for death or personal injury arising from that party's negligence.

2. Subject to the abovementioned sub-section 1 in this Section, and to the maximum extent permitted by law, and taking into account the terms and conditions of this Agreement, THE SUPPLIER'S AGGREGATE LIABILITY TO THE CUSTOMER, OR TO ANY THIRD PARTY ARISING OUT OF OR IN CONNECTION WITH THIS AGREEMENT, WHETHER IN TORT, CONTRACT OR OTHERWISE, SHALL BE LIMITED TO THE LESSER OF ACTUAL DIRECT DAMAGES OR THE AMOUNT OF FEES ACTUALLY PAID BY CUSTOMER FOR THE RELEVANT SERVICES DURING THE PRECEDING SIX MONTHS OF THE EVENT GIVING RISE TO SUCH CLAIM.

3. Save as to indemnities under Section 5 (Intellectual Property Rights) and without prejudice to the provisions of the sub-section 1, NEITHER PARTY SHALL BE LIABLE TO THE OTHER OR TO ANY THIRD PARTY FOR ANY <u>CONSEQUENTIAL, INCIDENTAL, INDIRECT, PUNITIVE, SPECIAL OR SIMILAR DAMAGES</u>, INCLUDING, WITHOUT LIMITATION, DAMAGES FOR LOSS OF PROFITS, LOSS OF GOODWILL, WORK STOPPAGE, COMPUTER FAILURE, LOSS OF DATA, LOSS OF PROGRAMS, LOSS OF WORK PRODUCT OR ANY AND ALL OTHER COMMERCIAL DAMAGES OR LOSSES, WHETHER DIRECTLY OR INDIRECTLY CAUSED, WHETHER IN TORT, CONTRACT OR OTHERWISE, EVEN IF ADVISED OF THE POSSIBILITY OF SUCH DAMAGES.

<責任の制限>

1. 本契約の規定はいかなるものであっても，当事者の過失から生じる死亡又は人的傷害に対するどちらの当事者の責任をも制限することを意図するものではなく，またそう解釈されてはならないものとする。

2. 上記第1項に服することを条件とし，また法で最大限に許容される範囲において，さらに，本契約条項を考慮し，本契約から又は本契約に関連して生じた，供給者の購入者又はその他の第三者に対する責任の総額は，不法行為によるか契約責任かその他かを問わず，現実に発生した直接損害の額，又は購入者が当該サービスに関して当該請求が生じた事件の直前の6カ月間に現実に支払った対価の総額のいずれか低い額に制限されるものとする。

3. 第5条（知的財産権）に規定される賠償を除き，また第1項の規定の効力を損なうことなく，どちらの当事者も，他の当事者又はいかなる第三者に対し，いかなる派生的損害，付随的損害，間接的損害，懲罰的損害，特別損害，又は類似の損害に対して一切責任を負わないものとする。なお，当該損害には，逸失利益，信用の失墜，業務の停止，コンピュータの故障，データ損失，プログラムの損失，業務成果物の損失その他あらゆるすべての商業的な損害又は損失を含み，かつそれらは，直接的に生じたか間接的に生じたかを問わず，また不法行為によるか契約責任によるかその他によるかを問わず，更に，当該損害の発生について通知を受けていた場合においても同様とする。

①の1項では，当事者の過失から発生した「人身傷害」の場合には，この責任の制限は適用されないとしています。

人身傷害が発生した場合には莫大な損害賠償となることも予想されますので，本条の規定するような責任の制限をすることは妥当とは言えません。

また，ここで想定されている人身傷害による責任とは，商品に欠陥があった場合に製造者が負担する責任などを含むと考えられますので，契約上の取引に起因して金銭的損害を被ったという契約上の責任というより，不法行為責任（製造物責任）と言えます。買主が（国内に最初に輸入した者であるため）製造業者として製造物責任を問われたような場合，買主は売主に代わって責任を負っただけですので，買主に課せられた賠償額全額を売主に補塡してもらうことが必要です。

この1項は，2項以下の責任の制限が人身傷害に及ばないことを「確認」的に規定したものと言えるでしょう。

2項では，「責任の制限」の1つとして「賠償金額の上限」が規定されています。これによれば，供給者が負う賠償責任は，A）現実かつ直接の損害額，また

は B) 直前 6 カ月間に購入者から実際に支払われた対価額，のいずれか低い額に制限されることとなります。ただ，A）の定めは，賠償金額の制限であると同時に，次の 3 項と同様，損害の範囲をも制限する機能も持っています。

3 項では，この「直接かつ現実に被った損害」だけを負担するとしている 2 項を受けて，責任を負わない損害を列挙することで，損害の範囲をさらに明確に制限しています。

これによれば，いずれの当事者も「**派生的損害，付随的損害，間接的損害，懲罰的損害，特別損害**」などについて賠償責任を負わないことになります。さらに具体例として，「逸失利益」「信用の喪失」「コンピュータの停止」「データ損失」などの損害については責任を負わないとしています。

UCC では，買主には「**付随的損害**」"incidental damage" や「**派生的損害**」"consequential damage" の賠償を請求できる権利があると規定されています（UCC 第 2 章715条）が，この賠償について制限したり範囲を限定する場合は，契約上で目立つように記載する必要があります。大文字で表示するなど目立つように記載しないと，この制限や限定が無効とされる可能性があります。

「**付随的損害**」"incidental damage" とは「合理的にみて現実的損害に付随している損害」と定義され，商品に瑕疵があった場合における商品の「保管費用」や「返品費用」などを指すと言われています。

この不良商品の「保管費用」や「返品費用」は，日本法に照らすと「特別損害」というよりは「通常の損害」に該当するように考えられます。不良品を売主に返すために出荷日まで保管する費用や返品費用は，商品の不良があった場合，当然に必要となるものと考えられます。

「**派生的損害**」"consequential damage" とは，「出来事から直接生じるのではなく結果から派生的に生じる損害」と定義され，典型的には商品の転売ができなかったことによる「逸失利益」や，商品の保証違反の結果生じた「人身傷害」などを含むとされます。これは「結果損害」とも言われ，いったん発生した損害や結果に基づいてさらに発生した損害も対象となります。

そのほか①には「**懲罰的損害**」を除外するとの定めがあります。懲罰的賠償は，賠償者の「行動」に加え「主観的な状態」を考慮し，その行為が故意になされたものであるなど「**強い非難**」に値すると判断された場合に，懲罰として，巨額の損害賠償を課すもので，上述した知的財産権紛争における「**三倍賠償制度**」もこれと同じ趣旨と言えます。

この①の規定は，これらすべてを排除しています。

なお，3項では，「第5条（知的財産権）の責任を除いて」という限定が記載されていますので，知的財産権侵害が発生した場合，賠償者は，付随的・派生的損害を含め，全責任を負うことになります。

ここで言っている5条とは，第9章3.に①として例示された条文などを指しており，そこでは，商品が第三者の知的財産権を侵害していた場合，買主が協力することを条件とする場合もありますが，基本的に，売主が全責任を負う旨が規定されています。

これも，人身傷害に対する損害には責任の制限が適用されないとした1項と同様の趣旨で，本来，売主が販売した商品が第三者の知的財産権を侵害していた場合，売主がその第三者に損害賠償すべきものであり，仮に買主が何らかの賠償をせざるを得なかった場合には，売主からその全額の補償を受けるべきものと考えられます。

| PICK UP | 英文契約で「大文字表記」されている部分があるのはなぜ？

上記の①の条項の中で，大文字で表記されている部分がありますが，これは，米国統一商法典（UCC）の条件をクリアするために行っているものです。

UCCでは，契約において，UCCに定められている売主の責任の範囲を制限しまたはその適用を排除する場合，「目立つように」記載しなければならないとされています。

上記①の大文字部分は，2項で「責任の総額」の上限を定めており，3項で「派生的損害」「付随的損害」等を賠償範囲から除外しています。このような売主の責任を制限する場合，大文字を使うなど目立つような方法で契約に記載することが必要になります。

これは，既に第5章4.で説明した「商品性」「特定目的への適合性」「非侵害」に関する売主の保証責任を否定する条項についても同じで，売主がこれらについての保証責任を負わないとするためには，目立つように規定することが必要となります。

5.「当事者の関係」という条項を置く意味は？

取引基本契約，販売店契約，ライセンス契約や秘密保持契約などにおいては，その契約の内容によっては，一方当事者が相手方の「代理人」であるとみなされてしまう可能性があります。

たとえば，販売店契約の場合，販売店が顧客に商品の「保証」をした場合を考えてみます。

通常，販売店は，契約で規定された供給者の保証範囲を超えた商品保証を行ってはならないという義務を負いますが，仮に，これに違反した商品保証を顧客にしたとします。この場合，そのような保証は供給者との関係で契約違反ですし，販売店が供給者に代わって義務を負う権限もないのが普通ですから，販売店は供給者にその保証責任を負ってもらうことはできず，販売店自らがその責任と負担において顧客に保証義務を履行することになってしまうはずです。

しかし，仮に，契約の何らかの定めに基づき販売店が供給者を「代理」する権限があると解釈され，販売店が供給者の「代理人」として顧客に保証する権限があると判断された場合，それが販売店契約違反であろうとも，顧客との関係においては，販売店を「代理人」として使っている「供給者」が「本人」として，その保証義務を負うことになってしまいます。

また，当事者双方が「共同事業体」（Joint Venture）や「共同経営」（Partnership）と判断された場合，当事者が共同で義務を負う権限を持つことになってしまいます。

このような事態を避けるため，当事者間には代理の関係は存在せず，また両当事者は共同事業体でもなければ共同経営をしているわけでもないことを，明確にしておく必要があります。

さらに，国際取引においては，**税務当局の関係**でも注意が必要です。

たとえば，A国の販売店「甲」とB国所在の供給者「乙」との販売店契約を想定します。

この場合，法的には，乙は，甲に商品を輸出しているだけであり，A国で営業活動しているのは甲だけです。したがって，A国内で所得を得ているのは甲だけであり，A国の課税対象となるのは，甲だけです。

しかし，甲が乙の代理人とみなされた場合，あるいは，甲が実は乙の共同事業

であるとか共同経営であるとみなされた場合，A国の税務当局は，甲のみならず乙をA国で活動しているとみなし，乙に対して課税することが可能です。

この場合の「甲」のように，B国の企業乙が，A国において営業活動するための拠点と判断されるような組織や施設を，PE（恒久的施設 "Permanent Establishment"）といい，乙の売り上げがA国における課税対象となる可能性があります。

また，乙がA国の企業と判断されれば，A国の労働法や環境保護法などの規制を受けることになってしまいます。

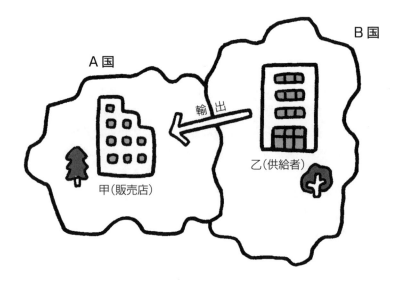

このような誤解を避けるために，次の①のような「甲と乙は，代理関係にはなく，共同経営でも共同事業でもない独立した当事者だ」とする条項を定めておくことが重要となります。

もちろん，この定めがあれば必要十分だということではなく，PEかどうかはあくまでも契約の内容で判断されますが，解釈が分かれた場合等には，この定めがあることで当事者には有利に解釈されるものと思われます。

第11章 その他の一般条項　251

① ＜ Relationship ＞

The relationship between the Supplier and the Purchaser in this Agreement shall be solely that of seller and buyer. The parties are independent contractors, and nothing contained herein shall constitute or be construed to create a partnership, agency or joint venture between the parties.

＜当事者の関係＞

本契約のもとでの供給者と購入者の関係は，単なる売主と買主の関係である。当事者は独立した契約者であり，本契約のいかなる規定も，当事者間にパートナーシップ，代理関係又はジョイントベンチャーを構成するものではなく，また，創出するものと解釈されてはならないものとする。

6．法令遵守と輸出管理

　契約，特に国際取引に関連しては，自国や他国の法令遵守が重要となります。自国の法令はよくわかっていても，他国の法律のことはほとんど知らないのが普通でしょう。

　前記5．で，他国の企業が相手方の国で活動していると判断されると，税法や労働法などが適用されるおそれがあるので，当事者の関係を独立したものと表明しておくことが重要と説明しました。

　そのような場合に限らず，たとえば，A国において，メーカーが使用する材料について，環境上の制約を課した法律を定めているような場合，A国のメーカー甲がB国から材料を仕入れる場合にも，その法律は適用されます。B国の材料納入業者乙にはA国の法律が適用されることはありませんが，甲としては，A国の法律を乙に通知して，規制物質を納入しないようにすべきでしょうし，乙としてもA国の法律に沿った形で対応すべきです。

　そのほか，国際取引においては，輸出入にかかわる政府等の許可の取得が求められることもあります。

　これらの遵守を包括的に規定したのが，次の①です。

---

①　＜ Compliance with Law ＞
Both Parties will have and maintain all permits and licenses required by any governmental unit or agency and will comply with all applicable laws and regulations in performing this Agreement. If this Agreement or any transaction or act contemplated herein is legally required to be approved, registered, notified or recorded with or by any government agency in the Territory, each Party shall perform such respective obligations and will indemnify and hold harmless the other Party from any liability or expenses （including reasonable attorneys' fees） from any failure by such Party to so comply.

　＜法令遵守＞
　両当事者は，政府部門又は政府機関により必要とされる許可及びライセンスの

すべてを取得し維持するものとし，本契約の履行に際し適用されるすべての法令を遵守するものとする。本契約又は本契約で予定された取引又は行為のいずれかについて，本地域内の政府機関における承認，登録，通知その他登録をすることが法的に必要とされる場合，各当事者は，それぞれの当該義務を履行するものとし，当該当事者がそれを遵守しなかったことに起因するすべての責任及び支出（合理的な弁護士報酬及び費用を含む。）を他方当事者に賠償し免責するものとする。

　また，技術情報の輸出については，テロ国家等への輸出が厳しく制限がされています。

　米国企業からの輸出規制に関する条項には，当該米国企業がその取引先にもその法令の遵守が要求されているため，次の②のように，米国政府の規制の内容が詳しく規定されたものが多くみられます。日本企業には直接米国の規制が適用されないとしても，契約上の義務として，これらを熟知し遵守する必要があります。

---

② ＜ Export Controls ＞

Distributor shall comply with all export laws, restrictions, national security controls and regulations of the United States, and all other applicable foreign agencies and authorities, and shall not export or re-export any software or technical data or any copy, portions or direct product thereof (i) in violation of any such restrictions, laws, or regulations, (ii) without all required authorization to into Cuba, Libya, North Korea, Iran, Iraq, or Rwanda or any other Group D: 1 or E: 2 country (or to a national or resident thereof) ; specified in the then current Supplement No. 1 to part 740 of the U.S. Export Administration Regulations (or any successor supplement or regulations) or (iii) to anyone on the U.S. Treasury Department's list of Specially Designated Nationals or the U.S. Commerce Department's Table of Denial Orders. Distributor shall, at its own expense, obtain all necessary customs, import, or other governmental authorizations and approvals. This paragraph shall survive termination of the Agreement.

＜輸出規制＞

　販売店は，米国及び適用のある他国の機関及び政府当局のあらゆる輸出関連法規，規制，国家安全コントロール及び規則を遵守し，以下のいずれかに該当する場合は，いかなるソフトウェアや技術データ又はそれらのコピー，部分又は派生製品をも輸出したり再輸出したりしないものとする：(i)当該制限，法律又は規制に違反する場合。(ii)必要なすべての許可を得ずに，キューバ，リビア，北朝鮮，イラン，イラク，若しくはルワンダ，その他，現行の米国輸出管理規制740章補足に指定された第1グループD：1又はE：2の国（又はその国の国民や住民）が相手先の場合，又は(iii)米国財務省の特定国政業者リスト又は米国商務省輸出拒否リストに記載された者が相手先の場合。販売店は，その費用負担で，必要なあらゆる関税，輸出許可その他政府の許可及び承認を取得するものとする。本条は，本契約の解除後においてもなお有効に存続するものとする。

第11章　その他の一般条項　255

7．相手に契約義務を果たすよう要求しなかったら？
―権利非放棄

　ほとんどの英文契約には，"Waiver"と題された条文が，最後のほうに規定されています。これは通常「権利放棄」と訳されますが，一体何を意味しているのでしょうか？

　実は，意味の上では「権利放棄」ではなく"No-Waiver"（権利非放棄）と解釈すべきもので，「**債権者は，その権利を行使しなかったとしても，その権利を放棄したわけではなく，いつでも，その権利を行使することができる**」という趣旨です。

　なお，下記①の後半では"waiver of any breach of the provisions"＝「条項違反の放棄」と記載されていて，日本人から見ると語句が足りないように感じます。"waiver"という用語はこのような使い方がされることが多いため，少し理解しづらい場合がありますので，ここは「条項違反＜に対する追求権・請求権＞の放棄」と訳したほうが良いでしょう。

　日本人に理解しやすいのは，前半の書き方です。

　"waiver thereof"は"waiver of any right, power or privilege"ということなので「権利，権限又は特権の放棄」となり，日本語と同じ構造になっています。

---

①　＜Waiver＞

Except as specifically provided for herein, no failure or delay by any party in exercising any right, power or privilege in this Agreement shall operate as a waiver thereof, and any waiver of any breach of the provisions in this Agreement shall be without prejudice to any right with respect to any other or further breach of the provisions of this Agreement.

　　＜権利放棄＞

　本契約で別途定められていない限り，いずれかの当事者が本契約に基づく権利，権限又は特権の行使を怠るか遅滞したとしても，かかる権利を放棄したものとみなされることはなく，また，本契約のいずれかの条項違反に対する権利を放棄したとしても，他の条項違反や将来の違反に対しての権利を放棄したことにはならない。

この条項が存在する意味は，次のような例を想定するとわかりやすいと思います。

契約上，買主の代金の支払期限が毎月25日までとされていた場合に，ある月，買主が月末に支払ってきたとします。売主は「今回は買主に事情があったのだろう。これまでは期限までに払っているのだから大目に見よう」と考え，何らの請求も行わず，文句すら言わなかったとします。

買主がこれを「奇貨として」（＝それを良いことに），翌月以降も25日ではなく月末での支払いを継続した場合，買主は「売主から何カ月も文句が来ていないのだから，契約条件が月末払いに変更された。売主はそれを暗黙のうちに承認した」と主張できるか，という問題になります。

この買主の主張は，実は，英米法による「権利放棄の原則」（さらには「禁反言の原則」―矛盾した主張の禁止）に基づくものと言えます。この原則によれば，上記のように売主が代金の25日払いの不履行を黙認した場合には，その違反を追及する権利は放棄されたとみなされることになります。

本条の定めは，この権利放棄の原則を否定することに意味があるわけです。この規定があることにより，相手方により不履行や履行遅滞その他契約条件と異なる債務の履行に対し，債権者側がそれを「黙認」した場合であっても，それを咎める権利自体の放棄とはみなされないことになります。

また，後段の規定により，債権者が「ある不履行や違反」について，明確に請求権を放棄した場合であっても，「将来」それと同じ不履行や違反があった場合には，その請求権を行使することも可能であり，また，「ある債務の不履行」について請求権を放棄した場合であっても，「他の債務の不履行」に対する請求権には何らの影響も与えないことになります。

8．契約の一部が無効になってしまった場合はどうなる？―分離解釈

　この「分離」または「分離解釈」（Severability）という条項も，国際契約に特有と言っていい条項です。

　国際契約では，自国と相手国の双方の法律の適用が考えられます。たとえ「本契約は日本法に準拠する」と規定したとしても，それはあくまで「民法」などの任意規定の話です。消費者との関係では現地の消費者保護法が適用になり，労働者との関係では現地の労働法が適用になります。特に問題が多いのは「独禁法」の規制（特に再販売価格指定の禁止など）と「販売店／代理店保護法」（**第7章**参照）などでしょう。

　契約を締結する際に双方の国の法律を調査し，いずれの国の強行放棄にも違反しない契約条項を定めることが理想ですが，それは簡単なことではありませんし，法律・規則や判例が変わることもしばしばです。

　本条は，仮に，契約上の定めが何らかの法律や規制により無効とされた場合であっても，他の条項も，また契約自体も，なお有効なものとして存続させるために規定されます。

---

①　< Severability >

If for any reason a court of competent jurisdiction finds any provision of this Agreement invalid or unenforceable, that provision of the Agreement will be enforced to the maximum extent permissible and the other provisions of this Agreement will remain in full force and effect.

　<分離解釈>

　その理由のいかんを問わず管轄権ある裁判所が本契約のいずれかの定めが無効又は執行不能と判断した場合，本契約の当該定めは法で認められた最大範囲において執行されるものとし，本契約の他の定めはなお有効とする。

9．完全条項（完全合意）

　契約を締結するまでには，当事者間でさまざまな交渉，協議やEメールのやり取りがなされ，議事録や仮合意書などの書面も作成されている場合がありますが，これらの内容のうち，最終的に契約に記載されなかった内容には，何らの効力もないのでしょうか？

　英米法には「口頭証拠排除ルール（"Parol evidence rule"）」というものが存在します。これは，

「当事者が書面で合意した場合，これ以前の（または同時に成立した）合意であって，書面で合意した内容と矛盾したりこれを否定したりすることとなる合意は，証拠として採用されない」というものです。

　したがって，最終的に契約に記載されなかった合意内容は，一切認められないことになっています。

　この口頭証拠排除ルールを，契約上に明記したものが，いわゆる「完全条項」「完全合意」"Entire Agreement" と呼ばれる条項です。

---

① ＜ Entire Agreement ＞

1. This Agreement constitutes an entire agreement between the parties pertaining to the subject matter herein contained and supersedes all prior and contemporaneous agreements, representations and understandings of the parties.

2. No supplement, modification or amendment of this Agreement shall be binding upon any party hereto unless in writing executed by both parties.

　＜完全合意＞

　１．本契約は，本契約の主題に関する両当事者間のすべての合意を網羅しており，両当事者の以前及び現在のすべての合意，表明及び了解事項に優先する。

　２．本契約の補足，変更又は修正は，両当事者が署名した書面によらない限り，どの当事者に対しても拘束力がないものとする。

---

　①の規定がなくても，口頭証拠排除ルールは存在していますので，口頭証拠などが採用される可能性はほとんどありません。

しかし，日本には，このような原則はありません。

日本においては，制度上は，次のような「**自由心証主義**」が採用されています。

＜民事訴訟法247条＞（自由心証主義）

　裁判所は，判決をするに当たり，口頭弁論の全趣旨及び証拠調べの結果をしん酌して，自由な心証により，事実についての主張を真実と認めるべきか否かを判断する。

現実にも，裁判で「契約ではこのように規定されているが，現実にはこのような合意があったと考えられる」として，契約の解釈について契約書以外の証拠が出される場合があり，裁判官がそれを採用するということもないわけではありません。

したがって，契約内容の一義的明確化という観点からは，この完全条項は，国内の契約にこそ必要と言えると思われますし，実際の契約においても，この条項を入れるケースが増えているように思います。

たとえば，社団法人電子情報技術産業協会（JEITA）が2009年に発表したソフトウェア開発モデル契約においては，その3条2項において，次のように定めています。

＜JEITAソフトウェア開発モデル契約3条＞（太字は筆者）

　2　甲及び乙は，個別契約において本契約の一部の適用を排除し，又は本契約と異なる事項を定めることができる。この場合，個別契約の条項が本契約に優先するものとする。また，**本契約及び個別契約が当該個別業務の取引に関する合意事項のすべてであり**，かかる合意事項の変更は，第33条（本契約及び個別契約内容の変更）に従ってのみ行うことができるものとする。

---

10. 通知について定めるのはなぜ？

外国企業間で通信を行う場合，郵便などでは船便や航空便が使用され，到着までに時間が必要です。普通郵便なら1週間から10日近くかかるかかる場合もありますので，通知がいつ相手に到着するのか，また通知はどのタイミングで有効とされるのかという点を明らかにすることが，国内取引の場合より各段に重要です。したがって，国際契約では，次の①のような通知条項を定める必要があります。

---

① ＜ Notice ＞

Any notice required or permitted to be given under this Agreement shall be sent to the following address of the other party or to such address as a party may designate by written notice. The notice will be deemed received (a) upon delivery by hand, (b) five (5) days after mailing the notice by registered or certified mail with return receipt requested, or (c) by the date the notice was delivered via overnight courier service requiring signature upon receipt:

As to the Purchaser:　　　As to the　Supplier:

Address:　　Attention:　TEL:　　Address:　Attention:　TEL:

Facsimile:　Email:　　　　　Facsimile:　Email:

＜通知＞

本契約上必要となるか又は認められる通知は，すべて，以下の他方当事者の住所宛又は当事者が書面で通知した住所宛に送付されるものとする。通知は，以下の場合に送達されたものとみなされる：(a)手渡しされた時，(b)受領証明要請付きの書留郵便又は配達証明郵便で通知を発送してから5日が経過した時，又は(c)受領時に署名を求める宅配便で通知が送達された日。

購入者宛の場合　　　　　　供給者宛の場合

住所　　気付　　電話　　　住所　　気付　　　電話

ファックス　　Eメール　　ファックス　　Eメール

この規定で重要なのは，通知が有効になる時点（有効とみなされる時点）の定めです。通知は，相手に受領されて初めて有効になるとするのが，法の原則的な

考え方です（到達主義）が，送信者が相手に実際にいつ到達したか証明するのはかなり困難な作業となります。

　そこで，この①のように「到達したとみなされる」という「みなし到達」の制度が規定され，受領日の立証が困難であることを緩和しているのです。ただ，発送さえすれば良いというものではなく，受領者に配達したことを証明する配達証明書（受領証明書，Return Receipt）が送付者に送られてくることを，送付者が送付時に指定しておくことなどが要求されています。

　なお，"registered mail" "certified mail" は，それぞれ米国の**書留郵便**，**配達証明郵便**を指しています。

　日本にも同じ郵便配達方法がありますが，日本の「**内容証明郵便**」という制度は，日本独自のもので，諸外国には存在していません。

| PICK UP |　内容証明郵便制度

　「内容証明郵便」は，郵便物の送達の証明ではなく「**内容自体の証明**」です。

　差出人は，決まった様式（電子内容証明の場合は制限なし）の文書を作成後，同じものを3通用意し，大きめの郵便局に持っていくと，郵便局でその3通に違いがないかを実際に読んで確認してくれます。そのうえで，3通に確認印を押印後，1通を送付し1通を差出人に返却し1通を郵便局で保管します。これにより将来何らかの問題が生じた場合，郵便局に保管されている1通を証拠として，**その内容のその文書がその時に確かに存在したことを立証**することが可能となります（ただし配達証明を同時に利用する必要があります）。

　このような制度が存在するのは，元々郵便局が国の運営する機関であったことに由来するものと思われますが，日本独自の極めてユニークな制度です。

11. 反社会的勢力の排除

　政府は，企業が知らず知らずのうちに暴力団などの反社会勢力とかかわりを持ってしまうといった事件が増加したことを受け，2007年6月に「**企業が反社会的勢力による被害を防止するための指針**」を公表しました。

　これには，企業が反社会的勢力による被害を防止するための基本的な理念や具体的な対応等が取りまとめられており，また，相手が反社会的勢力にあたるかどうかを判断する際の基準（その属性および行為の要件）を提示しています。

　これに基づき，契約上に次の①のような「反社会的勢力との取引の排除」と題する条項を規定することが多くなりました。

　この定めは，反社会的勢力と契約を締結することを予防し，契約相手が上記の政府の指針に定められた組織等に該当する可能性がある場合には，契約関係を速やかに解消することを目的としており，反社会的勢力との関係の断絶を目指すものです。

---

①　＜反社会的勢力との取引の排除＞

１．本条に規定する「反社会的勢力」とは，暴力団，暴力団員，暴力団関係企業・団体又は暴力団関係者，総会屋，その他「暴力団員による不当な行為の防止等に関する法律」に規定された暴力団及びその関係団体等をいうものとする。

２．甲及び乙は，次の各号に定める事項を表明し，保証するものとする。

　　１）自己及びその役員（その主要な出資者及びその従業員を含む。以下本条において同じ。）が，反社会的勢力でないこと，また反社会的勢力でなかったこと。

　　２）自己及びその役員が，反社会的勢力を利用しないこと。

　　３）自己及びその役員が，反社会的勢力に対して資金等を提供し，又は便宜を供給するなど反社会的勢力の維持運営に協力し，又は関与しておらず，今後も関与しないこと。

　　４）自己及びその役員が。反社会的勢力と社会的に非難されるべき関係を有しないこと。

第11章　その他の一般条項　263

　　5）自ら又は第三者を利用して，相手方当事者に対し暴力的行為，詐術，
　　　脅迫的言辞を用いず，その名誉や信用を棄損せず，また，その業務を妨
　　　害しないこと。
　3．甲及び乙は，前項の規定をその委託先及びその調達先にも遵守させる義
　務を負うものとする。
　4．甲及び乙は，前2項を確認することを目的として相手方当事者又はその
　取引先が行う調査に誠実に協力するものとする。
　5．甲及び乙は，前3項のいずれかに対する違反をし，又はそのおそれがあ
　ることが判明した場合，直ちに相手方当事者に通知するものとする。

　②　＜解除に関する特則＞
　1．甲又は乙は，第○条の「解除」に関する定めに加えて，相手方が前条の
　定めのいずれかに違反した場合又はそのおそれがある場合，相手方に対する
　何らの催告をすることなく，直ちに，本契約を解除することができるものと
　する。
　2．前項に定めに従って甲又は乙が本契約を解除した場合であっても，当該
　解除を行った当事者が被った損害につき，他の当事者に対して損害賠償の請
　求を行うことを妨げるものではない。
　3．第1項に基づく解除によって，解除された当事者に損害が生じた場合と
　いえども，当該当事者は，解除を行った当事者に対し，当該損害の賠償を請
　求できないものとする。

　②の解除に関する定めは，上記条文内の「第○条」という一般の解除条項に対
する特則であることを明確にするために規定されたものです。
　本条違反の事由を，○条の一般の解除事由の1つに挙げても問題はありませ
ん。ただ，上記②の3項の「解除された側からの損害賠償請求」を認めないとす
る定めは，反社会的勢力からの金銭要求に屈せずそれを明確に拒絶するという意
思の表れであり，これを宣言することで，反社会的勢力との取引や契約を最初か
ら排除するという（契約本来の目的とは離れた）狙いもありますので，これもあ
わせて解除条項に持っていくことが望ましいと思われます。

■契約実務の7つ道具（標準的辞書，六法を除く），参考文献

契約書・英文契約書の実務を行うに当たっては，次の「7つ道具」ならぬ「7冊の書籍」は，私にとって必携です。また，(1)と(3)の書籍は，繰り返し読んでいます。(7)は「数字の英語」という日本人の弱点を補う良書です。

(1) 実務契約法講義＜第4版＞（佐藤孝幸著，民事法研究会）
(2) Black's Law Dictionary ＜10th Edition＞（Bryan A. Garner, Thomson West）
(3) Working With Contract（Charles M. Fox 著，Practising Law Institute）
　　（邦題「米国人弁護士が教える英文契約書作成の作法」（道垣内正人監訳，商事法務）
(4) 契約・法律用語英和辞典（菊池義明著，IBC パブリッシング）
(5) 英米法律語辞典（小山貞夫編著，研究社）
(6) 法律学小辞典＜第5版＞（高橋和之ほか編集代表，有斐閣）
(7) 数の英語表現辞典（橋本光憲著，小学館）

＜参考文献＞　（上記の7冊を除きます）
a. はじめての英文契約書の読み方（寺村淳著，アルク）
b. 取引・交渉の現場で役立つ 英文契約書の読み方（佐藤孝幸著，かんき書房）
c. 英文ビジネス契約書大辞典＜増補改訂版＞（山本孝夫著，日本経済新聞社）
d. ビジネス契約書の起案・検討の仕方（原秋彦著，商事法務）
e. 英文契約書の基礎知識（宮野準治・飯泉恵美子著，ジャパンタイムズ）
f. 国際商取引法＜第2版＞（高桑昭著，有斐閣）
g. アメリカ契約法＜第2版＞（樋口範雄著，弘文堂）
h. 国際取引法＜第2版＞（北川俊光・柏木昇著，有斐閣）
i. ビジネス法務基本用語和英辞典＜第2版＞（原秋彦著，商事法務）
j. ビジネス法務英文用語集＜第2版＞（原秋彦著，商事法務）
k. 英文契約書のための和英用語用例辞典（野副靖人著，中央経済社）
l. ハンドブックアメリカ・ビジネス法（吉川達夫・飯田浩司編著，レクシスネクシス・ジャパン）
m. LawL ゆいの英文契約書入門＜新書版＞（安保智勇編著，第一法規）
n. Q&A「国際取引のリスク管理」ハンドブック＜改訂版＞（富澤敏勝ほか著，セルバ出版）

INDEX

[和文]

い

意思表示‥‥‥‥‥‥‥‥‥‥‥‥4, 26
意匠権‥‥‥‥‥‥‥‥‥‥‥‥‥‥187
逸失利益‥‥‥‥‥‥‥‥‥‥‥‥‥247
移転型の契約‥‥‥‥‥‥‥‥‥‥‥17
イニシャル‥‥‥‥‥‥‥‥‥‥‥‥34
委任契約‥‥‥‥‥‥‥‥‥‥17, 19, 20
因果関係‥‥‥‥‥‥‥‥‥‥‥‥‥243
インカメラ手続‥‥‥‥‥‥‥174, 175
印鑑‥‥‥‥‥‥‥‥‥‥‥‥‥‥‥33
インコタームズ
‥‥‥‥‥9, 15, 81, 86, 88, 103, 105, 130
印紙税‥‥‥‥‥‥‥‥‥‥‥‥29, 30
印紙税法‥‥‥‥‥‥‥‥‥‥‥‥‥32

う

ウィーン売買条約‥‥‥9, 13, 84, 129, 242
受け入れ完了‥‥‥‥‥‥‥‥‥‥108
受入検査‥‥‥‥‥‥‥‥‥‥‥‥106
請負‥‥‥‥‥‥‥‥‥‥‥‥‥‥‥28
請負契約‥‥‥‥‥‥17, 19, 20, 21, 23, 29
受取書‥‥‥‥‥‥‥‥‥‥‥‥‥‥30
売主の故意・過失‥‥‥‥‥‥‥‥117
運送契約‥‥‥‥‥‥‥‥‥‥‥‥‥30
運送人渡‥‥‥‥‥‥‥‥‥‥93, 96
運賃‥‥‥‥‥‥‥‥‥‥‥‥‥‥129
運賃込‥‥‥‥‥‥‥‥‥‥86, 89, 96
運賃保険料込‥‥‥‥‥15, 86, 88, 92, 97

え

映画化‥‥‥‥‥‥‥‥‥‥‥‥‥180
営業情報‥‥‥‥‥‥‥‥‥‥‥‥‥63
営業資料‥‥‥‥‥‥‥‥‥‥‥‥161
営業の譲渡‥‥‥‥‥‥‥‥‥‥‥217
営業秘密‥‥‥‥‥‥‥‥‥‥‥‥168
──に関する権利‥‥‥‥‥‥‥‥187

役務型の契約‥‥‥‥‥‥‥‥17, 19
役務（サービス）‥‥‥‥‥‥‥‥‥20
エクイティ‥‥‥‥‥‥‥‥‥‥‥185
援用‥‥‥‥‥‥‥‥‥‥‥‥‥16, 88

お

押印‥‥‥‥‥‥‥‥‥‥‥‥‥‥‥33
王立裁判所‥‥‥‥‥‥‥‥‥‥‥185
大文字表記‥‥‥‥‥‥‥‥‥‥‥248
送り状‥‥‥‥‥‥‥‥‥‥‥‥‥‥88
覚書‥‥‥‥‥‥‥‥‥‥‥‥‥‥‥24

か

外国仲裁判断の承認及び執行に関する条約
‥‥‥‥‥‥‥‥‥‥‥‥‥‥‥‥238
解散‥‥‥‥‥‥‥‥‥‥‥‥‥‥217
会社更生‥‥‥‥‥‥‥‥‥‥‥‥217
会社更生法‥‥‥‥‥‥‥‥‥‥‥216
会社法‥‥‥‥‥‥‥‥‥‥‥‥‥‥10
解除‥‥‥‥‥‥‥‥‥‥‥‥202, 213
解除権‥‥‥‥‥‥‥‥‥‥‥‥‥228
解除事由‥‥‥‥‥‥‥‥‥‥216, 219
解除通知‥‥‥‥‥‥‥‥‥‥‥‥216
改正民法‥‥‥‥‥‥‥‥‥‥‥‥‥10
開発危険の抗弁‥‥‥‥‥‥‥‥‥201
外部設計書‥‥‥‥‥‥‥‥‥‥‥‥66
回路配置権‥‥‥‥‥‥‥‥‥‥‥187
価格‥‥‥‥‥‥‥‥‥‥‥‥‥‥131
価格表‥‥‥‥‥‥‥‥‥‥‥128, 131
価格変更‥‥‥‥‥‥‥‥‥‥‥‥131
書留郵便‥‥‥‥‥‥‥‥‥‥‥‥261
確定判決‥‥‥‥‥‥‥‥‥‥‥‥218
隠れた瑕疵‥‥‥‥‥‥‥‥‥111, 116
加工‥‥‥‥‥‥‥‥‥‥‥‥‥‥101
瑕疵ある商品‥‥‥‥‥‥‥‥‥‥‥39
瑕疵担保責任‥‥‥‥‥‥106, 116, 117
過失‥‥‥‥‥‥‥‥‥‥‥‥196, 222
合併‥‥‥‥‥‥‥‥‥‥‥‥‥‥216

過納品 …………………………… 113
株券 ………………………………… 30
株式譲渡 ………………………… 216
仮契約書 …………………………… 42
仮差押 ………………………… 217, 218
仮処分 …………………………… 217
為替手形 ………………………… 139
管轄権（→裁判管轄）………… 15
官公庁からの開示要求 ………… 172
管財人 …………………………… 218
関税 ………………………………… 78
関税持込渡 ………………… 86, 96
間接的損害 ……………………… 247
完全合意 ………………………… 258
完全条項 ………………………… 258

き

期間 ……………………………… 202
企業が反社会的勢力による被害を防止する
　ための指針 ………………… 262
企業再編 ………………………… 231
企業別労働組合 …………… 65, 226
期限喪失条項 …………………… 220
期限の利益 ……………………… 220
　──の喪失 …………………… 202
危険負担 …………… 15, 80, 82, 130
　──の移転時期 ……………… 85
技術 ……………………………… 186
技術情報 …………………… 63, 253
帰責事由 …………… 196, 222, 223
偽装請負 ……………… 20, 23, 24
寄託契約 …………………… 17, 19
既知の情報 ……………………… 170
機能 ……………………………… 121
基本契約 ………… 28, 29, 30, 59, 61
記名 ……………………………… 33
記名押印 ………………………… 33
脚色 ……………………………… 180
協議条項 ………………………… 234
協業検討 ………………………… 182
強行規定 …………………… 7, 9, 10

競合する製品 …………………… 160
競合品取扱い禁止 ……………… 160
強行法規 …………………………… 9
強制執行 …………………… 218, 237
強制執行認諾文言 ………………… 6
共同開発 ………………………… 63
共同経営 ………………………… 249
共同事業体 ……………………… 249
競売手続 ………………………… 100
競売の申立 ……………………… 217
業務委託 ………………………… 28
業務委託契約 …………………… 152
共有 ……………………………… 191
共有者の単独行為 ……………… 192
拒否 ……………………………… 69
銀行取引停止処分 ……………… 219
金銭債務 …………………… 222, 226
金銭賠償 ………………………… 185
禁反言の原則 …………………… 256

く

クーリングオフ …………………… 9
組合契約 ………………………… 24
訓練 ……………………………… 161

け

契印 ……………………………… 34
刑事罰 …………………………… 10
継続的な取引 …………………… 70
継続的な売買契約 ……………… 70
形態 ……………………………… 186
経年変化 ………………………… 123
刑罰 ……………………………… 10
契約 ………………………………… 1
　──に適合しない …………… 116
　──に適合する ……………… 116
　──の効力発生日 …………… 51
　──の成立時期 ………………… 4
　──の目的 …………………… 59
契約期間 …………………… 202, 209
契約終了の効果 ………………… 209

契約上の地位 ……………………………… 229
　——の譲渡 …………………………… 229
契約書のコピー ………………………… 31
契約責任 ………………………………… 196
契約費用 …………………………………… 79
契約不適合 ……………………… 106, 116
契約不適合責任 ………………… 116, 117
消印 ………………………………………… 29
結果損害 ………………………………… 247
欠陥 ……………………………………… 198
月末締め翌月末払い …………………… 137
厳格責任 ………………………………… 198
厳格な地域制限 ………………………… 150
検査 …………………………………… 39, 106
検査完了時 …………………………… 85, 103
検査期間 ………………………………… 108
検査基準 …………………………… 11, 39, 107
検査義務 ………………………………… 106
検査報告書 ……………………………… 122
検査方法 ………………………………… 107
現実かつ直接の損害額 ………………… 246
検収 ……………………………………… 106
検収完了 ………………………………… 109
検収完了時 …………………………… 85, 103
原状回復義務 …………………………… 207
現状有姿 ………………………………… 123
源泉徴収 ………………………………… 144
源泉徴収税 ……………………………… 143
舷側の欄干 ……………………………… 87
権利非放棄 ……………………………… 255
権利放棄 ………………………………… 255
　——の原則 …………………………… 256

こ
故意 ……………………………… 196, 222
考案 ……………………………………… 186
合意管轄 ………………………………… 235
公害 ……………………………… 197, 198
交換 ………………………………………… 39
交換契約 …………………………… 17, 18
恒久的施設 ……………………………… 250

工業所有権 ……………………………… 188
航空機 …………………………………… 89
広告資材 ………………………………… 161
工場見学 ………………………………… 168
工場渡 …………………………………… 94, 96
公序良俗 ……………………… 10, 140, 237
更新 ……………………………………… 202
洪水 ……………………………………… 223
公正証書 …………………………………… 5
公正取引委員会 ………………………… 149
拘束力のない …………………………… 156
公知の情報 ……………………………… 170
口頭証拠排除ルール …………………… 258
衡平法 ……………………………… 125, 185
公法 ……………………………………… 10
合理的支配 ……………………………… 65
顧客情報 ………………………………… 63
顧客との直接交渉 ……………………… 160
国際私法 …………………………… 13, 242
国際出願 ………………………………… 188
国際商業会議所 ………… 9, 15, 81, 237, 238
国際仲裁裁判所 ………………………… 237
国際物品売買契約に関する国際連合条約
　……………………… 9, 13, 84, 129, 242
国家主権 ………………………………… 237
国内源泉所得 …………………………… 143
個別契約 …………… 28, 29, 59, 127, 207
　——の成立 …………………………… 74
個別契約書 ……………………………… 74
コミッション …………………… 26, 147
コモン・ロー …………………… 125, 185
　——または衡平法で認められた救済 … 185
雇用契約 …………………………… 17, 19, 21
混載貨物専用倉庫 ……………………… 93
コンテナ船 ……………………………… 89
コンテナヤード ………………… 89, 93, 95
コンテナ輸送 …………………………… 93
コンピュータの停止 …………………… 247
梱包 ……………………………………… 78, 79

さ

債権 ······················· 2, 229
債権回収方法 ···················· 100
債権者主義 ····················· 82, 84
債権譲渡 ······················ 229
債権譲渡禁止 ···················· 229
催告 ······················ 7, 213, 216
最終的な契約 ····················· 42
最低購入数量 ···················· 155
裁判 ························ 236
裁判管轄 ····················· 208, 234
再販売価格指定 ··················· 257
最密接関連地 ···················· 242
債務 ······················· 2, 229
債務者主義 ····················· 82, 84
債務者の資力 ···················· 229
債務引受 ······················ 229
債務不履行 ····················· 223
債務名義 ······················ 218
債務免除の契約 ···················· 57
材料不足 ······················ 222
先取特権 ······················ 100
差押 ······················ 216, 217, 218
差止請求 ····················· 184, 185
産業財産権 ····················· 187
産業上利用される知的財産 ············· 188
残存条項 ····················· 207, 208
三倍賠償制度 ·················· 40, 237, 247

し

指揮監督 ······················· 23
指揮命令 ······················ 20, 21
事業譲渡 ······················ 232
仕事の完成義務 ···················· 20
持参債務の原則 ···················· 78
事実行為 ······················· 19
事実上の倒産 ···················· 219
使者 ························ 151
地震 ······················· 222, 223
システム開発契約 ·················· 21
システム仕様書 ···················· 66

下請業者 ······················ 231
下請代金支払遅延等防止法 ············· 10
質権 ························ 100
執行官 ························ 218
執行裁判所 ····················· 218
失効文言 ······················· 42
実施許諾 ······················ 192
実体法 ························ 240
実用新案権 ····················· 187
支配権の変更 ···················· 233
支払停止 ····················· 217, 218
私法 ························· 10
仕向港 ························ 89
仕向地持込渡 ····················· 96
借地借家法 ······················ 10
社債券 ························ 30
州際取引 ······················ 244
自由心証主義 ···················· 259
終身定期金契約 ···················· 25
重大な債務の不履行 ················· 214
収入印紙 ··················· 29, 30, 31
収入印紙代 ······················ 79
修理 ························· 39
受注見込み ····················· 156
出荷 ························· 78
出荷時 ························ 85
種苗法上の育成者権 ················· 187
受領証明書 ····················· 261
準委任契約 ······················ 19
準拠法 ··················· 192, 208, 240
準拠法条項 ····················· 234
準用 ························· 18
仕様 ················ 11, 78, 116, 119, 120, 194
使用許諾 ······················ 163
使用許諾契約 ···················· 25
商事売買 ······················ 106
証する ························ 52
使用貸借契約 ·················· 17, 18, 19
承諾の意思表示 ····················· 4
譲渡契約 ······················· 30
消費者契約法 ···················· 9, 124

INDEX 271

消費者取消権･････････････････････････9
消費者保護法･････････････････････257
消費貸借契約････････17, 18, 19, 30, 57
商標･･･････････････････････････25, 163
　　──に関するマーク････････････163
商標権･･････････････････････････187
商標権者････････････････････････163
商標使用規約････････････････････163
商品性･･････････････････････125, 248
商品の価格･･････････････････････127
商法････････････････････････････10
情報開示････････････････････････165
情報漏えい･･････････････････････185
条約････････････････････････････13
職業安定法･･････････････････････20
植物の新品種････････････････････187
職務権限････････････････････････35
処分の禁止･･････････････････････218
署名････････････････････････33, 34
書面開示････････････････････････167
書面によらない贈与の撤回････････58
所有権･･････････････････91, 98, 186
所有権移転･･････････････････････141
所有権移転時期･･････91, 98, 100, 103, 186
所有権移転登記･･････････････････142
所有権留保･････98, 99, 100, 101, 102, 186
資料の返却･･････････････････････181
シンガポール国際仲裁センター･･････237, 239
信義誠実････････････････････････59
信義則違反･･････････････････････205
人身傷害････････････････････････247
信用状････････････････････････138
信用の喪失･･････････････････････247

す

ストライキ･･･････････････65, 222, 223

せ

請求書････････････････････････62
正式契約････････････････････････42
製造物供給････････････････････28, 119

製造物供給契約･････････････194, 203
製造物責任･･････････････････196, 197
製造物責任法････････････････････198
性能の保証･･････････････････････120
製品の変更･･････････････････････72
製品名･･････････････････････････164
税務当局････････････････････････249
責任の制限･･････････････････243, 245
戦争････････････････････････････223
専属的合意管轄･･････････････････234
専属的合意管轄裁判所････････････236
船側渡････････････････････････89, 96
前文････････････････････････54, 166
占有････････････････････････････99

そ

相当因果関係････････････････････243
相当期間･･････････････････････37, 213
双務契約････････････････････････18
贈与････････････････････････････58
贈与契約･･････････････17, 18, 56, 58
組織再編････････････････････････232
租税公課の滞納督促･･････････････217
租税条約････････････････････････144
租税滞納処分････････････････････216
ソフトウェア開発モデル契約･･････259
損害賠償････････････････････････185
　　──の範囲････････････････････243

た

ターミナル持込渡･････････････････96
対価･･････････････････････････18, 56
対価関係････････････････54, 56, 57, 58
対価支払義務････････････････････215
対価上限････････････････････････247
代金支払完了時･･････････85, 103, 104
代金返金････････････････････････39
対抗要件････････････････････････142
第三者から取得した情報･･････････170
滞納による保全差押･･････････････217
代表権のある取締役･･････････････34

代表執行役······················34
代表取締役······················34
大法官·························185
代名詞·························38
代理···············26, 151, 249
代理権························153
代理店·····················26, 205
代理店契約·······26, 27, 147, 151, 204
代理人·····················205, 249
単価··························43
担保·························220
担保権························100

ち

地域制限·······················149
地域割り·······················149
遅延損害金······················140
遅延利息·······················140
地上権設定契約····················30
知的財産権·····················25, 186
——の侵害·················193, 248
仲介·················27, 151, 153
仲介契約·······················147
中国国際経済貿易仲裁委員会···········237
仲裁·················208, 236, 241
仲裁機関·····················15, 237
仲裁条約·······················238
仲裁手続·····················208, 238
仲裁判断·······················218
注文··························76
注文請書············28, 29, 62, 70, 74
注文書··········28, 29, 62, 70, 74, 76
懲罰的損害賠償····················244
懲罰的損害······················247
著作·························190
著作権························187
賃貸借契約····················17, 18

つ

通関手続·····················78, 81
通関費用·······················129

通常損害·····················243, 247
通知·························260
通知義務·······················227
強い非難·······················247

て

定款··························30
定義·······················41, 64
定義条項·······················71
定型約款·······················10
抵触法ルール·····················242
抵当権························100
データ損失······················247
手形·························219
手形交換所······················219
適用··························18
適用範囲·······················59
手数料······················26, 147
手続法························240
テロ国家·······················253
典型契約·······················17
天災·························227
電子ファイル·····················31
転売·························101

と

統一商法典····················244, 248
登記·························141
登記事項証明書····················34
登記簿謄本······················34
倒産解除·······················217
倒産手続·····················216, 218
当事者間のルール··················10, 12
当事者の関係·····················249
到達主義·······················261
独自開発·······················171
独占禁止法······················149
独占的販売権···················149, 160
独占的販売店契約·················154, 155
特定商取引法·····················9
特定物··················70, 74, 83, 98

| INDEX | 273

特定目的への適合性 ·················· 125, 248
特定履行 ···································· 185
特別採用 ······························ 112, 114
特別損害 ······························ 243, 247
特別法は一般法を破る ···················· 62
特約 ····························· 7, 8, 9, 11
土地賃貸借契約 ·························· 30
特許協力条約 ···························· 188
特許権 ································ 186, 187
独禁法 ···································· 257
取引コスト ······························ 28
取引停止処分 ···························· 217

な
内国民待遇 ······························ 188
内示 ······································ 6
内容証明郵便 ···························· 261
仲立 ···································· 151
捺印証書 ································ 57

に
荷為替信用状 ···························· 138
二次的に発生した知的財産 ·············· 190
二重課税 ································ 144
　　──を防止するための租税条約 ········ 144
二重譲渡 ································ 141
日米新租税条約 ·························· 144
日本商事仲裁協会 ·················· 237, 240
ニューヨーク条約 ························ 238
任意規定 ··················· 7, 10, 14, 17, 88

ね
年間最低購入量 ·························· 43

の
納税証明書 ······························ 144
納入 ···································· 78
納入時 ································ 85, 103
ノウハウ ································ 25
納品 ···································· 39

は
媒介 ································ 27, 151
売却代金 ································ 102
背景 ······························ 54, 59, 63
賠償 ···································· 39
賠償金額の上限 ·························· 246
配達証明郵便 ···························· 261
配達遅延 ································ 223
売買基本契約 ························ 46, 207
売買契約 ······················ 17, 70, 207
破壊 ···································· 181
派遣会社 ································ 22
派遣契約 ································ 23
派遣先 ···································· 22
派遣事業者 ······························ 22
派遣法 ···································· 20
破産 ································ 216, 217
破産手続 ································ 220
破産法 ································ 216, 217
派生的損害 ·························· 243, 247
派生的損害賠償 ·························· 244
発行銀行 ································ 138
発注 ···································· 39
発注方法 ································ 74
発明 ································ 186, 190
判決 ···································· 15
反社会的勢力 ···························· 262
半導体回路配置 ·························· 187
販売権の許諾 ························ 147, 149
販売代理権の許諾 ···················· 147, 151
販売代理店契約 ···················· 26, 27, 148
販売店 ···································· 26
販売店契約 ················ 26, 27, 48, 147, 204
販売店／代理店保護法制 ········ 204, 205, 257
販売パートナー関係 ······················ 63
販売目標 ································ 156
判例 ···································· 8

ひ
非居住者 ································ 143
引渡義務 ···························· 80, 129, 130

非公知性‥‥‥‥‥‥‥‥‥‥‥168	不良品‥‥‥‥‥‥‥‥‥‥‥7, 106
被告の所在地‥‥‥‥‥‥‥‥‥238	不渡り‥‥‥‥‥‥‥217, 218, 219
非侵害‥‥‥‥‥‥‥‥‥125, 248	文学的及び美術的著作物の保護に関するベル
非典型契約‥‥‥‥‥‥‥‥‥‥25	ヌ条約‥‥‥‥‥‥‥‥‥‥‥188
非独占的販売権‥‥‥‥‥‥‥‥149	文書提出命令‥‥‥‥‥‥‥‥175
──への格下げ‥‥‥‥‥‥‥158	紛争解決‥‥‥‥‥‥‥‥234, 240
ひな形‥‥‥‥‥‥‥‥‥‥‥‥41	分離解釈‥‥‥‥‥‥‥‥‥‥257
秘密管理性‥‥‥‥‥‥‥‥‥168	
秘密情報の例外‥‥‥‥‥170, 173	**へ**
秘密保持‥‥‥‥‥‥‥‥‥‥165	米国仲裁協会・紛争解決国際センター
秘密保持義務‥‥‥‥‥‥‥‥208	‥‥‥‥‥‥‥‥‥‥237, 240
秘密保持契約‥‥‥‥‥44, 165, 181	米国統一商法典‥‥‥‥‥‥‥125
秘密保持条項‥‥‥‥‥‥‥‥165	米国の労働組合‥‥‥‥‥‥‥226
表現‥‥‥‥‥‥‥‥‥‥‥‥186	別途協議‥‥‥‥‥‥‥‥‥‥40
品質管理体制‥‥‥‥‥‥‥‥122	別途協議条項‥‥‥‥‥‥‥‥37
品質保証書‥‥‥‥‥‥‥‥‥122	ベルヌ条約‥‥‥‥‥‥‥‥‥188
	編曲‥‥‥‥‥‥‥‥‥‥‥‥180
ふ	弁済費用‥‥‥‥‥‥‥‥‥‥79
不可抗力‥‥‥‥‥‥‥‥65, 222	返品費用‥‥‥‥‥‥‥‥‥‥247
不可抗力事由‥‥‥‥‥‥65, 222	片務契約‥‥‥‥‥‥‥‥18, 58
付加的合意管轄裁判所‥‥‥‥‥236	片面的強行規定‥‥‥‥‥‥‥‥9
複製‥‥‥‥‥‥‥‥‥‥‥‥180	
袋とじ‥‥‥‥‥‥‥‥‥‥‥34	**ほ**
付随的損害‥‥‥‥‥‥‥243, 247	貿易条件‥‥‥‥‥11, 81, 86, 88, 105, 129
付随的損害賠償‥‥‥‥‥‥‥244	──の解釈に関する国際規則‥‥‥‥9, 15
不正開示‥‥‥‥‥‥‥‥‥‥178	貿易取引‥‥‥‥‥‥‥‥‥‥86
──の禁止‥‥‥‥‥‥‥‥176	法定担保権‥‥‥‥‥‥‥‥‥100
不正競争防止法‥‥‥‥‥‥‥168	法的な責任‥‥‥‥‥‥‥‥‥196
負担付贈与‥‥‥‥‥‥‥‥‥18	冒頭部分‥‥‥‥‥‥‥‥‥‥50
物権‥‥‥‥‥‥‥‥‥‥‥‥2	法の適用に関する通則法‥‥‥‥242
不動産‥‥‥‥‥‥‥‥‥‥‥70	方法‥‥‥‥‥‥‥‥‥‥‥‥186
不動産鑑定費用‥‥‥‥‥‥‥79	法律行為‥‥‥‥‥‥‥‥‥‥19
不動産売買契約‥‥‥‥‥‥‥141	法例‥‥‥‥‥‥‥‥‥‥‥‥242
不特定物‥‥‥‥‥‥‥‥‥‥83	法令遵守‥‥‥‥‥‥‥‥‥‥252
船積港‥‥‥‥‥‥‥‥‥‥‥89	保管費用‥‥‥‥‥‥‥‥‥‥247
船積書類‥‥‥‥‥‥‥‥‥‥139	保険料‥‥‥‥‥‥‥‥‥80, 129
船荷証券‥‥‥‥‥‥‥‥‥‥136	保証‥‥‥‥‥‥‥9, 106, 116, 120
部品・原材料製造業者の抗弁‥‥‥201	──の否認‥‥‥‥‥‥125, 182
不法行為責任‥‥‥‥‥‥‥‥196	保証契約‥‥‥‥‥‥9, 56, 57, 58
フランチャイズ契約‥‥‥‥‥‥25	保証状‥‥‥‥‥‥‥‥‥‥‥138
ブランド名‥‥‥‥‥‥‥‥‥164	保証責任‥‥‥‥‥‥‥‥‥‥248

保証人 ························ 56
翻案 ···························· 180
香港国際仲裁センター ··············· 237
本船 ··························· 89
　——の甲板に船積みされた時 ········ 87
本船渡 ············· 15, 86, 88, 90, 96
本人 ·························· 151

ま
マーク ························ 186
前払い ························ 135

み
未出荷在庫 ···················· 133
未出荷の個別注文 ················ 211
見積書 ····················· 75, 127
みなし到達 ···················· 261
ミニマムパーチャス ··········· 155, 160
未履行の個別契約 ·············· 210, 211
民事再生 ······················ 217
民事再生法 ···················· 216
民法 ·························· 17

む
無効 ··························· 10
無催告解除 ··················· 215, 216
無償契約 ······················ 18
無体財産権 ····················· 25
無断複製 ······················ 179
無方式主義 ···················· 188
無保険 ······················· 95
無名契約 ······················ 25
無利息 ······················· 19

め
明示的保証 ···················· 125
名誉棄損 ······················ 185

も
申込みの意思表示 ·················· 4
黙示的保証 ···················· 125

目的外使用 ···················· 180
持分の譲渡 ···················· 192
モデル仲裁条項 ················· 238

や
約因 ····················· 54, 56, 57
約束手形 ······················ 30

ゆ
誘因 ························· 56
有償契約 ······················ 18
有体物 ······················· 186
有名契約 ······················ 17
有用性 ······················· 168
輸出管理 ······················ 252
輸出規制 ······················ 253
輸出通関手続 ···················· 93
輸送費込 ···················· 93, 96
輸送費保険料込 ················· 93, 96

よ
要件定義書 ····················· 66
予見すべきであった特別損害 ········· 243
予測可能性 ············· 36, 38, 40, 64
予備的覚書 ····················· 42
予備的合意 ····················· 42

ら
ライセンス ···················· 192
ライセンス契約 ·················· 25
ライセンス料 ··················· 143

り
リース契約 ····················· 25
履行の催告 ···················· 213
履行費用 ······················ 79
履行不能 ······················ 216
リサイタル条項 ················ 54, 59
リスク ················ 8, 36, 38, 40, 64
　——の固定化（明確化） ·········· 8, 15
利息 ························· 19

利息制限法···················140
流通業者の販売地域に関する制限········149
利用型の契約·················17, 18
領収証····················30
利用方法の例外···············173

る

類似する製品·················160

れ

連邦法····················244

ろ

労働関係法···················9
労働基準法···················9
労働者供給事業···············20
労働者派遣·················20
労働者派遣法·············20, 22
労働争議·················223
労働法················10, 257
労務····················20
ローリング受注見込み··········157
ローン···················99
ローン契約·················99
ロックアウト···············223
ロンドン国際仲裁裁判所·········237

わ

和解契約·················24
和解調書·················218
割印····················34

［英文］

A

AAA/ICDR·············237, 239
acceptance inspection··········109
accuracy················183
acknowledgment············61
acquirer of assets···········232
act of God············225, 227
acts of government or governmental
  authorities·············227
adapt··················179
advanced Payment···········136
advertising material·······161, 162
advise·················245
agency agreement·········27, 147
agent················26, 151
aggregate liability···········245
agreement···············52
amendment··············73
and against··············193
application··············14
apply to···············60
appointment·············151
arbitration···········237, 238
AS IS·················123
assemble···············53
assign·················230
assignment··············230
at a discounted price·········113
attempt················230
attention···············260
at the Supplier's discretion·····93
at the Supplier's sole discretion····132
attributable to············193
attribute···············164
automatically·············203

B

backlog················134
bailee·················102

balance ⋯⋯⋯⋯⋯⋯⋯⋯⋯ 136	conditioned or delayed ⋯⋯⋯⋯⋯⋯ 69
bank charge ⋯⋯⋯⋯⋯⋯⋯⋯⋯ 140	confidential information ⋯⋯⋯⋯⋯ 169
bankruptcy ⋯⋯⋯⋯⋯⋯⋯⋯⋯ 216	consecutive contract years ⋯⋯⋯⋯ 159
basic agreement ⋯⋯⋯⋯⋯⋯⋯⋯ 60	consequential damage ⋯⋯⋯⋯⋯ 245, 247
bear ⋯⋯⋯⋯⋯⋯⋯⋯⋯⋯⋯⋯ 145	consideration ⋯⋯⋯⋯⋯⋯⋯⋯⋯ 56
be deemed incorporated in ⋯⋯⋯⋯ 60	consolidate ⋯⋯⋯⋯⋯⋯⋯⋯⋯ 216
be engaged in ⋯⋯⋯⋯⋯⋯⋯⋯⋯ 55	contracting state ⋯⋯⋯⋯⋯⋯⋯⋯ 14
be governed by ⋯⋯⋯⋯⋯⋯ 61, 241	control ⋯⋯⋯⋯⋯⋯⋯⋯⋯⋯⋯ 181
be legally bound ⋯⋯⋯⋯⋯⋯⋯ 166	convention ⋯⋯⋯⋯⋯⋯⋯⋯ 14, 145
be without prejudice to ⋯⋯⋯⋯⋯ 255	copy ⋯⋯⋯⋯⋯⋯⋯⋯⋯⋯⋯⋯ 179
bill of lading ⋯⋯⋯⋯⋯⋯⋯⋯⋯ 136	copyright ⋯⋯⋯⋯⋯⋯⋯⋯ 187, 189
binding arbitration ⋯⋯⋯⋯⋯⋯⋯ 235	CPT ⋯⋯⋯⋯⋯⋯⋯⋯⋯⋯⋯ 93, 96
B/L ⋯⋯⋯⋯⋯⋯⋯⋯⋯⋯⋯⋯ 136	cumulatively ⋯⋯⋯⋯⋯⋯⋯⋯⋯ 110
bona fide ⋯⋯⋯⋯⋯⋯⋯⋯⋯⋯ 235	cure ⋯⋯⋯⋯⋯⋯⋯⋯⋯⋯⋯⋯ 214
breach ⋯⋯⋯⋯⋯⋯⋯⋯⋯⋯⋯ 214	customs ⋯⋯⋯⋯⋯⋯⋯⋯⋯⋯⋯ 253
breakdown of public common carrier or	
communications facilities ⋯⋯⋯⋯⋯ 227	**D**
business day ⋯⋯⋯⋯⋯⋯⋯⋯⋯ 77	damage ⋯⋯⋯⋯ 109, 110, 121, 183, 245, 247
but not limited to ⋯⋯⋯⋯⋯⋯⋯ 69	damages ⋯⋯⋯⋯⋯⋯⋯⋯⋯⋯⋯ 185
by necessity ⋯⋯⋯⋯⋯⋯⋯⋯⋯ 178	DAP ⋯⋯⋯⋯⋯⋯⋯⋯⋯⋯⋯⋯ 96
	DAT ⋯⋯⋯⋯⋯⋯⋯⋯⋯⋯⋯⋯ 96
C	DDP ⋯⋯⋯⋯⋯⋯⋯⋯⋯⋯⋯ 86, 96
CEO ⋯⋯⋯⋯⋯⋯⋯⋯⋯⋯⋯⋯ 34	death or personal injury ⋯⋯⋯⋯⋯ 245
certificate ⋯⋯⋯⋯⋯⋯⋯⋯⋯⋯ 182	declare and announce ⋯⋯⋯⋯⋯⋯ 152
certified mail ⋯⋯⋯⋯⋯⋯⋯ 260, 261	declared or not ⋯⋯⋯⋯⋯⋯⋯⋯ 225
CFR ⋯⋯⋯⋯⋯ 86, 89, 93, 96, 105	deducted ⋯⋯⋯⋯⋯⋯⋯⋯⋯⋯ 145
CFY ⋯⋯⋯⋯⋯⋯⋯⋯⋯⋯⋯⋯ 93	deed ⋯⋯⋯⋯⋯⋯⋯⋯⋯⋯⋯⋯ 57
change of control ⋯⋯⋯⋯⋯⋯⋯ 233	defect ⋯⋯⋯⋯⋯⋯⋯⋯⋯⋯ 109, 121
CIETAC ⋯⋯⋯⋯⋯⋯⋯⋯⋯⋯ 237	defend ⋯⋯⋯⋯⋯⋯⋯⋯⋯⋯⋯ 193
CIF ⋯⋯⋯ 15, 86, 88, 92, 93, 97, 105, 129, 130	deficiency ⋯⋯⋯⋯⋯⋯⋯⋯⋯⋯ 110
CIP ⋯⋯⋯⋯⋯⋯⋯⋯⋯ 93, 96, 130	definition ⋯⋯⋯⋯⋯⋯⋯⋯⋯⋯ 67
claim ⋯⋯⋯⋯⋯⋯⋯⋯⋯⋯ 193, 245	delay in delivery ⋯⋯⋯⋯⋯⋯⋯ 225
commercially reasonable best efforts ⋯⋯ 94	delay or faiture ⋯⋯⋯⋯⋯⋯⋯⋯ 224
comparable ⋯⋯⋯⋯⋯⋯⋯⋯⋯ 178	delegate ⋯⋯⋯⋯⋯⋯⋯⋯⋯⋯ 230
competent jurisdiction ⋯⋯⋯⋯⋯ 257	delegation ⋯⋯⋯⋯⋯⋯⋯⋯⋯⋯ 231
competing products ⋯⋯⋯⋯⋯⋯ 160	delivery by hand ⋯⋯⋯⋯⋯⋯⋯ 260
compliance with law ⋯⋯⋯⋯⋯⋯ 252	delivery date ⋯⋯⋯⋯⋯⋯⋯⋯⋯ 77
compliance with law, regulations or orders	delivery location ⋯⋯⋯⋯⋯⋯⋯⋯ 77
⋯⋯⋯⋯⋯⋯⋯⋯⋯⋯⋯⋯⋯ 227	derogate from ⋯⋯⋯⋯⋯⋯⋯⋯⋯ 14
comply with ⋯⋯⋯⋯⋯⋯⋯⋯⋯ 253	design ⋯⋯⋯⋯⋯⋯⋯⋯⋯⋯⋯ 189
computer malfunction ⋯⋯⋯⋯⋯⋯ 227	destroy ⋯⋯⋯⋯⋯⋯⋯⋯⋯⋯⋯ 181

device ⋯⋯⋯⋯⋯⋯⋯⋯⋯⋯⋯ 191	FCA ⋯⋯⋯⋯⋯⋯⋯⋯⋯ 93, 96, 130
direction or guidance of any governmental	fiduciary agent ⋯⋯⋯⋯⋯⋯⋯⋯ 102
or regulatory authorities ⋯⋯⋯⋯⋯ 227	fire ⋯⋯⋯⋯⋯⋯⋯⋯⋯⋯⋯⋯⋯ 227
direct negotiation ⋯⋯⋯⋯⋯⋯⋯⋯ 161	fitness for a particular purpose ⋯⋯⋯⋯ 125
director ⋯⋯⋯⋯⋯⋯⋯⋯⋯⋯⋯ 176	flood ⋯⋯⋯⋯⋯⋯⋯⋯⋯⋯⋯⋯ 227
disclaimer ⋯⋯⋯⋯⋯⋯⋯ 125, 126, 183	FOB ⋯⋯⋯ 15, 86, 88, 90, 93, 96, 105, 129, 130
disclose ⋯⋯⋯⋯⋯⋯⋯⋯⋯⋯⋯ 176	force majeure ⋯⋯⋯⋯⋯⋯⋯⋯ 224, 227
disclosing party ⋯⋯⋯⋯⋯⋯⋯⋯ 169	forecast ⋯⋯⋯⋯⋯⋯⋯⋯⋯⋯⋯ 156
disclosure ⋯⋯⋯⋯⋯⋯⋯⋯⋯ 176, 178	forthwith ⋯⋯⋯⋯⋯⋯⋯⋯⋯⋯ 215
discontinue ⋯⋯⋯⋯⋯⋯⋯⋯⋯⋯ 73	from time to time ⋯⋯⋯⋯⋯⋯⋯⋯ 53
dispute ⋯⋯⋯⋯⋯⋯⋯⋯⋯⋯⋯ 235	
disqualify ⋯⋯⋯⋯⋯⋯⋯⋯⋯⋯ 159	**G**
distribution agreement ⋯⋯⋯⋯⋯⋯ 27	governing law ⋯⋯⋯⋯⋯⋯⋯⋯⋯ 241
distribution rights ⋯⋯⋯⋯⋯⋯⋯⋯ 150	grossed-up ⋯⋯⋯⋯⋯⋯⋯⋯⋯⋯ 145
distributor ⋯⋯⋯⋯⋯⋯⋯⋯⋯⋯ 26	
distributorship agreement ⋯⋯⋯⋯ 27, 147	**H**
drawing ⋯⋯⋯⋯⋯⋯⋯⋯⋯⋯⋯ 191	harmless from ⋯⋯⋯⋯⋯⋯⋯⋯⋯ 193
	have a need to access ⋯⋯⋯⋯⋯⋯ 177
E	herein ⋯⋯⋯⋯⋯⋯⋯⋯⋯⋯⋯⋯ 68
earthquake ⋯⋯⋯⋯⋯⋯⋯⋯⋯⋯ 227	hereinafter ⋯⋯⋯⋯⋯⋯⋯⋯⋯⋯ 51
effective date ⋯⋯⋯⋯⋯⋯⋯⋯⋯ 51	hereof ⋯⋯⋯⋯⋯⋯⋯⋯⋯⋯⋯⋯ 68
effect of termination ⋯⋯⋯⋯⋯⋯ 212	hereunder ⋯⋯⋯⋯⋯⋯⋯⋯⋯ 51, 68
electronic or magnetic media ⋯⋯⋯⋯ 182	HKIAC ⋯⋯⋯⋯⋯⋯⋯⋯⋯⋯⋯ 237
ensure ⋯⋯⋯⋯⋯⋯⋯⋯⋯⋯⋯ 80	hold ⋯⋯⋯⋯⋯⋯⋯⋯⋯⋯⋯⋯ 193
entire agreement ⋯⋯⋯⋯⋯⋯⋯⋯ 258	
entrust ⋯⋯⋯⋯⋯⋯⋯⋯⋯⋯⋯ 53	**I**
equity ⋯⋯⋯⋯⋯⋯⋯⋯⋯⋯⋯⋯ 185	ICC ⋯⋯⋯⋯⋯⋯⋯⋯⋯⋯⋯ 81, 238
exception ⋯⋯⋯⋯⋯⋯⋯⋯⋯⋯ 171	ICDR → AAA/ICDR
exclude ⋯⋯⋯⋯⋯⋯⋯⋯⋯⋯⋯ 14	implied warranty ⋯⋯⋯⋯⋯⋯⋯⋯ 125
exclusivity ⋯⋯⋯⋯⋯⋯⋯⋯⋯⋯ 154	impose ⋯⋯⋯⋯⋯⋯⋯⋯⋯⋯⋯ 232
execution ⋯⋯⋯⋯⋯⋯⋯⋯⋯ 51, 203	in aggregate ⋯⋯⋯⋯⋯⋯⋯⋯⋯ 156
exercise ⋯⋯⋯⋯⋯⋯⋯⋯⋯⋯ 255	incidental damage ⋯⋯⋯⋯⋯⋯ 245, 247
exhibit ⋯⋯⋯⋯⋯⋯⋯⋯⋯⋯⋯⋯ 68	include ⋯⋯⋯⋯⋯⋯⋯⋯⋯⋯⋯ 68
explosion of the factory ⋯⋯⋯⋯⋯⋯ 227	including ⋯⋯⋯⋯⋯⋯⋯⋯⋯⋯⋯ 68
export control ⋯⋯⋯⋯⋯⋯⋯⋯⋯ 253	income tax ⋯⋯⋯⋯⋯⋯⋯⋯⋯⋯ 145
extension ⋯⋯⋯⋯⋯⋯⋯⋯⋯⋯ 162	in consideration of ⋯⋯⋯⋯⋯⋯⋯ 53
EXW ⋯⋯⋯⋯⋯⋯⋯⋯⋯ 94, 96, 129	inconsistence with ⋯⋯⋯⋯⋯⋯⋯ 60
	inconsistent with ⋯⋯⋯⋯⋯⋯⋯⋯ 61
F	INCOTERMS ⋯⋯⋯⋯⋯⋯⋯⋯⋯ 81
fabricate ⋯⋯⋯⋯⋯⋯⋯⋯⋯⋯⋯ 53	indemnify ⋯⋯⋯⋯⋯⋯⋯⋯⋯⋯ 193
FAS ⋯⋯⋯⋯⋯⋯⋯⋯⋯⋯⋯ 89, 96	independent distributor ⋯⋯⋯⋯⋯⋯ 55

| | INDEX | 279

independently developed ·················171
indirect damage ·························245
individual contracts ······················60
industrial property rights ···········187, 188
informal dispute resolution ··············235
infringement ·····························193
in full force and effect ···················203
initial term ······························203
injunctive relief···························184
inquiry ··································154
insolvency ·······························216
in substitution for ·······················110
intellectual property rights ·········186, 189
International Court of Arbitration of ICC
···237
interpretative provisions ··················68
invention ································191
invoice ·······························61, 88
irreparable harm ·························184
issue ····································94

J
JCAA ···································237
jointly and severally ·····················232
joint venture ·····························249

K
know-how ································191

L
late payment ·····························140
law ·····································184
L/C·······································138
LCIA ····································237
Letter of Credit ··························138
Letter of Intent ···························43
liability ······························73, 109
limitation of liability ·····················245
lockout ······························225, 227
LOI ······································43
loss ····································121

loss of goodwill ··························245
loss of profits ····························245

M
made and entered into ·············51, 52, 53
make all reasonable efforts to ············228
manufacturing method ····················191
material ··································121
material obligations ······················215
material terms ····························214
Memorandum of Understanding ············43
merchantability ··························125
merge ···································216
merger ··································232
minimum purchase quantity ········155, 158
modify ···································179
monetary damage ·························184
MOU ·····································43

N
no assignment ····························232
no binding obligation ·····················183
no less than a reasonable degree of care
···179
non-binding ······························156
non-exclusive ····························150
non-infringement ·························125
non-transferable ··························150
notice ···································260
not to be unreasonably withheld ···········69
notwithstanding the above ················110
NOW, THEREFORE ·······················53
null ······································61
null and void ····························230

O
obligation ·································73
OEM ·····································28
OEM 契約·····························25, 78, 80
officer ···································176
on a F.O.B. Los Angeles Port basis ·······90

open an irrevocable and confirmed letter of
　　credit ………………………………… 140
operate ……………………………………… 255
operation of law ………………………… 232
order ………………………………… 61, 76
other than ………………………………… 176
overnight courier service ……………… 260
oversupply ………………………………… 113

P

parent ……………………………………… 232
parol evidence rule ……………………… 258
partial acceptance ………………………… 77
partnership ………………………………… 249
Partner 契約 ……………………………… 27
patent ……………………………………… 189
payment terms …………………………… 137
PCT ………………………………………… 188
PE …………………………………………… 250
permanent establishment ……………… 250
pertaining to ……………………………… 258
PL 法 ……………………………………… 198
port of destination ………………………… 90
possess …………………………………… 181
preceding ………………………………… 245
price lists ………………………………… 129
price quoted ……………………………… 128
principal place of business ……………… 51
printed name ……………………………… 33
prior written notice ……………………… 73
private international law ………………… 14
proceeds of sale ………………………… 102
Product Liability Act …………………… 198
prolonged failure or shortage of electric
　　power …………………………………… 227
proprietary ……………………………… 166
provided, however ………………………… 60
provided that ……………………………… 173
punitive damage ………………………… 245
purchase order ………………………… 61, 76
purchaser ………………………………… 51

pursuant to ………………………………… 91

Q

quality control …………………………… 122
quote ……………………………………… 128

R

® …………………………………………… 163
rebellion ………………………………… 225, 227
receiver …………………………………… 216
receiving party …………………………… 169
Recital 条項 …………………… 54, 59, 166
re-export ………………………………… 253
refusal to issue license ………………… 227
registered mail ………………… 260, 261
relationship ……………………………… 251
relegate to ………………………………… 159
remedies available at Law or in Equity
　　……………………………………………… 185
renew ……………………………………… 203
representation or warranty …………… 183
representatives ………………………… 235
reproduce ………………………………… 179
Return Material Authorization (Procedure)
　　……………………………………………… 64
return receipt …………………………… 261
revocable ………………………………… 164
revolution ……………………………… 225, 227
riot ……………………………………… 225, 227
risk of loss ……………………………… 87, 90
RMA ………………………………………… 64
rolling …………………………………… 156
rolling forecast ………………………… 157

S

schedule …………………………………… 68
seal ………………………………………… 33
seek compensation ……………………… 110
seek injunctive …………………………… 184
settle ……………………………………… 193
severability ……………………………… 257

| INDEX | 281

shipment ·······90
shipment dates ·······94
shipping instructions ·······94
ship's rail ·······87
shortage ·······109
shortage of petroleum, gas, or other energy
　　sources ·······227
shortage of raw materials ·······227
SIAC ·······237, 239
signature ·······33
special acceptance ·······113
special damage ·······245
specification ·······191
state ·······14
storm ·······227
strike ·······225, 227
subcontract ·······232
subcontractor ·······232
subject matter ·······258
subject to ·······60, 245
subsequent term ·······203
subsidiary ·······232
successor ·······232
supersede ·······258
supplier ·······51
survival ·······209
survive ·······209, 253

T

tangible or intangible ·······102
technical and financial nature ·······166
telegraphic transfer remittance ·······136
term ·······203
termiation ·······214
terms and conditions ·······55, 60
territory ·······72
threaten ·······184
title ·······90, 91, 104
TM ·······163
tort ·······245
to the lesser of ·······245

to the maximum extent permitted by law
　　·······245
trademark ·······164, 189
trademark usage guidelines ·······164
trade name ·······164
trade terms ·······88
training ·······161, 162
translate ·······179
treaty ·······145
tsunami ·······227

U

UCC ·······125, 244, 247, 248
ultimate destination ·······80
unauthorized disclosure ·······178
unenforceable ·······257
unintended use ·······180
United Nations Convention on Contracts for
　　the International Sales of Goods ·······241
unit price ·······133
U.S. Commerce Department's Table of
　　Denial Orders ·······253
U.S. Export Administration Regulations
　　·······253
U.S. Treasury Department's list of Specially
　　Designated Nationals ·······253

V

vary ·······14
violation ·······193

W

waiver ·······255
war (declared or not) ·······227
warranty ·······121, 123
WHEREAS ·······53
WHEREAS クローズ ·······54
withhold ·······69
withholding tax ·······143, 145
without limitation ·······68

without reference to principles of conflicts of laws ·································· 241

witness ·································· 52

WITNESSETH ·················· 52, 53, 54

workmanship ························· 121

［著者紹介］

寺村　淳（てらむら・じゅん）

英文契約・和文契約を専門とする寺村総合法務事務所代表。

1960年札幌生まれ。東京大学法学部卒業後，新日本製鐵（株）入社。製鉄所および情報通信関連事業部で，システム，ソフトウェア，半導体事業などに関する契約法務，知的財産管理，経営企画，管理業務などを担当。2003年寺村総合法務事務所設立。芝浦工業大学大学院MOT講師（2008～2009年リーガルマネジメント論），早稲田大学オープンカレッジ講師（2014年～英文契約および和文契約実務等），行政書士。

著書に『はじめての英文契約書の読み方』（アルク），『これで納得！図解－契約書のつくり方』『これで納得！契約の基本』（ともに総合法令出版）など。「ビジネス法務」（中央経済社），「Business Law Journal」（レクシスネクシス）などの法律系雑誌に解説記事を多数寄稿。

1冊でおさえる
英文・和文 契約実務の基本

2018年5月1日　第1版第1刷発行

著　者	寺　村　　　　淳
発行者	山　本　　　継
発行所	㈱中　央　経　済　社
発売元	㈱中央経済グループ パ ブ リ ッ シ ン グ

〒101-0051　東京都千代田区神田神保町1-31-2
電話　03 (3293) 3371（編集代表）
03 (3293) 3381（営業代表）
http://www.chuokeizai.co.jp/
印刷／文唱堂印刷㈱
製本／誠　製　本㈱

© Jun Teramura 2018
Printed in Japan

＊頁の「欠落」や「順序違い」などがありましたらお取り替えいたしますので発売元までご送付ください。（送料小社負担）
ISBN978-4-502-26371-2　C3032

JCOPY〈出版者著作権管理機構委託出版物〉本書を無断で複写複製（コピー）することは，著作権法上の例外を除き，禁じられています。本書をコピーされる場合は事前に出版者著作権管理機構（JCOPY）の許諾を受けてください。
JCOPY〈http://www.jcopy.or.jp　eメール：info@jcopy.or.jp　電話：03-3513-6969〉